바로 지금
바로 여기
바로 이것

참 나 를 찾 는 구 도 자 를 위 한   안 내 서

바로 지금
바로 여기
바로 이것

심성일 지음

침묵의 향기

훈산(薰山) 박홍영 거사님(1922~2012)을 추모하며

서문

말할 수 없는 것에 관해서는 침묵해야 한다.
_비트겐슈타인

그림을 그리는 손을 그림으로 그리는 순간
그것은 손이 아니라 또 다른 그림일 뿐입니다.

말하는 자를 말로 표현하는 순간
그것은 말하는 자가 아니라 또 다른 말에 불과합니다.

그림을 그리는 손은
모든 그림을 통해서만 보여질 수 있습니다.

말하는 자는 모든 말을 통해
스스로를 드러내고 있습니다.

그러니 생각하지 말고 그냥 보십시오.

_부산 금정산 아래에서
심성일

차례

.

1장
큰 실수

몸이 바다 가운데 있으면서 물을 찾지 말고
나날이 산 위를 다니면서 산을 찾지 말지어다.

_야보 도천

⊙ 화두

마조 스님이 형악 전법원에서 선정을 익히다가 회양 화상을 만났다. 회양은 그가 법을 담을 만한 그릇임을 알아보고 다음과 같이 물었다.

"대덕은 무엇을 하려고 좌선을 하는가?"

"부처가 되려 합니다."

그러자 회양은 벽돌을 가져와, 암자 앞에 있는 돌 위에 갈아 대기 시작했다. 이것을 보고 마조가 물었다.

"벽돌을 갈아서 무엇을 하려고 하십니까?"

"벽돌을 갈아서 거울을 만들려고 한다네."

"벽돌을 간다고 어떻게 거울이 되겠습니까?"

"그렇다면 좌선한다고 어떻게 부처가 될 수 있겠는가?"

"그러면 어떻게 해야 합니까?"

"소달구지가 가지 않는다면 달구지를 때려야 하겠는가, 소를 때려야 하겠는가?"

마조가 아무 말도 없자 회양이 다시 말했다.

"그대는 좌선(坐禪)을 배우고자 하는가, 좌불(坐佛)을 배우고자 하는가? 만일 좌선을 익히고 배우고자 한다면, 선이란 앉거나 눕는 것이 아니라네. 좌불을 배우고자 한다면, 부처는 원래 정해진 모습이 없다네. 머묾 없는 법에서 취사선택해서는 안 되네. 그대가 좌불을 흉내 내려 한다면, 그것은 곧 부처를 죽이는 행위와 다름없고, 보잘것없는 앉음새에 집착하면 정작 깊은 이치에 도달할 수는 없는 법이라네."

그대는 이미 도달해 있다

"저에게도 그렇게 나는 법을 가르쳐 주실 수 있나요?"

갈매기 조나단은 또 다른 미지를 정복하고자 하는 열망으로 몸을 떨었다.

"물론이지. 그대가 배우기를 희망한다면."

"배우고 싶어요. 언제 시작할 수 있죠?"

"지금 당장 시작할 수 있다. 그대가 원한다면."

"전 그렇게 나는 법을 배우고 싶습니다."

조나단이 말했다. 전에 없던 광채가 그의 눈에서 빛나고 있었다.

"무엇을 해야 하는지 말씀해 주세요."

치앙은 자신보다 젊은 갈매기를 유심히 바라보았다. 그러고는 천천히 말했다.

"생각처럼 빨리 날기 위해서는, 그곳이 어디든, 그대는 자신이 이미 그곳에 도착해 있음을 아는 것으로부터 시작하지 않으면 안 된다……."

_리처드 바크, 『갈매기의 꿈』에서

당신은 어딘가에 도달하려 애쓰고 있습니까? 지고한 깨달음의 경지, 고요한 열반의 상태, 고통과 슬픔에서 벗어난 영원한 행복과 만족……. 그러한 경지, 상태, 수준, 단계에 도달하고자 부단히 노력했지만, 아직도 그 자리에 이르지 못했습니까?

우리 한번 그 문제에 대해 진지하게 탐구해 봅시다.

당신의 노력이 부족해서 아직 당신이 희망하는 경지나 상태에 이르지 못한 것입니까? 아니면, 혹시 정말 어이없는 말처럼 들리겠지만, 도달해야 할 어딘가를 따로 상정한 그 분별이 결코 도달할 수 없는 환상 속의 유토피아를 만들어 낸 것입니까?

당신은 풍문을 통해서, 다른 사람들의 말이나 책 속의 이야기를 통해 그곳에 대해 알게 되었습니다. 당신은 그곳이 어딘지 당연히 모릅니다. 당신은 모르지만 언젠가는 그곳에 도달할 것이고 그곳이 어딘지 알게 될 것이라 믿었습니다. 그리고 노력했습니다.

그런데 딩신이 도달해야 할 어딘가를 설정하는 순간, 당신이 이미 있는 바로 지금 여기 이 자리는 아무런 의미가 없는 곳으로 전락해 버립니다. 어딘가를 향한 당신의 그리움과 목마름은 그곳에 도달하지 못해서가 아니라, 어쩌면 그곳을 당신과 떨어져 있는 다른 곳으로 두었기 때문인지도 모릅니다.

이 문제를 곰곰이 탐구해 보십시오.

당신이 부정해야 할 것은 어쩌면 당신이 있는 이 자리가 아니라, 당신이 도달하려고 하는 그 자리일지도 모릅니다. 결국, 언젠가 도달할 어딘가 또한 지금 여기 이 자리가 되어야 하기 때문입니다. 도달하고자 하는 어딘가가 사라지면 이미 당신이 있는 지금 여기 이 자리가 새롭게 느껴질지도 모릅니다.

당신이 지금 여기 이 자리에 있는 것이 아니라, 당신이 바로 지금 여기 이 자리인지도 모릅니다. 당신이라는 개별 존재가 지금 여기 이 자리라는 시공간에 있는 것이 아니라, 당신이 바로 지금 여기 이 자리라는 현존(現存) 자체일지도 모른다는 말입니다. 어떻습니까?

당신은 언제나 바로 지금 여기 이 자리에 있습니다. 다시 말하면, 당신은 언제나 바로 지금 여기 이 자리입니다. 다른 때, 다른 장소에 당신이 존재한 적도 없었고, 존재하지도 않고, 존재할 수도 없습니다. 당신은 영원한 현재, 순수한 존재 그 자체입니다.

어딘가에 도달한다고 하는 것은 어쩌면 순전한 착각이거나 오해에 불과합니다. 어디를 가든 당신은 바로 지금 여기 이 자리에 있습니다. 당신은 언제나 현존합니다. 당신을 육체에 한정된 개별적 존재로 여길 때만 시공간상의 이동이 가능합니다.

이 점을 철저히 탐구해 보십시오.

지금 여기 이 자리에 도달하기 위해서는 아무런 노력이 필요 없습니다. 오히려 노력하고 애쓸수록 지금 여기 이 자리를 벗어나 환상 속에 있는 유토피아를 향하게 됩니다. 어쩌면 당신의 상실감, 허전함은 바로 지금 여기 이미 있는 그대로 존재하는 당신 자신을 망각한 탓인지도 모릅니다.

당신이 지금 여기 이 자리에 존재하기 위해 해야 할 일이 있다면, 헛된 기대와 바람, 추구와 노력을 쉬고, 이미 있는 그대로 있는 당신 존재를 허용하고 인정하는 것뿐입니다. 당신은 이미 도달해 있습니다. 바로 지금 여기 이 자리에 더이상 가까이 갈 수 없습니다.

이 사실을 분명히 보십시오.

실수

마음공부를 하는 사람들, 아니 모든 사람이 하는 사소한 실수, 착각이 지만 너무나 치명적이고 근본적인 실수, 착각이 있습니다.

그것은 바로 마음 또는 의식, 하나님, 신, 진리, 도, 깨달음, 열반, 천국 등등의 이름으로 지칭하는 무언가가 바로 지금 여기의 현실 속 나 바깥에 따로 있다고 여기는 것입니다.

바로 지금 당장 가장 확실한 사실은 무엇인가요? 어떠한 의도, 어떠한 노력, 어떠한 분석, 어떠한 수행도 할 필요 없이 분명한 사실은 무엇인가요?

바로 지금 여기 현실이 펼쳐져 있다는 것 아닌가요? '여기 현실이 있다. 여기 나와 세계가 나타나고 있다. 여기 무언가 현상이 펼쳐지고 있다.' 이 이상 자명한 사실이 있을까요?

설사 그 이상의 무엇이 있다 하더라도 그것은 바로 지금 여기 이러한 현실, 나와 세계의 자연스러운 존재 상태에서 일어나는 생각, 관념의 소산이 아닌가요?

생각을 통해 이해할 필요가 전혀 없는 것이 바로 지금 여기 가장 직접적이고 즉각적인 경험, 현실의 경험 아닌가요? 그저 보이고, 그저 들리는, 이 직접적인 경험 말입니다.

이 현실을 잘 관찰해 보십시오. 내가 있다는 경험과 나 바깥에 세상이 있다는 경험을 잘 살펴보십시오. 나의 있음과 세상의 있음이 두 개의 있음의 경험인가요? 잘 살펴보세요.

나의 있음이나 세상의 있음은 그저 있다는 경험, 존재의 감각, 존재함 그 자체가 아닌가요? 이 존재의 감각, 존재함을, 의식 있음, 깨어 있음, 의식함, 의식 그 자체라 부를 수 없을까요?

즉, 현실이라는 것은 그저 존재의 감각, 존재함 또는 아무 내용물이 없는 의식, 텅 빈 자각, 어떤 대상이든 의식할 수 있는 가능성의 상태 안에 나타나는 다양한 지각과 인식 현상이 아닐까요?

세상을 지각하고 인식하는 나 역시 지각되고 인식되는 또 다른 대상 아닌가요? 무언가 균일하고 평등한 것이 나와 세상을 아무 차별 없이 비추고 있다는 느낌이 없나요?

여러 종교 전통에서 고요한 빛, 침묵 속에서 지켜보는 이, 주시자로 표현되는 무언가가 주관과 객관의 이분법 너머에 있다는 느낌이 없나요?

자각하는 의식이 스스로를 달리 자각하고 의식함 없이 자각하고 의식하고 있다는 느낌, 눈이 눈을 보고 있다는 비유로 전달하려는 그 느낌이 당신에게는 자각되지 않나요?

이 텅 비어 있는 존재의 감각이, 이 아무 특별할 것 없는 현실이 있다는 당연한 느낌이, 이렇게 자연스럽게 보고 듣고 느끼고 알고 있음이 당신에게는 자명하지 않은 사실인가요?

이것이 그렇게 사람들이 찾고 구하던 마음, 진리, 도, 깨달음, 하나님, 신, 열반, 천국이 아닐까요? 이미 다 이루었고, 이미 모두 얻었고, 이미 도달해 있는 이 자리, 이것이 바로 그것이 아니었을까요?

우리는 이제껏 너무나 어이없는 실수를 하고 있었던 것은 아니었을까요?

비밀은 자기에게 있다

깨달음을 찾지 마십시오. 깨달음을 추구하지 마십시오. 깨달음을 얻으려 하지 마십시오. 깨달음을 체험하려 하지 마십시오.

그 모든 행위가 진정한 깨달음을 방해합니다. 생각이 빚어낸 장난에 속는 미혹, 어리석음입니다. 그대가 찾고 추구하는 것, 얻고 체험하려 하는 것은 이미 그대에게 있습니다. 더 정확히 말하자면, 그것은 바로 그대 자신입니다.

그대는 진정 누구 혹은 무엇입니까?

이 갑작스러운 질문에 당황하는 것은 그대의 생각뿐입니다. 생각은 적당한 답을 찾기 위해 잠시 멈칫했을지도 모릅니다. 그 잠시 멈칫하는 순간, 거기에 무엇이 있었나요? 생각이 없는 텅 빈 마음, 공간이 있지 않았나요?

이 말을 따라 다시 생각으로 헤아리지 마십시오. 바로 지금 이 글을 보고 있는 이 자리에 그 텅 빈 마음, 공간이 있습니다.

하나에서 열까지 마음속으로 세 보세요.
(잠시 침묵)

하나와 둘 사이에 무엇이 있었나요?

이 텅 빈 마음, 이 공간 같은 마음이 진정한 그대 자신입니다. 이 안에 그대의 몸과 마음, 세상의 경험이 끝없이 나타났다가 사라지고, 사라졌다가 다시 나타납니다. 이 안에서 일어나는 그대의 생각에 속지 마세요.

이 텅 빈 마음은 이미 이렇게 있습니다. 그러니 찾을 필요 없습니다. 언제나 이렇게 경험하고 있습니다. 모든 경험이 바로 이 경험입니다. 따라서 다른 체험을 기다릴 필요도 없습니다. 그저 이럴 뿐이고, 그냥 이럴 뿐입니다.

이러한 소식에 맥이 풀리고, 믿을 수 없다고 의심하는 것은 오직 그대의 생각뿐입니다. '그렇게 쉬울 리 없다, 그렇게 싱거울 리 없다, 그렇게 아무것도 아닐 리 없다······.' 그 모든 내면의 소음이 어디에서 일어나는지 살펴보세요.

다시 하나에서 열까지 세어 보십시오. 하나, 둘, 셋, 넷, 다섯, 여섯, 일곱, 여덟, 아홉, 열. (잠시 침묵) 이전의 소음은 어디론가 사라졌습니다, 그리고 그 자리에 무엇이 남아 있습니까? 그것이 진정한 그대 자신입니다.

비밀은 없다

그대가 알지 못하는, 숨겨진, 감춰진, 가려진 비밀은 없습니다. 그것이 바로 비밀입니다. 비밀이 없다는 그것이 비밀입니다.

그래서 그대가 알려고 하고, 찾으려고 하고, 구하려고 하고, 발견하려고 하면 절대로 알 수도, 찾을 수도, 구할 수도, 발견할 수도 없습니다.

알고자 하고, 찾고자 하고, 구하고자 하고, 발견하고자 하는 그대가 바로 그것입니다. 그대가 바로 비밀입니다.

그대는 이미 완전히 드러나 있습니다. 그대는 부분이 아닌 전체로 현존하고 있습니다. 그대는 그대와 그대 아닌 것으로 나뉠 수 없습니다.

그대는 그대가 지각하는 육체가 아닙니다. 그 육체를 지각하는 것, 그 육체를 드러내고 있는 무엇입니다. 육체보다 먼저 있는 무엇입니다.

마찬가지로 느낌, 감정, 생각, 의지, 충동이 그대가 아닙니다. 그것들이 자유롭게 출몰하고 지각되는 광활한 공간, 바로 지금 여기 눈앞이 그대입니다.

애초부터 비밀은 조금도 없었습니다. 착각이 만들어 낸 베일, 망상의

장막이 문득 사라질 때, 바로 거기 언제나 순수하고 순결한 본래의 그대
가 있습니다.

이미 드러나 있다

다음의 제 질문에 최대한 빨리 대답해 보시기 바랍니다.

"지금 당신이 입고 있는 속옷의 색깔은 무엇입니까?"

어떻습니까? 얼마나 빨리 대답하셨나요? 아무리 빨리 대답하였다 할지라도 약간의 시간이 걸렸을 것입니다. 다음 질문에도 똑같이 대답해 보십시오.

"당신 인생에서 가장 행복한 순간은 언제였습니까?"

아마 앞의 속옷에 관한 질문보다 더 많은 시간이 걸렸을 것입니다. 이제 마지막 질문입니다.

"당신 몸 가운데 가장 차가운 부분은 어디입니까?"

모르긴 몰라도 이 질문에 대한 대답 역시 적지 않은 시간이 걸렸을 것입니다.

왜 이러한 질문에 대답하는 데 시간이 걸릴까요?

그 이유는 속옷이나 기억이나 몸의 감각은 당신과 분리되어 있는 것, 당신 자신이 아닌 것, 당신이 지각하거나 인식해야만 존재가 드러나는 대상이기 때문입니다.

그렇다면 다음 질문은 어떤가요?

(말없이 탁자를 두드린다) 똑, 똑, 똑.

어떻습니까? 이게 무슨 질문이냐고요? 앞의 질문들과 방금 이 질문 같지 않은 질문의 차이점을 눈치채셨습니까?

앞의 질문들은 당신 자신이 아닌 것들, 대상에 관한 질문이었기에 당신은 생각할 시간, 자기 자신과 동떨어져 있는 대상을 지각하고 인식할 시간이 필요했습니다.

하지만 마지막의 질문 같지 않은 질문, 질문 아닌 질문은 묻지 않은 물음이었고, 당신은 대답하지 않은 채 이미 대답했습니다. '똑, 똑, 똑'이라는 질문 그대로가 대답이었습니다.

당신은 이미 묻기 이전에, 찾기 이전에, 알기 이전에 완전하게 드러나 있었습니다. 전체로 드러나 있었기 때문에 하나의 부분, 대상으로는 결코 대답할 수도, 찾을 수도, 알 수도 없었던 것입니다.

똑, 똑, 똑.

백의관음은 말없이 말했고
남순동자는 듣지 않고 들었다.

드러나 있는 비밀

스스로 지혜롭다고 여기는 사람들에게 지나치게 영리한 것처럼 해로운 것은 없는 법입니다. 너무나 완벽한 자기 사고의 틀에 대한 집착 때문에 조금만 그 틀 밖에서 벗어나 있으면 훤히 드러나 있어도 그것을 보지 못합니다. 선택적인 주의 집중은 필연적으로 지각의 맹점을 발생시켜, 보고 있으면서도 보고 있는 줄 모르고, 알고 있으면서도 알고 있는 줄 모르는 어이없는 상황이 연출됩니다.

이 눈앞의 사실에 대한 탐구 또한 마찬가지입니다.

수많은 구도자가 찾고 있는 도(道), 진리, 깨달음은 이렇게 분명하게 드러나 있기 때문에 오히려 깊숙이 감춰진 것 같습니다. 아니, 어딘가 찾기 어려운 곳에 깊숙이 감춰졌을 거라는 선입견 때문에 오히려 이렇게 적나라하게 드러나 있는 것을 보지 못하는 것일지도 모릅니다. 『장자』에 "천하를 천하에 숨기면 훔쳐갈 수 없다."라는 말이 있는데, 흔히 이와 같은 어리석음을 가리키는 말로 자주 인용됩니다.

자기 자신의 무의식적인 분별, 무지를 깨달아야 합니다.

어쩌면 완전히 드러나 있기 때문에 온전히 보지 못하는 것인지도 모릅니다. 어쩌면 아무것도 아닌 것이기 때문에 어떤 것을 찾는 마음으로는 알 수 없는 것인지도 모릅니다. 어쩌면 거기에서 사유와 추론이 일어나기 때문에 사유와 추론으로 다시 거기에 도달할 수 없는 것인지도 모릅니다. 어쩌면 모든 경험보다 앞서 존재하는 선험적인 것이기 때문에 어떤 특정한 경험의 내용으로 잡을 수 없는 것인지도 모릅니다.

바로 지금 여기, 무엇이 훤히 드러나 있을까요?

단순한 사실

바로 지금 여기 이 순간, 당신은 살아 있습니다. 아니, 살아 있음이 당신을 통해 드러나고 있습니다. 깨달았건 깨닫지 못했건 결코 부정할 수 없는 유일한 사실은 어떤 분별, 어떤 선택 이전에 이미 이와 같이 있다는 이 단순한 사실입니다. 이 살아 있음, 이 깨어 있음, 이 바로 지금 여기 있음이 모든 경험의 선험적인 토대, 기초입니다.

이것은 알 수 있는 대상이 아닙니다. 이 이 살아 있음, 이 깨어 있음, 이 바로 지금 여기 있음이 선행하기 때문에 앎의 의지, 욕망, 추구가 일어날 수 있을 뿐입니다. 이것은 체험할 수 있는 대상이 아닙니다. 이 살아 있음, 이 깨어 있음, 이 바로 지금 여기 있음이 선행하기 때문에 다양한 체험들이 오고 갈 수 있었던 것입니다.

이 단순한 사실, 이 당연한 사실은 믿고 안 믿고의 문제가 아닙니다. 애초에 취사선택의 가능성마저 없는 엄연한 사실입니다. 하나의 느낌, 하나의 감정, 하나의 생각이 일어나기 이전에 뭔가 이미 있습니다. 그것은 경험되는 대상이 아니라 모든 것을 경험하는 자입니다. 아니, 그것은 경험되는 대상이자 동시에 경험하는 자입니다.

이것은 결코 잡을 수 없습니다. 이것은 결코 알 수 없습니다. 이것은 결코 체험할 수 없습니다. 잡을 수 있고, 알 수 있고, 체험할 수 있다면 그것은 온전한 이것이 아닙니다. 부분만 잡을 수 있고, 부분만 알 수 있고, 부분만 체험할 수 있습니다. 전체는 잡을 수도, 알 수도, 체험할 수도 없습니다. 전체는 안도 없고 밖도 없기 때문입니다.

한 개의 물방울이 바닷속으로 사라질 때, 개체가 전체 속으로 녹아들 때, 당신이 이 살아 있음, 이 깨어 있음, 이 바로 지금 여기 있음과 하나가 될 때, 더이상 추구할 것도, 더이상 알아야 할 것도, 더이상 체험할 것도 없습니다. 당신이 바로 그것이기 때문입니다. 오직 당신만, 오직 이것만 존재하기 때문입니다. 둘이 없기 때문입니다.

됨이 아니라 임

진정한 깨달음이란 그것 아닌 것에서 그것으로 됨이 아니라, 스스로 이미 그것임에 대한 확인입니다.

됨은 반드시 둘 사이에서 벌어지는 운동입니다. 됨은 하나의 상태에서 그와 다른 상태로 나아감입니다. 따라서 됨은 반드시 시간과 공간의 격차를 만들어 낼 수밖에 없습니다. 됨은 끝없는 과정이며 영원히 도래하지 않는 미래에 대한 부질없는 희망과 기대입니다.

반면, 이미 그것임은 둘 아님, 온전히 하나임입니다. 그것은 완전한 멈춤, 정지, 쉼, 휴식입니다. 그것은 오지도 가지도 않음이며, 얻지도 잃지도 않음입니다. 그것은 언제나 바로 지금 여기 이와 같이 있음입니다. 스스로 온전함이며 완전함, 이미 완성되어 있음입니다.

됨은 애씀과 노력, 비교와 경쟁이 가능하나, 이미 그것임은 애쓸 필요 없는 저절로 그러함, 누구나 모자람 없는 평등입니다. 됨은 마음이 상상으로 그려 낸 이미지, 망상에 기초하고 있지만, 이미 그것임은 그 이미지, 망상이 출현하는 근본 바탕, 근원입니다.

어리석은 사람들은 무언가가 되려고 애쓸 뿐 스스로가 이미 무엇인 줄은 도무지 모릅니다. 그래서 이것은 공개된 비밀, 너무 훤히 드러나서 오히려 감춰진 듯한 신비입니다. 찾고 구하기 이전부터 이미 갖춰져 있지만 찾고 구하는 마음으로는 결코 깨달을 수 없습니다.

이미 있는 것

마음공부의 가장 큰 딜레마는 사람들이 찾고 구하고 얻고 깨달으려고 하는 마음이 이미 아무 모자람 없이 주어져 있다는 사실입니다. 그래서 찾으려 할수록, 구하려 할수록, 얻으려 할수록, 깨달으려 할수록 오히려 찾지 못하고, 구하지 못하고, 얻지 못하고, 깨닫지 못하는 것입니다.

이것이야말로 바로 우주적인 농담, 거대한 역설입니다.

진리의 주소는 언제나 바로 지금 여기입니다. 모든 사람이 발 딛고 선 이 자리, 모든 일이 벌어지고 있는 지금 당장의 이곳입니다. 지금 여기, 당장의 이 자리야말로 한 발자국을 떼기는커녕 한 생각조차 일으킬 필요가 없는, 시간과 공간을 초월한 존재 그 자체입니다.

그리고 그것이 우리 개개의 본래 모습, 본질입니다.

모든 느낌 이전, 감정 이전, 생각 이전의 순수한 근원입니다. 바로 지금 여기, 당장의 이 자리에서 모든 느낌, 감정, 생각은 나타났다가 사라집니다. 그러나 그것들의 근원, 배경, 바탕, 토대, 본질로서의 지금 여기 이것은 새롭게 나타나지도 않을 뿐더러 다시 사라지는 일도 없습니다.

어떠한 의도, 조작, 노력, 수행도 필요 없습니다.

바로 지금 당장 분명하게 살아서 이렇게 보고 듣고 느끼고 아는 작용을 떠나서 '나'와 '세계'가 독자적으로 존재할 수 있습니까? 너무나 당연하고 자연스러운 것이 바로 진리 그 자체입니다. 저절로 펼쳐져 있는 '나'와 '세계' 전체가 그대로 진리의 현현, 마음과 의식, 생명의 작용입니다.

무한정한 이것이 일정한 한계를 가진 것으로 드러나고, 비인격적인 이것이 개개의 인격으로 스스로를 표현하고 있습니다. 아무 형상 없는 이것이 다양한 형상으로 나타나며, 아무런 경험이 없는 이것이 천차만별의 경험 내용으로 스스로를 현시하고 있습니다.

언제나 변함없는 '내가 있다'는 느낌, 하나의 느낌이 일어나기 이전의 순수한 바탕입니다. 한 생각 일으키기 이전, 손가락 하나 까딱하기 이전의 자리입니다. 그러므로 몸과 마음의 움직임을 통해서는 결코 도달할 수 없습니다. 몸과 마음의 움직임이 완전히 멈출 때, 바로 그 자리에 무엇이 있을까요?

이미 있는 자기를 따로 구하지 마십시오.

다만 이것!

경허 스님의 〈심우송(尋牛頌)〉에 다음과 같은 말이 있습니다.

본래 잃지 않았는데
다시 무엇을 구하랴
찾아다니는 이것이
비로자나의 스승이니라

이 공부를 하는 사람들의 가장 큰 어리석음은 '무언가를' 구한다는 것입니다. '무언가를' 구하기 이전에 '무엇이' 있어 구하는지를 먼저 돌이켜 보아야 합니다. 바로 지금 '무언가를' 찾고 구하는 '그것'은 무엇입니까?

찾고 구하는 '무언가'는 찾을 수도 있고 구할 수도 있겠지만, 그보다 먼저 있는 '무엇', '그것'은 다시 찾으려야 찾을 수 없고 구하려야 구할 수 없지 않습니까? 이미 바로 지금 여기 자기 자신에게 완전히 있기 때문입니다.

'이것'이 무엇입니까?

예전에 부안 내소사에 머무시던 해안(海眼, 1901~1974) 스님은 다음과 같은 법문을 남기셨습니다.

"불가사의하다는 것은, 알고 얻고 해도 알았다거나 얻었다거나 할 것이 없기 때문입니다. 마치 도둑놈이 밤새도록 공을 들여 곳간을 털러 들어갔는데, 곳간이 텅 비어서 아무것도 가져갈 것이 없는 격으로, 견성도 아마 그런 것인가 봅니다. 잔뜩 무엇이 있을 거라 기대하고 용맹정진하면서 싸움터에 나간 장수처럼 죽기 살기로 달려들었는데, 얻어 놓고 보니 아무것도 없습니다. 얻었을 때 뭔가 아는 것이 있어야 말을 할 텐데, 안 것이 없으므로 말할 것도 없다는 것입니다."

'이것'은 알았다고 해도 새삼 안 것이 없고, 얻었다고 해도 따로 얻은 것이 없습니다. 그래서 옛사람들은 '아무것도 얻은 것이 없는 것이 크게 얻은 것'이라 하였습니다.

허허허!

이 소식을 아시겠습니까? 이 기가 막히고 코가 막힌 소식! 허탈하고 허망하기 그지없지만 동시에 저 아랫배 속에서부터 터져 나오는 가가대소(呵呵大笑)의 소식!

"겨우 이것이었단 말인가? 겨우 이것뿐이란 말인가? 다만 이것이로구나! 다만 이것일 뿐이로구나!"

평생의 일을 다 마친 소식입니다.

열 번째 돼지

이솝 우화에 나오는 돼지들의 소풍 이야기를 들어 보셨을 겁니다.

아기 돼지 열 마리가 소풍을 갔습니다. 숲을 지나 개울을 건너 목적지에 도착한 돼지들이 자신들의 수효를 세 보니 아홉 마리밖에 없었습니다. 서로 번갈아 가며 숫자를 확인해도 아홉 마리뿐 나머지 한 마리를 찾을수 없었습니다. 모두 자기를 빼고 다른 돼지들의 숫자만 세었기 때문입니다.

도, 진리, 깨달음을 구하는 구도자들이 하는 짓이 꼭 이 어리석은 돼지들과 같습니다. 바깥으로만 찾고 구하려고 할 뿐, 그 모든 노력과 행위의 출처를 돌아볼 생각을 못하기 때문입니다. 너무나 어이없는 실수이기 때문에 그 사실을 스스로 깨닫지 못한다는 사실을 오히려 믿기가 어려울 정도입니다.

자, 한번 살펴봅시다. 그대가 찾는 도, 진리, 깨달음이 뭔지 모르겠지만, 그게 하나의 느낌이든 이해든 정서적 경험이든 신비한 의식의 상태든 그러한 것이 있어서 그대가 그것을 찾고 얻고 체험했다면, 도대체 어떻게 그것을 찾은 줄 알고, 얻은 줄 알고, 체험한 줄 알 수 있습니까?

바깥에 있는 아홉 마리만 셀 줄 알고, 그렇게 세고 있는 자기 자신은 쏙

빼놓은 어리석은 돼지처럼, 어떤 느낌이나 이해, 정서나 의식 상태에 주의가 쏠려 그러한 것들이 나타나든 사라지든 상관없이 언제나 늘 바로 지금 여기에 있는 이 의식-생명-자각, 진정한 자기 자신을 놓치고 있지 않습니까?

언제나 변함없이 지금 여기 이렇게 있기에 조금도 신경 쓰지 않았던 것이야말로 진정한 도, 진리, 깨달음, 곧 진정한 자기 자신이 아닐까요? 본래 이렇게 이미 주어져 있었기에 새롭게 그것을 찾으려 하면 할수록 더욱 오리무중이었던 것이 아니었을까요? 이것이야말로 관념이 아닌 실재 아닌가요?

너무나 당연하고 평범해서 오히려 알지 못합니다. 너무나 자연스럽고 조금도 힘이 들지 않기 때문에 오히려 알아차리지 못합니다. 어떤 말이나 개념도 필요 없고, 어떤 느낌이나 정서와도 상관없으며, 아무 생각할 것도 없기 때문에 오히려 깨닫지 못합니다. 완전히 드러나 있어서 오히려 찾지 못합니다.

쯧쯧쯧, 물속에서 물을 찾고, 횃불을 들고 불씨를 찾는 격입니다.

보는 자를 보라

당신은 모든 사물을 보고 있습니다. 그런데 모든 사물을 보고 있는 당신은 보입니까? 참고로, 당신에게 보이는 당신의 육체 또한 보이는 사물 가운데 하나일 뿐, 보고 있는 당신 자신은 아닙니다.

당신이 분명 모든 사물을 보고 있지만, 정작 보고 있는 당신 자신은 보이지 않습니다. 이 보이지 않음은 도대체 무엇입니까?

당신은 모든 소리를 듣고 있습니다. 소리는 당신에게 나타났다가 곧 사라집니다. 그러나 그 소리를 듣고 있는 당신은 변함없이 언제나 지금 여기 있습니다. 듣고 있는 당신을 귀 기울여 들어 보십시오.

당신이 모든 소리를 듣고 있지만, 듣고 있는 당신 자신은 아무 소리가 없습니다. 이 소리 없음은 도대체 무엇입니까?

당신은 모든 냄새를 맡고 있습니다. 대상인 다양한 냄새들은 왔다가 갑니다. 그러나 냄새 맡는 당신 자신은 언제나 지금 여기 그대로 남아 있습니다. 냄새 맡는 당신 자신을 냄새 맡을 수 있습니까?

당신이 모든 냄새를 맡고 있지만, 냄새를 맡고 있는 당신 자신은 아무 냄새가 나지 않습니다. 이 냄새 없음은 도대체 무엇입니까?

당신은 모든 맛을 보고 있습니다. 어떤 맛이 있기 이전에도, 맛을 볼 때도, 그 맛이 사라지고 난 뒤에도, 맛볼 줄 아는 당신은 있습니다. 그래서 끊임없이 새로운 맛을 볼 수 있습니다. 맛볼 줄 아는 당신은 어떤 맛입니까?

당신이 모든 맛을 보고 있지만, 맛보고 있는 당신 자신에게서는 아무 맛이 나지 않습니다. 이 맛 없음은 도대체 무엇입니까?

당신은 모든 촉감을 느끼고 있습니다. 모든 촉감을 느끼는 당신 자신은 어떤 촉감이 느껴집니까? 만약 어떤 촉감이 느껴진다면 그것은 느껴지는 대상인 촉감이지, 그것을 느끼는 당신 자신이 결코 아닙니다.

당신이 모든 촉감을 느끼고 있지만, 그것을 느끼고 있는 당신 자신은 아무 느낌이 없습니다. 이 느낌 없음은 도대체 무엇입니까?

당신은 모든 사실을 분별하고 있습니다. 그런데 그렇게 분별하고 있는 당신 자신을 다시 분별할 수 있습니까? 당신 자신을 분별할 수 있다는 것도, 없다는 것도, 모두 분별의 결과이지 분별하는 당신 자신은 아닙니다.

당신이 모든 분별을 하고 있지만, 분별하고 있는 당신 자신은 분별이 되지 않습니다. 이 분별되지 않음은 도대체 무엇입니까?

보고 있으나 보이지는 않고, 듣고 있지만 들리지는 않으며, 냄새 맡고 있으나 냄새 맡아지지는 않고, 맛보고 있지만 맛보아지지는 않으며, 느끼고 있으나 느껴지지는 않고, 분별하고 있지만 분별되지는 않는 당신 자신!

순수하고 투명하며 청정하고 순결한, 텅 비고 고요하며 아무 내용이 없고 선택 없는, 공간 같은 의식, 허공 같은 마음, 대상이 없는 자각이 당신 자신입니다. 바로 지금 있는 그대로 이것이 바로 그것입니다.

아시겠습니까? 알아도 이것입니다. 모르겠다고요? 몰라도 또한 이것입니다. 안다는 느낌과 분별의 밑바닥에, 모른다는 느낌과 분별의 근원에 이 느낌이 없는 느낌, 분별이 없는 분별이 있습니다. 이것이 있습니다.

볼 것도 없고, 들을 것도 없고, 냄새 맡을 것도 없고, 맛볼 것도 없고, 느낄 것도 없고, 분별할 것도 없는, 있는 그대로의 이것이 바로 지금 보고 듣고 냄새 맡고 맛보고 느끼고 분별하고 있습니다. 당신 자신이 바로 이것입니다.

이 공부의 쉬운 점과 어려운 점

 이 공부(흔히 마음공부, 자아탐구, 진리탐구, 참선, 명상 등등으로 불리는 자아와 세계의 본질에 대한 공부)는 매우 쉬우면서 동시에, 역설적으로, 바로 그러해서 매우 어렵습니다.

 이 공부가 쉬운 이유는, 이 공부가 추구하는 대상(진리, 마음, 신, 의식, 깨달음, 절대성)은 그 이름이 무엇이든 간에 바로 지금 이 순간 여기 '그것'을 추구하는 '나' 자신과 결코 떨어져 있어서는 안 되는 것이기 때문입니다.

 이 공부가 추구하는 것이 영원불변하고 완전무결하며 무소부재한 무엇이라면, 그 정의상 그것을 추구하는 '나' 자신까지 포함한 바로 지금 바로 여기의 바로 이러함, 바로 이와 같음, 바로 이렇게 존재하고 있음, 바로 지금 이 현실 이대로이어야만 하기 때문입니다.

 만약 먼지 티끌만 한 것 하나라도 '그것'에서 벗어나 있는 것이 있거나 단 한 찰나라도 '그것'이 아닌 순간이 있다면, 그것은 영원불변한 것도, 완전무결한 것도, 무소부재한 것도 아니기 때문입니다. 만약 '그것'이 그러한 속성을 가진다면, '그것'은 바로 지금 여기의 '이것'이어야 합니다.

 그렇다면 '바로 지금 여기 이것'은 무엇일까요? 그런데 '바로 지금 여기 이것'을 벗어나 따로 있는 것이 무엇 하나라도 있기는 한 것일까요? 예를 들어, '안드로메다의 우주인' 같은 것은 바로 지금 여기의 이것이 아닌 어느 먼 미래의 별나라에서 만날 수 있는 존재가 아닐까요?

그러나 그 '먼 미래'와 '별나라'와 '안드로메다의 우주인'이라는 표상, 개념, 생각은 바로 지금 여기 무어라 규정할 수 없는 '이것' 가운데의 하나이거나, 그 안에서 나타났다 사라지는 신기루 같은 이미지 아닌가요? 바로 지금 여기 이것'을 벗어난 것이 단 하나라도 있을 수 있을까요?

온갖 현상이 보이고 '있고', 들리고 '있고', 느껴지고 '있고', 의식되고 '있습니다'. 이 '있다'야말로 '바로 지금 여기 이것'의 구체적 표현이 아닐까요? 무언지 모르겠지만 무언가 이렇게 '있습니다'. 이 '있음'이야말로 과거—현재—미래라는 시간과 여기—저기—거기라는 공간의 제약을 벗어나 영원불변하고 완전무결하고 무소부재한 것이 아닐까요?

이 '있음'은 전혀 힘들일 필요가 없는 자연스러운 상태가 아닌가요? '나'라는 개별적 존재도 결국 이 '있음'의 또 다른 표현이 아닌가요? '나'가 소유하는 속성들은 시간과 공간의 변화에 따라 변화하지만, '나'의 '나'다움, '나'의 '나'임은 시간과 공간의 변화와 상관없지 않은가요? 즉, '나'는 언제나 '나'이지 않은가요?

따라서 이 '있음', 이 '나'는 새롭게 얻을 수 있는 속성이거나 잃어버릴 수 있는 대상이 아니지 않은가요? 생겨난 것도 아니고 사라질 수도 없는 '이것'이야말로 이 공부에서 추구하는 '그것'이 아닌가요? 그래서 '내가 바로 그것(I am THAT)'이라고 말해 왔던 것 아닌가요?

문제는 이치는 이렇게 분명한데도, 이렇게 단순하고, 이렇게 평범하고, 이렇게 흔하고, 이렇게 사소한 것이 자신이 그동안 상상해 왔던 '그것'이라고 믿지 않는다는 점일 것입니다. 추구하고, 얻고, 성과를 이루고, 소유하고, 정복하는 것을 통해 만족감을 얻어 왔던 과거의 습관이 이 무덤덤하고 그저 그런 '이것'을 '그것'이라 받아들일 수 없는 것입니다.

　분명 언제나 체험하는 것인데도 '체험하는 것' 같지 않고, 늘 알고 있던 것인데도 '아는 것' 같지 않습니다. 무언가를 얻고 소유함으로써 만족을 얻고 싶지만, '이것'은 도무지 얻을 수도 소유할 수도 없다는 사실에 허탈을 넘어, 오히려 '바람과 희구'에 대한 상실감이 느껴질 뿐입니다. '이렇게 허망할 수 있단 말인가?'

　한마디로 '이것'은 자아의 욕망을 결코 충족시켜 주지 못합니다. 자아의 욕망, 개별적이고 독립적이며 남과 다른 '나'에 대한 자부심, 차별을 통해 느낄 수 있는 자아의 고양감을 주지 못합니다. 오히려 그러한 자아의 실체 없음[1]이 드러날 뿐입니다. 그래서 자아는 '이것'을 외면하고 부정하고 다시 '지금 여기의 이것'이 아닌 '언젠가 저기의 무엇'을 욕망하게 됩니다.

　자아는 이 '아무 특별할 것 없는 바로 지금 여기의 이것'의 가치를, 맛을 알지 못합니다. 특별할 것도, 욕심낼 것도, 아등바등 추구할 것도 없는 '이것'이 진정한 '나' 자신임을 깨닫지 못합니다. 그래서 다시 '아무 특별할 것도 없지만 언제 어디서나 바로 지금 여기인 이것' 안에서 다시 '그것'을 찾는 노력을 쉬지 못합니다. 그 꿈에서 홀연 깨어나지 못합니다. 이것이 이 공부의 어려운 점입니다.

1 　독립적이고 개별적인 존재로서의 자아 또한 '바로 지금 여기 이것'의 또 다른 표현이기 때문이다.

⊙ 방편: 보는 놈을 보라

이 방법은 더글러스 하딩(Douglas Harding, 1909~2007)의 가리키기 실험을 차용한 것입니다. 이 실험에 대해 더 알고 싶은 분은 http://www.headless.org를 방문하기 바랍니다.

(1) 먼저 몸과 마음의 긴장을 풀고 조용한 곳에 편히 앉는다. 소파나 의자같은 데 기대어 앉는 것이 좋다.

(2) 무심히 바깥의 대상을 응시한다. 어떤 대상이라도 좋다. 대상을 응시하면 모든 것이 색깔과 모양을 가지고 있다는 사실을 알 것이다.

(3) 시선을 자신의 몸으로 가져온다. 자신의 몸 역시 색깔과 모양을 가진 하나의 대상에 불과하다는 사실을 알 것이다.

(4) 자기 마음속의 생각들을 응시[관조]해 본다. 기분, 감정, 느낌 역시 서로 구별되는 미세한 색깔과 모양(눈에 보이는 대상과는 다르지만)을 가지고 있음을 알 수 있다.

(5) 즉, 자기 몸을 기준으로 몸 바깥은 당연히 무수한 대상들의 세계다. 그러나 몸 역시 어떤 주체에 의해 의식되는, 보이는 하나의 대상이다. 그리고 우리가 흔히 내면이라고 생각하는 우리의 의식 내용, 감각 내용 역시 어떤 주체에 의해 의식되고 파악되는 대상에 불과하다. 외면과 내면이 모

두 대상이라는 말이다.

(6) 여기서 이 모든 것을 의식하고 있는 것, 보고 있는 것 자체를 의식하거나 보려고 해 보라. 우리가 의식하고 보는 모든 것은 대상이다. 그런데 그 모든 것을 의식하고 보고 있는 그것은 의식할 수 있고 볼 수 있는가? 다시 강조하지만, 우리가 의식할 수 있고 볼 수 있는 모든 것은 대상이다. 서두르지 말고 이 문제에 깊이 빠져들어 가 보라.

(7) 다시 시야를 바깥의 대상 세계로 돌려라. 그와 동시에 자기 내면에서 벌어지는 일들을 인식해 보라. 우리는 바깥의 대상 세계와 내면세계를 동시에 알아차릴 수 있다. 색깔과 모양에 따라 모든 것을 '나'와는 다른 대상이라고 분별하지만, 실제로는 통째로 모든 것을 인식하는 것이다. 사실, 우리는 공기에 둘러싸여 있는 것처럼 거대한 의식 공간 안에 있다. '나'를 포함한 모든 대상, 내면과 외면의 세계 전체는 동일한 의식의 공간이다.[2]

(8) 다시 보고 있는 자, 인식하는 자를 보고, 인식하라. 그것이 무엇인가?

(9) 실험이 성공했다면 문득 살아 있는 이 의식의 공간을 자각하게 된다. 공적(空寂)한데 신령스럽게 안다는 말이 전적으로 공감될 것이다. 살아 있는 공(空)이니, 삼계유심(三界唯心, 온 세계가 마음이다), 만법유식(萬法唯識, 모든 현상이 의식이다)이 너무나 당연한 말로 이해될 것이고, '나'라고 할 만한 것이 없다는 사실이 확인될 것이다.

(10) 실험에 실패했다고 해서 실망하지는 말라. 그 모든 사실을 알고 있는

---

2 '공간'이라는 말에 속지 말라. '공간'은 대상화되지 않는다. 우리가 '공간'이라는 개념으로 대상화하는 것은 모양들을 통해 제한된 '공간'이지, '공간' 그 자체가 아니다.

그것을 다시 확인해 보라. 도대체 무엇인가? 어떤 답을 찾는 것이 아님을 명심하라. 그저 보려 하고, 인식하려 해 보라.

2장
그대는 누구인가

양무제가 달마에게 물었다.
"지금 나와 마주하고 있는 그대는 누구십니까?"
달마 대사는 말했다.
"알지 못합니다."

_벽암록

⊙ 화두

황벽 스님이 홍주의 개원사에 머물 때였다. 상공 배휴가 어느 날 절로 들어오다가 벽화를 보고 그 절의 주지 스님에게 물었다.
"이것은 무슨 그림입니까?"
"고승들을 그린 그림입니다."
"고승들의 겉모습은 여기에 있지만, 고승들은 지금 어디에 계십니까?"
주지 스님이 아무런 대답을 못하지 배휴가 "이곳에 신승은 없습니까?" 하고 물으니 "한 분이 계십니다."라고 대답했다. 상공이 마침내 황벽을 청하여 뵙고 앞에 있었던 일을 물었다. 그러자 황벽이 큰 소리로 말했다.
"배휴!"
"예!"
"어디에 있는고?"
배휴는 이 말끝에 깨달았다.

부름에 응답하라

그때 여호와 하나님이 아담을 불러 물었다. "아담아, 네가 어디 있느냐?"
_창세기 3장 10절

당신은 왜 이 글을 읽고 있습니까? 누가, 무엇이 당신을 이곳으로 이끌었습니까?

당신은 왜 이런저런 영적 단체들을 기웃거리고 있는 것입니까? 당신은 왜 그 많은 영성 서적을 뒤적이고 있는 것입니까? 당신은 왜 이 수행에서 저 수행으로, 끝없는 수행의 길을 가고 있는 것입니까?

누가, 무엇이 당신을 그리하도록 이끌고 있습니까? 당신은 도대체 무엇을 찾고 있습니까? 도대체 누가, 무엇이 당신을 부르고 있습니까? 어째서 당신은 그 부름에 제대로 응답하지 못하고 있습니까?

잠시 멈추고 귀를 기울여 보십시오. 누가, 무엇이 당신을 부르고 있습니까? 당신을 여기저기로 내몰고 있는 이 충동, 이 의문은 어디에서 비롯된 것입니까? 언제 끝날지 모르는 이 여정의 목적지는 도대체 어디입니까?

당신이 찾고 있는 것은 어쩌면 당신 바깥에 있지 않을지도 모릅니다. 당신을 부르고 있는 이는 어쩌면 당신 바깥의 다른 사람이 아닐지도 모릅니다. 당신이 가려고 하는 곳은 어쩌면 당신 바깥의 특정 장소가 아닐지도 모릅니다.

혹시 당신은 이제껏 당신 자신을 찾고 있었던 것이 아닐까요? 혹시 당신을 부른 사람은 다름 아닌 당신 자신이 아니었을까요? 혹시 당신이 도달하려 하는 곳은 어쩌면 이미 당신이 있는 이 자리가 아니었을까요?

당신은 찾을 수 없지만 이미 찾은 것입니다. 당신은 부름을 통해 이미 응답하고 있습니다. 당신은 출발하기 전에 이미 목적지에 와 있습니다. 어떤 노력으로 그리되는 것이 아닙니다. 당신은 본래 그렇습니다.

평생에 걸친 당신의 노력과 추구는 자기 자신을 찾기 위해서, 자기 자신의 부름에 응답하기 위해서, 자기 자신에게 돌아가기 위한 것이었습니다. 그러나 당신이 자기 자신이 되기 위해서 할 일은 본래 아무것도 없었습니다.

당신은 언제나 영원히 당신 자신이었고, 당신 자신이며, 당신 자신일 것입니다. 다만 당신은 자기 자신이 아닌 것을 자기 자신으로 착각했을 뿐입니다. 자기 자신을 잠시 망각했을 뿐입니다. 자기 자신에 무지했을 뿐입니다.

이제 용기를 내어 부름에 응답하십시오.

"네, 저 여기 있습니다!"

자아란 무엇인가

자아, 곧 '나'란 무엇인가? 자아란 하나의 객관적이고 독립적인 실체라기보다는, 자기 자신을 하나의 몸과 동일시하면서 특정한 느낌과 감각, 기억과 관념, 신념 및 소망, 욕망과 감정을 소유하려 하거나 회피하려고 하는 의식의 흐름입니다.

자아에게 중요한 것은 자신의 정체성, 존재 감각, 연속성을 끊임없이 확인하는 것입니다. 자아는 본질적으로 허구이기에 자신의 필연적인 소멸에 대한 본능적인 공포, 불안이 늘 내재해 있습니다. 따라서 자신이 객관적이고 독립적으로 존재한다는 감각을 확인하는 것이 가장 중요한 일입니다.

그러므로 자아는 자기 자신이라고 굳게 믿는 대상들에 대한 집착에서 자유로울 수 없습니다. 그러나 그러한 대상에 집착하면 집착할수록 역설적이게도 고통과 불만족, 공포와 불안은 더 증가합니다.

우선 몸, 육체에 대한 집착을 살펴봅시다. 무상한 물질적 존재인 육체를 항상하는 자아로 집착하는 한, 우리는 생로병사 하는 육체로 인해 끝없는 불만족, 고통을 받을 수밖에 없습니다. 자연스러운 노화나 갑작스러운 사고나 질병으로 육체의 항상성이 무너질 때 우리는 절실하게 삶의 무상함을 경험합니다. 몸은 결코 자아의 안정된 의지처가 될 수 없습니다.

느낌 또는 감각은 어떨까요? 자아는 끝없이 특정한 감각 경험, 특히 즐거운 느낌에 집착합니다. 그러나 어떠한 느낌도 영원히 즐거운 것은 없습니다. 시작이 있으면 끝이 있는 법입니다. 인연 조건, 특정 상황에서 발생한 느낌, 감각은 그러한 인연 조건과 상황의 변화에 따라 당연히 변합니다. 즐거운 느낌에 대한 집착이 괴로운 느낌의 원인이 되는 겁니다. 그리고 괴로운 느낌에 대한 혐오와 회피, 저항은 그 괴로운 느낌을 고통과 불만족으로 증폭시킵니다. 마치 물에 빠진 사람이 허우적거리며 주변의 대상들을 마구 잡으려 하듯이, 자아는 연기적으로 발생하는 느낌과 감각에 끝없이 촉수를 뻗치면서 의지할 만한 대상을 찾지만, 느낌 또는 감각 역시 자아의 안정된 의지처, 피난처일 수 없습니다.

지각 또는 생각은 또 어떤가요? 자아는 특정 관념, 그리고 그것이 엮이어 형성된 신념에 집착합니다. 그것이 곧 '나'의 생각, '나'의 믿음, '나'의 주장, 곧 '나'가 됩니다. 그러나 다른 사람들 역시 특정한 생각, 믿음, 주장을 '나'로 삼을 수밖에 없기 때문에 필연적으로 '나'와 '나'는 충돌과 갈등을 피할 수 없습니다. 별반 새로울 것이 없는 논쟁, 희론들이 오랜 세월 동안 멈추지 않고 반복되는 까닭이 바로 이러한 생각에 대한 집착에서 말미암습니다. 그러한 관념 역시 특정 조건에 기반하여 형성된 것이기에 상황 조건의 변화에 의해 그 정당성이나 확실성은 흔들릴 수밖에 없습니다. 따라서 지각과 생각 또한 자아의 안정된 뿌리, 의지처일 수 없습니다.

의지나 충동, 욕망은 어떨까요? 이제 그러한 마음의 움직임 또한 인연 조건과 상황의 결과물이라는 것을 어렵지 않게 알 수 있을 것입니다. 의지나 충동, 욕망에는 어떠한 실체, 본질이라 할 만한 것이 없습니다. 인연 따라 일어났다 인연 따라 사라집니다. 알음알이와 분별 의식은 어떤가요? 그 역시 조건적이고 상대적이며 비실체적인 것이라는 점에서 앞의 대상들과 아무런 차이가 없습니다. 즉, 무상하고 실체가 없는 것에 대한 자아의 집착은 결국 고통과 불만족, 공포와 불안을 낳을 수밖에 없습니다. 그리고 그러한 메커니즘의 밑바닥에는 자아 자신의 진정한 정체성에 대한 무명(無明), 무지(無知), 어리석음이 있습니다.

자아는 분명 있지만 존재하지 않습니다. 하나의 현상으로서 작용하지만 객관적이고 독립적인 실체는 아닙니다. 자아의 진정한 정체성은, 말과 생각으로 도저히 전달할 수 없지만 너무나 분명한 '무엇'입니다. 그것은 자아가 집착할 만한 하나의 대상이 결코 아니기에 자아는 그 존재조차 자각하지 못한 채 엉뚱한 대상들에만 집착합니다.

마치 물거품이 자신의 본질이 물 그 자체임을 망각하고, 인연 조건에 따라 무상하게 변화하는 자신의 모양과 빛깔을 자기 자신으로 집착하는 것과 같습니다. 물거품은 현상적으로 있지만, 실제로 존재하는 것은 물 그 자체입니다. 어떤 모양과 빛깔의 물거품이 있더라도 그것은 오직 물 그 자체일 뿐입니다. 사실 물거품은 생겨나도 생겨난 것이 아니고, 사라져도 사라진 것이 아닙니다. 오직 물, 물만이 있을 뿐입니다.

나를 찾아줘

우리 모든 인생 문제의 근원, 핵심에는 '나'가 있습니다.
'나'의 인생이고, '나'의 문제이기 때문에 힘들고 괴롭습니다.

그런데 '나'는 누구이고 무엇이며 어디에 있습니까?
우리가 너무나 당연시하는 이 '나'를 단 한 번이라도 진지하게 찾아본 적이 있습니까?

아무 의심 없이 특정한 육체, 특정한 인격을 '나'와 동일시하면서 그 불안정한 육체와 인격에서 비롯된 모든 문제를 '나'의 문제로 받아들이지 않았던가요?

진실로 이 육체와 인격이 '나' 또는 '나의 것'인가요?

우선 이 육체를 '나'가 통제할 수 있습니까? 오늘 아침 의식이 돌아왔을 때, '나'가 의식을 돌아오게 한 것인가요? 어젯밤 잠이 들었을 때, '나'가 잠속으로 스스로 들어갔던가요? 바로 지금 이 글을 '나'가 의지적으로, 능동적으로, 주체적으로 보고 있나요? 창밖의 소음을 '나'가 의식적이고 의도적으로 듣고 있나요? '나'가 심장을 뛰게 하나요? '나'가 혈액을 순환시키고 소화를 시키나요? 결정적으로, '나'가 숨을 쉬나요?

감각과 감정, 생각은 '나' 또는 '나의 것'인가요?

'나'가 감각과 감정, 생각을 통제할 수 있습니까? 맘에 드는 감각과 감정, 생각을 선택하거나 맘에 들지 않는 감각과 감정, 생각은 포기할 수 있나요? 필요할 때마다 원하는 감각과 감정, 생각을 느끼거나 떠올릴 수 있나요? 수많은 감각과 감정, 생각 가운데 단 하나라도 '나'가 소유할 수 있나요? 진실로 '나'가 감각이나 감정, 생각을 일으키나요?

이 육체와 인격이 '나'가 아니라면, '나'는 없는 것일까요? 이러한 논리적인 증명에도 불구하고 거의 본능에 가까운 '내가 지금 여기 있다'는 이 현존의 감각은 도대체 무엇이란 말인가요? 모든 현상의 변함없는 목격자로서 늘 바로 지금 여기 이렇게 있는 이 앎은 진정 무엇인가요? '내가 지금 여기 있다'는 현존의 감각 또한 미세한 감각의 일부입니다. 모든 현상의 목격자로서의 앎 역시 미세한 생각의 파편입니다.

그 현존의 감각 배후에, 그 앎의 배경에 무엇이 있습니까?

다시 묻습니다. '무엇'이라는 것이 있기는 한가요? 감각도 아니고 앎도 아닌, 감각되지도 않고 알려지지도 않는 '것'이 있나요?

혹시 '나'는 없다는 것이 바로 있는 것이며, 있다는 것이 곧 없는 것이 아닐까요? 이것이 그저 하나의 말장난이 되지 않기를 바랍니다.

'나'는 '나'에게서 떨어져 있지 않을 것입니다. 거리가 없을 것입니다. 둘이 아닐 것입니다. '나' 아닌 것은 떨어져 있고 거리가 있고 둘이기에, 감각할 수 있고 알 수 있습니다. 있다고 할 수도 있고 없다고 할 수도 있습니다. 그런데 떨어져 있지 않고 거리가 없고 둘이 아닌 것에 대해서 우리는 무엇을 말할 수 있을까요?

아마 그래서 이런 말이 생겨났을지도 모릅니다.
"말할 수 없는 것에 대해선 침묵해야 한다."

'나'라는 현상

지금 '나', 자기 자신이 자각되십니까? 자각되신다면, 정확히 무엇을 자각하고 계십니까? 다시 말해 무엇을 '나'라고 여기고 계십니까?

혹시 신체 감각을 '나'라고 여기고 계십니까? 신체는 가장 일반적으로 '나'로 동일시되는 대상입니다. 그런데 그 신체라는 것은 결국 지각되는 감각일 뿐이 아닌가요? 결국, 끊임없이 변화하는 감각의 흐름만이 있는 것은 아닌가요? 오늘 아침 의식이 깨어나기 이전에는 신체 감각은 없었습니다. 깊은 잠 속에서는 신체 감각, 곧 신체가 없었습니다. 그렇다면 이 신체 감각, 곧 신체는 어디에서 나타난 것일까요?

신체 감각은 나타날 때가 있고 사라질 때가 있습니다. 그런데 그러한 신체 감각이 나타나면 나타나는 줄 아는 것, 사라지고 없으면 사라지고 없다고 아는 무엇은 지금도 있지 않습니까? 다시 한 번 신체 감각을 자각해 보십시오. 자각되는 신체 감각만 거기 있는 것이 아니라, 그것을 자각하는 자각 자체도 있지 않은가요? 자각 자체는 상대적으로 자각되지 않지만, 신체 감각이라는 대상을 분명히 자각하는 것이 있지 않은가요?

그것은 무엇이죠?

아니면, 어떠한 감정이나 느낌, 생각을 '나'라고 여기고 있지는 않습니까? 우울함, 불쾌함, 답답함, 짜증, 분노 등 여러 정서적이고 인지적인 정신 현상을 자기 자신으로 동일시하고 있지는 않습니까? 그런데 그러한 정신 현상 역시 신체 감각과 마찬가지로 지각되고 인식되는 대상이 아닌가요? 고정된 실체로 변함없이 존재하는 것이 아니라, 지각되고 인식될 때만 겨우 존재하는, 무상한 현상에 불과한 것이 아닌가요?

우리가 현저한 감정이나 느낌, 생각에 집착하거나 사로잡히지 않는다면, 언제나 그러한 다양한 현상을 지각하고 인식하는 무엇이 그 현상의 배경처럼 항상 있지 않은가요? 현상들은 새롭게 나타났다가 잠시 유지되다가 결국 사라지지만, 그 전 과정 가운데 그 현상에 대한 자각은 조금도 변함이 없지 않은가요? 지금도 그 자각은 이 글을 보고 있는 이 현상은 물론 신체 감각과 정신 현상, 주변의 상황을 지각하고 인식하고 있지 않은가요?

그것이 무엇이죠?

당신은 누구입니까?

"당신은 누구입니까?"
"저는 ○○○입니다."

"아니요, 저는 당신의 이름을 물어본 것이 아니라 당신은 '누구'인가를 묻고 있습니다. 당신은 누구입니까?"
"음, 저는 키 172센티에 77킬로그램인 남자입니다."

"당신의 키가 180으로 커지거나 몸무게가 50킬로그램으로 줄어들어도 당신은 여전히 같은 당신인가요?"
"네, 물론이죠."

"당신이 여성으로 성전환을 하거나 신체 일부를 잃거나 인공심장이나 장기 등으로 대체한다면, 당신의 당신다움, 당신 자신임, 진정한 정체성이 변할까요?"
"흠……. 아니오, 제가 여성이 되거나 신체 일부를 잃거나 기계로 장기를 대체한다 해도 나의 나임은 변함없을 것 같습니다."

"그렇다면 당신의 키나 몸무게, 성별, 신체와 당신 자신은 아무 상관이 없는 것이로군요. 그러면 당신은 누구입니까?"
"곤란한 질문이군요. 음……. 이렇게 감각하고 감정을 느끼고 생각하는 것이 나 아닐까요?"

"만약 당신이 사고로 보지도 듣지도 느끼지도 못한다면 당신의 당신다움, 당신이 당신 자신임이 변할까요?"
"아니요, 나가 나라는 근원적인 느낌은 변함없을 것 같습니다."

"감정이 끝없이 변하더라도 당신이 당신 자신이라는 사실에는 변함없을 것입니다. 당신이 치매에 걸려 모든 지식과 경험을 잃어버릴지라도 마찬가지일 거구요."
"네, 그렇습니다."

"그렇다면 당신은 진짜 누구, 무엇입니까?"
"모르겠습니다."

"그 모르는 상태를 잘 보십시오. 아무 생각도, 어떤 이미지도 떠오르지 않는 것이 모르는 상태입니다."
"네, 그렇습니다."

"아무 생각도, 어떤 이미지도 떠오르지 않지만 바로 그 자리에서 어떤 생각, 어떤 이미지라도 떠오를 수 있습니다."
"네, 맞아요."

"당신이 이제까지 당신 자신일 것이라고 말한 모든 것은 그 아무 생각도, 어떤 이미지도 떠오르지 않는 그 텅 빈 자리, 텅 비었지만 생생하게 살아 있는 그 무엇에서 나타났던 이미지, 생각, 느낌, 속성 따위였습니다.

그것들은 나타났다가 사라지고 다시 나타났다가 사라집니다."

"네, 맞아요."

"그런데 그 아무 생각도, 어떤 이미지도 떠오르지 않는 그 텅 빈 자리는 늘 변함없이 있지 않나요? 당신의 모든 인생 경험의 배후에, 그 경험의 바탕으로서, 그 경험의 목격자로서 늘 그 자리에 있지 않았나요?"

"그러고 보니, 정말 그렇군요."

"그것이 바로 당신 자신, 몸과 마음에 제한되지 않는, 변함없는 당신 자신, 영원하고 무한한 당신의 본래 모습 아닌가요?"

"……."

"그것이야말로 어떠한 조건, 어떠한 상황에서도 변함없는 당신의 진정한 정체성이자 모든 사람에게 평등한 본래 성품 아닐까요?."

"……."

당신은 몇 살입니까?

당신은 몇 살입니까?

스물다섯? 서른일곱? 마흔아홉? 예순여덟? 일흔하나? 살아온 햇수로 표현할 수 있는 나이는 당신의 육체의 탄생과 밀접하게 결부되어 있습니다. 당신 자신이 그 육체라면 그 숫자가 당신의 나이가 맞을 것입니다. 그런데 당신 자신이 육체가 아니라면, 그리하여 육체와 연관된 감각과 감정, 생각이 당신 자신이 아니라면 이야기는 크게 달라집니다. 그렇다면 질문을 이렇게 바꿔 보겠습니다.

당신은 당신의 육체인가요?

진지하고 세밀하게 탐구해 보시기 바랍니다. 당신은 당신의 육체가 맞습니까? 육체가 당신의 정체성, 당신의 자기 동일성의 근거가 확실합니까? 일곱 살 때의 육체와 지금의 육체는 생화학적 조건이 완전히 달라졌습니다. 그런데도 동일한 당신 자신이라 할 수 있습니까? 다른 사람의 신체 일부나 인공 장기를 이식하거나 성전환 수술을 했을 경우는 어떨까요?

육체가 달라지면 당신 자신의 자기 동일성, '나는 언제나 나'란 느낌도 따라서 달라지나요? 그렇지 않을 겁니다. 일곱 살 때도, 스무 살 때도, 마흔 살, 예순 살에도 '나는 그냥 나'라는 당연한 느낌은 변함이 없습니다. 신체 일부가 손상되거나 이식되더라도, 성별이 바뀌더라도, 심지어 육체 전체가 바뀌더라도 '내가 있다'는 느낌은 동일할 것입니다.

당신은 당신의 정신, 영혼, 기억, 의식인가요?

예를 들어, 당신이 정신질환이나 심각한 치매에 걸려서 기존의 자기 정체성, 자기 기억, '나는 이러이러한 사람이다' 따위를 상실했다고 합시다. 자기 이름도, 가족도, 고향, 하는 일, 취미, 기억마저 모두 잃었다 하더라도, '내가 누구인지 전혀 모르겠다'고 하더라도, '내가 있다'는 느낌, '나는 그냥 나'라는 근원적인 느낌이 달라질 수 있을까요? 정말 진지하게 탐구해 보시기 바랍니다.

그렇다면 당신은 도대체 무엇인가요?

이 '내가 있다'는 존재의 느낌, '나는 그냥 나'라는 확고부동한 자기 동일성은 물질적인 것도, 정신적인 것도 아닙니다. 굳이 말하자면 그 모든 것의 근본 바탕, 토대가 아닐까요? 어떤 감각, 감정, 생각이 일어나려면 이 근본 바탕, 토대가 먼저 있어야 합니다. 그리고 그 감각, 감정, 생각이 사라지더라도 이 근본 바탕, 토대는 남아 있어야 합니다. 그래야 변화가 가능합니다.

이것이 언제부터 있었을까요? 그 시작을 알 수 있을까요? 예를 들어, '나는 1969년에 태어났다'는 이 존재의 근본 바탕, 토대 위에서 일어난 하나의 생각, 이미지가 아닌가요? 시간이란 결국 이 영원한 현재인 존재의 근본 바탕, 토대 위에 그리는 그림에 불과하지 않은가요? 이 존재의 느낌, 이것이야말로 본래 태어난 바 없이 언제나 바로 지금 여기 있는 것 아닌가요?

이것이야말로 진정한 당신 자신, 아니, 우주 삼라만상의 본질이 아닌가요?

그렇다면 당신은 몇 살입니까?

질문이 답이다

"당신은 누구입니까?"

이것은 질문이 아니라 답입니다.

"당신은 누구입니까?"

누구인 당신은 허구입니다. '나는 ~이다'는 거짓말입니다. 입을 열어서 하는 대답, 생각을 통해서 나오는 대답은 자기 자신도 만족시키지 못하는 대답일 뿐입니다.

"당신은 누구입니까?"

이 질문이 있는 그대로의 당신을 노출시키고 있습니다. 이 질문을 통해 당신은 이 질문을 받기 이전부터 이미 드러나 있었다는 사실을 깨달을 수 있습니다. 당신은 숨겨질 수 없는 존재입니다. 당신은 언제나 바로 지금 여기 이렇게 있는 '이것'입니다.

"당신은 누구입니까?"

이 질문을 통해 당신 자신의 본래 모습을 깨달았다면, "무!", "마 삼근!", "뜰 앞의 잣나무!", '세존이 말없이 꽃 한 송이를 들어 보이는 것', '불법의 분명한 뜻을 물었는데 몽둥이로 사정없이 두들겨 패는 것' 또한 당신 자신을 드러내 보인 것일 뿐입니다.

"당신은 누구입니까?"

당신이 이제껏 당신 자신으로 알고 있던 것은 순수한 당신 자신 위에 덧씌워진 부가물입니다. 몸과 마음, 이름, 성격과 습관, 기호와 감정, 개인적 인생사 따위의 부가물을 치워 버리고도 있는 그대로 남아 있는 것이야말로 순수한 당신 자신입니다.

"당신은 누구입니까?"

이 질문이 바로 답입니다. 당신의 실체를 묻고 있는 것이 아니라, 당신의 실체를 직접 가리켜 보이는 것입니다. 달을 가리키는 손가락처럼 질문은 당신의 본질을 직접 가리켜 보이고 있습니다. 이른 새벽 한 마리 새의 울음소리에 충만했던 정적과 고요가 노출되는 것처럼.

"당신은 누구입니까?"

이 질문이, 이 질문에 대한 직접적인 경험이 바로 당신 자신입니다. 이 질문을 통해 그 질문이 제시되기 이전부터 있던 당신 자신을 드러내고 있는 것입니다. 질문이 스스로 답을 하고 있는 것입니다. 너무나 맑고 깨끗한 유리창을 없다고 여겨 깨뜨릴까 봐 일부러 가위표를 해 놓는 것처럼.

참나, 진정한 정체성

당신은 누구입니까?

당신은 이름입니까? 김철수 또는 박영희가 당신의 진정한 정체성입니까? 만약 당신의 이름이 박철수나 김영희로 바뀌면 당신의 정체성에도 변동이 생깁니까? 이 점을 한번 진지하게 고찰해 보십시오.

당신은 누구입니까?

당신은 하나의 몸입니까? 몸은 일생 동안 끊임없이 성장하고 노쇠하는데, 그 끝없이 변하는 몸 가운데 어떤 것이 진정한 당신입니까? 만약 다른 사람의 팔다리나 간, 콩팥 따위를 이식한다면, 당신의 정체성이 달라집니까? '나는 그냥 나'라는 의식이 달라질까요? 이 점을 한번 진지하게 고찰해 보십시오.

당신은 누구입니까?

당신은 특정한 감각이나 감정입니까? 유쾌나 불쾌, 행복감이나 절망감 같은 감각이나 감정이 그대의 진정한 정체성일 수 있을까요? 그러한 감각이나 감정은 머물지 않고 끝없이 흘러가고 있습니다. 당신의 정체성도 일정한 머무름 없이 끝없이 흘러가고 있습니까? 이 점을 한번 진지하게 고찰해 보십시오.

당신은 누구입니까?

당신은 특정한 생각, 기억, 관념, 정신상태입니까? 어떤 생각이나 기억은 가지고 있다가 잃어버릴 수 있습니다. 그러나 당신의 당신임을 잃어버릴 수 있습니까? 평범했던 당신이 극단적 이념의 신봉자가 된다고 해서 당신의 근원적 정체성에 변화가 있을까요? 이 점을 한번 진지하게 고찰해 보십시오.

당신은 진정 누구입니까?

당신은 이름도 아니고, 몸도 아니고, 감각이나 감정도 아니고, 생각이나 관념도 아닙니다. 그것들은 당신의 근원적인 정체성이 아닙니다. 그것들은 당신이 소유하거나 상실할 수 있는 대상들이지 진정한 당신 자신이 아닙니다. 그렇다면 진정한 당신 자신은 누구 혹은 무엇입니까?

분명 바로 지금 여기, 당신은 존재합니다.

엄밀히 말하자면 '당신이 존재'하는 것이 아니라, '존재가 당신'입니다. 그것은 생각할 필요 없이 자명한 '내가 지금 여기 이렇게 있음' 또는 '나는 언제나 그냥 나임'의 느낌입니다. 아니, 그것은 느낌조차 없는, 느낌보다 더 근원적이고 근본적인, 너무나도 평범한 바로 지금 이렇게 있음, 바로 이것입니다.

스스로 있는 자

당신은 진실로 누구, 아니 무엇입니까? 조금도 의심할 여지가 없는 당신의 이 존재는 진정 무엇입니까?

무엇보다 이러한 의문을 일으키는 자가 바로 당신 자신일 것입니다. 그렇다면 이 의문은 어디에서 일어났습니까? 이 의문의 출처는 어디입니까? 어디에서 이 의문이 경험되고 있습니까?

새롭게 얻을 수도 없고, 그렇다고 어떻게 처리해서 버릴 수도 없는 것이 바로 당신 자신의 존재일 것입니다. 당신은 자신의 존재를 경험할 수도 없고, 자신의 부재를 경험할 수도 없습니다.

당신의 존재를 경험하기 위해서는 당신이 존재하기 이전에 이미 당신이 존재하고 있어야만 합니다. 당신의 부재를 경험하기 위해서는 당신이 부재한 뒤에도 당신이 존재해야만 합니다.

진정한 당신은 당신의 개인성와 무관한 비인격적 존재 자체입니다.

당신이라는 자아의 감각, 존재의 감각이 일어난 출처를 돌아보십시오. 당신이라는 자아감, 존재감은 그림자와 같습니다. 있지만 진실로 있는 것은 아닙니다. 당신이라는 자아감, 존재감이 나온 그곳엔 당신이 없는 당신이 있습니다.

"나는 스스로 있는 자(나는 곧 나)다."(출애굽기 3:14) "아브라함이 태어나기 전부터 나는 있었다."(요한 8:58) "나는 알파요 오메가라. 이제도 있고 전에도 있었고 장차 올 자요, 전능한 자다."(계시록 1:8)

당신은 어디에도 의지하지 않고 제 스스로 있는 자입니다. 감각은 당신에 의지해 있지만, 당신은 감각에 의지해 있지 않습니다. 당신은 태초 이전부터 존재하고 있었습니다. 당신은 시작이요 끝이자 모든 것입니다.

당신이 모든 것을 이렇게도 할 수 있고 저렇게도 할 수 있지만, 당신 자신만은 이렇게도 할 수 없고 저렇게도 할 수 없습니다. 당신은 안도 없고, 밖도 없습니다. 당신은 알 수도 없지만, 모를 수도 없습니다.

어떤 것도 당신은 아니지만, 동시에 어떤 것도 당신 아닌 것은 없습니다. 당신은 언제나 바로 지금 여기 있습니다. 당신은 보는 자이자 보이는 대상이며, 창조주이자 피조물 자체입니다. 당신은 영원이자 무한입니다.

언제나 어디에나 그대는 있다

.

　바로 지금 이 글을 보고 있는 이 순간, 의심할 여지 없이 그대는 존재합니다. 이 글을 보고 있기 때문에 그대는 존재하며, 그대가 존재하기 때문에 이 글을 보고 있습니다. 이 글을 보고 있음과 그대의 존재함은 둘이 아닙니다.

　그러나 진정한 그대의 존재, 진정한 그대의 정체성은 이 글을 보고 있는 하나의 몸과 마음, 한 사람, 하나의 인격이 아닙니다.

　이 사실을 직접 탐구해 보십시오.

　눈앞의 컵을 보십시오. 컵의 모양과 빛깔, 그것의 촉감, 그것과 관련된 관념과 기억이 의식됩니다. 따라서 그것은 내가 아니라 나에 의해 의식되는 대상 사물입니다.

　자신의 몸과 마음을 보십시오. 컵과 마찬가지로 하나의 대상 사물로서 육체와 그와 관련된 감각, 감정, 생각들이 의식됩니다. 이 사람, 이 인격 역시 컵과 마찬가지로 내가 아니라 나에 의해 의식되는 대상 사물일 뿐입니다.

　그렇다면 그 모든 대상 사물을 의식하는 참된 '나'는 어디에 있을까요?

그것이 바로 지금 여기 이 순간이 아닌 다른 장소에 있을 수 있을까요? 그것은 '무엇'으로서, 하나의 대상 사물로서 있지 않고 그 모든 대상 사물이 있음의 근원으로 있기에 마치 그것은 없는 것처럼 느껴집니다.

아무리 찾아봐도 모든 대상 사물을 의식하는 '무엇'은 없는 것 같습니다. 그런데 그렇게 찾고 있는 그것은 무엇입니까? 없는 줄 아는 그것은 진정 없는 것인가요?

하나의 대상 사물로서의 그대는 있을 때도 있고 없을 때도 있습니다. 깜빡 잠이 들거나 깊은 삼매에 들거나 전신마취에 들어가면 하나의 몸과 마음으로서의 그대는 사라집니다.

그러나 그 모든 것을 의식하는 진정한 그대 자신은 사라졌을까요? 몸과 마음의 부재를 경험하는 진정한 그대, 의식이 사라졌다면 다시 몸과 마음이 나타났을 때 그 자신이 부재했음을 어떻게 알 수 있을까요? 의식의 공백이 있었음을 아는 그 의식은 어디서 그러한 정보를 얻었을까요?

나타나기도 하고 사라지기도 하는 그대는 진정한 그대가 아닙니다. 몸과 마음으로서의 그대는 매일 밤 사라졌다가 매일 아침 다시 나타납니다. 그러나 진정한 그대 자신의 본질은 깨어 있을 때나, 꿈속에서나, 잠이 들었을 때나 변함없이 항상 있습니다. 그것이 없다면 의식의 삼 분단, 깨어 있음과 꿈 그리고 잠이라는 분별은 불가능합니다. 모든 의식 변화의 배경, 바탕에는 결코 변함없는 '무엇'이 있습니다.

그러나 여기서 간과해서는 안 되는 것은 그것을 '무엇'이라고 부르는 것은 어쩔 수 없는 언어관습일 뿐이라는 사실입니다. 엄밀히 말해 그것은 '그것'도 아니고 그 '무엇'도 아닙니다. 그것은 하나의 대상 사물이 결코 아니기 때문입니다.

그것은 본래 말해질 수도, 의식될 수도 없습니다. 그것은 그것 자신과 조금도 떨어져 있지 않기에, 아무런 틈이 없이 온통 한 덩어리이기에 그 자신을 상대적으로 파악할 수 없습니다. 몸과 마음은 그것과 떨어져 있기에 상대적으로 의식되는 것입니다.

눈에 보이는 대상들을 떠나서 눈이 따로 존재하지는 않지만, 눈에 보이는 특정한 대상들 속에서 눈을 찾을 수는 없습니다. 그러나 무엇이 보이든 그것들이 바로 눈의 존재를 증명합니다. 눈은 결코 보이는 대상은 아니지만, 보이는 모든 대상을 통해 스스로를 현현합니다.

대상을 보고 있는 그것이 바로 눈입니다. 컵을, 몸과 마음을 의식하고 있는 그것이 바로 그대 자신입니다. 눈이 대상으로 보이지 않듯 그대 자신은 결코 의식되지 않습니다. 그런데 그렇게 의식되지 않음 역시 또 다른 의식이지 않은가요? 대상이 없는 순수한 의식 그 자체를 우리는 의식되지 않음, 모름이라고 판단할 뿐 아닌가요?

깨어 있지만 아무것도 의식되지 않음, 그것을 전통적으로는 성성적적(惺惺寂寂)이라 표현했습니다. 우리의 본래 상태, 우리의 본질이 바로 그러합니다. 이 순수한, 어느 것에도 물들지 않은, 중립적인 의식 상태 위에 온갖 다양한 의식의 경험들이 비칩니다.

있음과 없음, 앎과 모름, 옳음과 그름, 좋음과 나쁨…… 등등. 그러나 그 어떤 것도 이것은 아닙니다. 눈에 보이는 어떤 사물이 바로 눈 그 자체는 아니듯 말입니다. 눈은 보이는 사물에 영향받지 않고 언제나 보고 있습니다. 마찬가지로, 모든 것을 의식하는 의식 그 자체는 의식의 내용물과 상관없이 언제나 의식하고 있습니다.

그대는 언제나 어디서나 그렇게 있습니다. 바로 지금 여기 이렇게 있습니다.

자유, 존재의 법칙

"도와주세요."

그는 죽어가는 사람처럼 힘없이 말했습니다.

"저는 이 세상 무엇보다도 날고 싶어요."

"그렇다면 따라오너라. 나와 함께 땅에서 날아오르자. 그렇게 시작을 하자."

조나단이 말했습니다.

"이해하지 못하시는군요. 제 날개를 보세요. 저는 날개를 움직일 수가 없어요."

"메이나드, 너에게는 진정한 너 자신을 찾을 수 있는 자유가 있다. 아무도 너의 길을 막지 못한다. 그것이 '갈매기의 법칙'이며, '존재의 법칙'이다."

"제가 날 수 있다는 말인가요?"

"너는 자유롭다는 말이다."

_리처드 바크, 『갈매기의 꿈』에서

가장 확실한, 도무지 의심할 수 없는 진실이 있다면, 그것은 바로 지금 여기 이렇게 '내가 있다'는 사실입니다. '나'의 있음, '나'는 곧 있음이며 있음이 바로 '나'입니다. 이 존재함(being)이야말로 유일한 '존재의 법칙'이며 그것이 곧 '자유'입니다.

'나'의 존재는 스스로 말미암음(自由)입니다. 다른 모든 것의 존재는 '나'의 존재에 의지해 있지만, '나'는 스스로 존재하는 유일한 자(I am that I am)입니다. 나는 자유이므로, 모든 한계에서 이미 벗어나 있습니다.

다른 모든 것은 왔다가 가고 생겨났다가 사라지지만, 그 모든 현상의 배후에는 결코 왔다 가거나 생겼다 사라지지 않는 '나'가 있습니다. '나'는 그 어떤 대상에 의해서도 파괴되거나 훼손되지 않은 채 언제나 있는 그대로 있습니다.

'나'는 바로 지금 여기 이렇게 있습니다.

이것은 특별한 경험이 아닙니다. 항상 새로우면서 늘 똑같은 경험입니다. 지금 여기 그저 이렇게 있습니다. 오고 가며 생겼다 사라지는 모든 현상을 지켜보고 있습니다. 알아차리고 있습니다. '나'는 영원불변의 자각 그 자체입니다.

이 '나'는 어떤 속성, 어떤 표상, 어떤 대상에도 제약되어 있거나 제한되어 있지 않습니다. 이 순수한 있음, 존재는 본래 아무런 한계를 가지지 않습니다. 잘못된 자기 규정, 자기 동일시, 자아 정체성, 자아상에서 벗어나면 본래 자유입니다.

'나'는 영원히 알 수 없는 신비, 결코 이해할 수 없는 불가사의입니다.

이 알지 못함, 모름의 신선함, 생생함, 살아 있음 가운데 머무십시오. 과거는 이미 지나갔고, 미래는 아직 오지 않았습니다. 바로 지금 여기 이 순간은 어떤 것도 결정된 것이 없는 무한한 가능성입니다. '나'는 영원한 현재입니다.

나는

　나는 때로 슬픕니다. 나는 가끔 화가 납니다. 나는 짜증이 날 때도 있습니다. 나는 몹시 분노할 때도 있습니다. 나는 우울할 때도 있고, 아득한 절망에 빠져 허우적거릴 때도 있습니다. 그러다가 나는 다시 행복해지기도 합니다. 나는 기쁨에 겨워 전율하기도 합니다. 그리고 나는 이 행복과 기쁨이 사라질까 봐 두렵기도 합니다.

　여기서 중요한 사실은, 내가 곧 슬픔은 아니란 것입니다. 나는 화 그 자체가 아닙니다. 나는 짜증이 아니며, 분노 또한 아닙니다. 나를 우울이나 절망과 동일시하지 않아야 합니다. 물론 나는 행복도 아니고, 기쁨도 아니며, 두려움 역시 아닙니다. '나는'이라는 주어는 그 뒤에 이어지는 서술부와 아무 상관이 없습니다.

　맨 처음 문단은 다음과 같이 다시 서술할 수 있습니다.

　나는 슬픔이라는 감정을 알고 있습니다. 나는 화가 났음을 자각하고 있습니다. 나는 짜증을 알아차리고 있습니다. 나는 분노가 일어나는 것을 지켜보고 있습니다. 나는 우울과 절망을 지각하고 있습니다. 나는 행복과 기쁨으로 몸이 떨리는 것뿐만 아니라 그 뒤에 이어지는 두려움조차 의식하고 있습니다.

나는 때때로, 이따금, 잠시, 일시적으로, 번갈아, 나타났다 사라지는, 일어났다 가라앉는, 생겨났다 없어지는 마음의 상태가 아닙니다. 나는 언제나, 항상, 변함없이, 바로 지금 여기에서, 즉각적으로, 그와 같이 생멸변화하는 대상들을 알고 있는, 자각하는, 지켜보는, 알아차리는, 의식하는 '그것'입니다.

나는 대상이 없는 앎 그 자체, 내용이 없는 순수한 의식, 영원하고 무한한 자각의 성품, 모든 것을 지켜보지만 제 스스로는 보이지 않는 유일무이한 목격자, 바로 지금 여기 있는 존재 그 자체입니다. 나는 너무나 당연하면서도 자연스러운 살아 있음의 느낌, 자각이자 현존, 존재이자 의식 그 자체입니다.

나는 이 글자들이 경험되는 의식의 공간, 공간인 의식 그 자체입니다. 나는 모든 경험의 배후에서 그 모든 경험의 변화를 드러내는, 변함없는 배경입니다. 나는 모든 사람이 동일하고 동등하게 경험하고 있는 '내가 있다'는 근원적인 느낌, 모든 경험의 근본 경험입니다.

나는 그냥 나입니다. 나는 바로 지금 이 느낌, 이 경험입니다. 너무나 단순하고 당연한 이 느낌, 이 경험입니다. 어떠한 느낌의 내용, 경험의 대상에 의해 물들기 이전에, 마치 없는 듯이 있었던 순수하고 투명한 느낌, 경험의 내용이 없는 경험, 텅 비고 고요하되 매 순간 알아차리는 '이것'입니다.

나

나는 보지만 보이지 않습니다.
나는 듣지만 들리지 않습니다.
나는 냄새 맡지만 냄새 맡아지지 않습니다.
나는 맛보지만 맛보아지지 않습니다.
나는 느끼지만 느껴지지 않습니다.
나는 알지만 알려지지 않습니다.

나는 모든 것을 경험하지만 경험되지 않습니다.
나는 모든 것을 목격하지만 목격되지 않습니다.

모든 것은 대상이지만 나는 대상이 아닙니다.
모든 것은 오고 가지만 나는 오고 가지 않습니다.
모든 것은 시작과 끝이 있지만 나는 시작과 끝이 없습니다.
모든 것은 변하지만 나는 변하지 않습니다.
모든 것은 한계가 있지만 나는 한계가 없습니다.

나는 길이요, 진리요, 생명입니다.
나는 그냥 스스로 있는 나입니다.
나는 모든 것을 배제하고도 마지막까지 남아 있는 것입니다.

나 – 있음(I-AM)

바로 지금 이 순간 가장 확실한 것, 가장 분명한 것, 결코 의심할 여지가 없는 것, 절대 반박 불가능한 것이 무엇일까요?

그것은 바로 지금 여기 이렇게 '내가 있다'는 자연스러운 존재의 감각입니다.

여기서 조심해야 할 것은, 그것은 너무나 자연스럽고 너무나 당연한 사실이기에 '내가 있다'라든가 '존재의 감각'이라는 거창한 설명조차 필요 없다는 사실입니다. 그런 표현의 말에 속으면, "내가 있다라는 감각은 어떤 느낌이지?", "어떻게 하면 '내가 있다'는 감각을 알아차릴 수 있을까?" 하는 식으로 바로 지금 여기 이미 그것으로 존재하면서 다시 따로 그것을 찾는 어리석음을 범하게 됩니다.

당신이 이미 바로 그것입니다.

우리의 모든 감각, 감정, 생각은 이 자연스러운 '내가 있다'라는 감각, '나–있음' 위에 드러나는 현상, '나–있음'의 변형일 뿐입니다. 시간의 흐름에 따라 몸과 마음은 끊임없이 변화해 왔음에도 불구하고 스스로를 언제나 동일한 '나'라고 의식하는 그 자기동일성의 근원이 바로 언제나 바로 지금 여기에 '있음', 현존의 감각입니다. 즉, '나'는 곧 '있음'입니다. 이 근원적이고 근본적인 존재의 감각이 있어야 모든 변화와 차별에 대한 지각과 인식이 가능합니다.

이 존재의 감각은 이미 지금 여기 이렇게 있기 때문에 다시 얻거나 잃어버릴 수 없습니다. 이 '나-있음'에 대한 자각은 전혀 새롭고 특별한 이해나 체험이 아닙니다. 무시하고 살던 이것을 어느 순간 문득 알아차렸다고 해서 물리적으로 달라지는 일도 크게 없습니다. 마치 검은 바탕에 그려진 흰 컵의 그림이 어느 날 문득 서로 마주 보고 있는 두 사람의 얼굴 모양으로 보인다고 해서 그림이 달라진 것이 아닌 것과 같습니다. 보는 관점이 달라진 것일 뿐입니다.

그러나 그 단순한 관점의 변화가 자기 자신과 세상을 달리 볼 수 있게 해 줍니다. 무상하게 변화하는 대상에 대한 집착과 욕망에서 벗어나 언제나 변함없는 '나-있음'으로 머물 수 있습니다. 그것이 바로 영원한 만족, 평화, 지복(至福), 해탈입니다.

나 - 없음(無我)

'나'라고 할 어떤 '것'은 없습니다. '나'는 어떤 '것'이 아닙니다. 굳이 말하자면, '없음'이 '나'입니다. '나'는 '없음'입니다. '나'는 '부재(不在)'한 채로 '실재(實在)'합니다. '실재'하는 '나'는 언제나 '부재' 중입니다.

'나'는 어떤 물질적, 육체적 실체가 아닙니다. '나'는 정신적, 심리적 실체 또한 아닙니다. 우리가 보통 '나'로 여기는 몸과 마음은 '나'가 아닙니다. '나'의 몸이고, '나'의 마음이지만, 몸과 마음이 곧 '나'는 아닙니다.

지각할 수 있고 인식할 수 있는 것은 '나'가 아닙니다. '나'는 모든 것을 지각하고 모든 것을 인식할 수 있습니다. 그러나 '나'는 결코 지각되거나 인식되지 않습니다. '나'는 언제나 '부재'합니다, 그 '부재'만 '실재'합니다.

그 어떤 '것'도 '나'는 아닙니다. 그렇지만 '나 아닌 것'을 떠나서 '나'는 없습니다. '나'는 '나 아닌 것'입니다. 이것이 '나'라고 할 '것'은 없습니다. 그 '없음'만이 '실재'합니다. 그 '없음'이 '나'입니다. '나'는 그 '없음'입니다.

경험하는 자

지금 당장 당신은 무슨 경험을 하고 있습니까?

눈앞에 어떤 사물이 보이거나 주변의 어떤 소음이 들리고 있을 것입니다. 바닥과 닿아 있는 발의 느낌이나 의자에 앉아 있는 엉덩이의 느낌과 같은 신체의 감각이 느껴질 것입니다. 어떤 감정이 일어나거나 이런저런 생각이 오고 가는 것을 알아차리고 있을 것입니다.

그 경험들은 강물의 흐름처럼 시시각각 끝없이 변하고 있을 것입니다. 그런데 당신은 그 변화를 아무런 노력 없이 자연스럽게 알아차리고 있을 것입니다. 그렇다면 그 변화를 알아차리고 있는 당신 자신을 한번 경험해 보십시오. 경험하고 있는 자를 경험해 보십시오.

어떻습니까? 당신 자신이, 경험하는 자가 경험됩니까?

행여 당신이 육체, 즉 신체 감각을 경험하는 것으로 당신 자신을 경험하고 있다고 착각하지 않기를 바랍니다. 그것은 진정한 당신 자신, 경험하는 자를 경험한 것이 아니라 경험의 대상의 일종인 신체 감각을 경험한 것일 뿐입니다. 당신은 당신의 신체를 경험하는 자이지 경험되는 신체가 아닙니다.

다시 묻겠습니다. 지금 당장 당신은 무슨 경험을 하고 있습니까?

당신은 분명 피부의 작은 떨림, 주변 공기와 맞닿는 촉감, 내장 기관의 미묘한 느낌, 섬세한 감정의 변화, 뜬구름 같은 생각의 움직임을 경험하고 있습니다. 알아차리고 있습니다. 그런데 어째서 경험하는 자, 알아차리는 자를 경험하거나 알아차리지 못합니까?

다시 말합니다. 당신은 강물처럼 끊임없이 왔다가 사라지는 모든 경험을 경험하고 있습니다. 그 모든 변화를 알아차리고 있습니다. 그런데 그 경험의 대상이 아닌 경험하고 있는 당신 자신, 경험하는 자를 어째서 경험하지 못합니까? 이유는 단순합니다.

경험하는 자가 없기 때문입니다. 경험되는 대상을 떠나서 달리 경험하는 자는 없습니다. 그런데 모든 경험의 대상 역시 경험하는 자를 벗어나 따로 없습니다. 따라서 경험되는 것도 사실은 없습니다. 모든 경험의 대상은 무상하기 때문입니다. 그렇다면 경험은 저 홀로 있을 수 있을까요?

지금 당신은 무슨 경험을 하고 있습니까?

부모미생전 본래면목

화두 참선을 하는 사람들이 들고 있는 화두 가운데 '부모미생전 본래면목(父母未生前 本來面目)'이라는 화두가 있습니다. '부모가 낳아 주기 이전에 어떤 것이 나의 본래면목인가?'를 참구하는 화두입니다. 이 화두와 관련하여 다음과 같은 일화가 있습니다.

『무소유』라는 수필집으로 널리 알려진 법정(法頂, 1932~2010) 스님이 풋중이던 시절 공부를 점검받으려는 도반 스님을 따라 당시 해인사 조실이던 금봉(錦峰, ?~1959) 스님을 만났을 때의 일입니다.

도반 스님은 금봉 스님에게 화두가 잘 들리지 않는다고 했습니다. 그러자 금봉 스님은 무슨 화두를 들고 있느냐고 되물었습니다. 도반 스님은 '부모가 낳아 주기 이전에 어떤 것이 나의 본래면목인가?'를 들고 있다고 했습니다.

그 말이 떨어지기가 무섭게 금봉 스님은 "부모미생전은 그만두고 지금 당장 네 본래면목은 무엇이냐?"라고 다그쳤습니다. 그 순간 옆에서 듣고 있던 법정 스님은 정신이 번쩍 들었다고 술회한 적이 있습니다.

화두는 가깝게 들어야 합니다. 화두와 그것을 드는 사람 사이에 조금의 틈도 없어야 합니다. '부모가 낳아 주기 이전에~' 이런 식으로 화두를 들어서는 천리만리입니다. 화두가 나인지 내가 화두인지 모를 지경으로 한 덩어리가 되어야 합니다. 생각을 일으켜 헤아릴 겨를도 없이 단칼에 망상의 숨통을 끊어 놓아야 합니다.

바로 지금 당장 그대의 본래면목은 무엇입니까?

한 생각만 일으켜도 몽둥이로 죽도록 두들겨 패야 합니다. 입술만 달싹거려도 주먹으로 얼굴을 사정없이 때려 주어야 합니다.

바로 그러할 때 어떤 것이 그대의 본래면목입니까?

아시겠습니까? 알았다고 해도 몽둥이로 두들겨 맞고, 모른다고 해도 주먹 찜질을 당해야 합니다. 알고 모르고, 옳고 그르고 따위의 분별 망상에서 훌쩍 벗어나야 합니다.

바로 지금 당장 이것이 무엇입니까?

악! 악! 악!

내가 지금 여기 있다

바로 지금 이 순간 결코 부정할 수 없는 유일한 진실은 '내가 지금 여기 있다'는 느낌입니다. 그 느낌을 면밀하게 관찰해 보면, '나'가 곧 '지금 여기'이면서 바로 '있음'임을 알 수 있습니다.

보통 '나'를 특정한 몸과 마음으로 동일시하지만, 실제로 '나'라는 말로 가리키는 것은 바로 '지금 여기 있음'의 감각입니다. '나'는 언제나 변함없는 '지금 여기 있음', 현존의 감각입니다.

'나'는 자기 자신의 의식과 무의식마저 묵묵히 지켜보는 절대적 자각입니다. 모든 현상의 목격자, 지각과 인식의 근원입니다. '나'는 언제나 바로 지금 여기, 이렇게 존재하고 있습니다.

'나'는 시간과 공간의 제약에서 벗어난, 영원하고 무한한 존재이자 의식, 생명입니다. 모든 것은 오직 바로 지금 여기 이 순간에만 살아 있습니다. 과거와 미래는 활력이 없는 잿빛 이미지들일 뿐입니다.

이 단순하고 당연하고 자연스러운 '내가 지금 여기 있다'는 느낌만이 모든 사람에게 공통된 감각입니다. 누구도 부정할 수 없는 자기 확실성의 근원입니다. 새롭게 얻을 수도 없지만, 결코 잃어버릴 수도 없습니다.

'내가 지금 여기 있다'는 느낌은 실제로는 아무 특별한 느낌이 없는 느낌, 텅 빈 느낌입니다. 의식의 대상이 없는 순수한 의식, 순수한 앎 그 자체입니다. 동시에 순수한 존재 그 자체, 살아 있음의 감각입니다.

이것은 구하기 이전에 이미 자기 자신의 본질로 주어져 있는 것입니다. 내가 바로 그것이고, 그대가 바로 그것입니다. 그래서 이것을 진정한 자기 자신, 참나라 하고, 이것에 대한 자각을 깨달음이라 합니다.

그대는 어디에

쓸쓸하십니까? 그 쓸쓸함이 찾아오기 전에는 무엇이 그 자리에 있었나요? 그리고 그 쓸쓸함이 지나가고 난 그 자리에는 무엇이 남아 있을까요?

일어나는 모든 느낌, 감정, 생각을 이런 식으로 살펴보십시오.

이 느낌, 이 감정, 이 생각이 일어나기 이전에는 무엇이 있었는가? 그리고 그것들이 사라지고 난 다음에는 무엇이 남아 있는가?

그리고 한 걸음 더 나아가서 어떤 느낌, 감정, 생각이 일어난 그 자리에 그것들을 수용하고 있는, 그것들을 자각하고 있는, 그것들을 목격하고 있는 무엇도 함께 있음을 알아차리십시오.

바로 그 자리, 바로 그것이 그대의 진정한 모습입니다. 그대는 영원한 현재, 언제나 바로 지금 여기 이렇게 있음, 이렇게 의식하고 있음, 이렇게 알아차리고 있음, 이렇게 목격하고 있음, 이렇게 살아 있음입니다.

바로 지금 여기, 그대는 이렇게 현존하고 있습니다. 바로 지금 여기 이 글을 목격하고 있습니다. 이 글뿐만 아니라 그대의 몸과 마음 그리고 주변 공간 전체를 아무 애씀 없이 자연스럽게 알아차리고 있는 의식 자체가 그대입니다.

　모든 대상은 그대 앞을, 그대 안을 지나가지만, 그대는 언제나 이 자리에 있습니다. 그대의 육체 감각, 감정, 생각, 의지, 충동, 상상 모두 지나가지만, 그것들을 목격하는 그대는 항상 지금 여기 이렇게 있습니다.

너 자신을 알라 Know Yourself

너 자신을 알라.

흔히 고대 희랍의 철학자 소크라테스가 한 말로 알려진 이 말은 델포이의 아폴론 신전 입구에 새겨져 있던 경구(警句)입니다. 소크라테스는 델포이의 신탁을 통해 '이 세상에서 가장 현명한 사람'으로 선언되었지만, 스스로는 "나는 아무것도 모른다는 것을 잘 알고 있을 뿐."이라고 말했다 합니다.

당신은 어떻습니까?

당신이 알고 있는 것은 도대체 무엇입니까? 당신이 알고 있는 것은 모두 당신 자신이 아닌 것들입니다. 당신은 '무엇에 대해서'만 알 수 있습니다. 즉, 대상만 알 수 있습니다. 그 모든 대상을 알고 있는 당신 자신만은 결코 알 수 없습니다. 당신이 당신 자신을 상대할 수는 없기 때문입니다.

이 점을 잘 살펴보시기 바랍니다. 이제껏 당신이 당신 자신으로 알고 있던 것은 결국 당신 자신이 아니었던 것입니다. 당신이 아는 당신 자신은 당신이 아닙니다. 당신 자신은 결코 당신에게 알려질 수 없습니다. 당신이 당신 자신을 안다는 것은 당신이 둘이어야만 가능합니다.

앎이란 둘, 아는 자와 알려지는 것, 주관과 객관 사이에서 벌어지는 움직임이기 때문입니다. 당신은 당신 앞에 놓여 있는 컵을 알 수 있습니다. 당신과 컵은 주관과 객관으로 나뉘어 있기 때문입니다. 그런데 당신 자신이 주관과 객관으로 나뉠 수 있을까요? 당신이 둘이 될 수 있습니까?

너 자신을 알라.

이 말은 이제껏 당신 자신이 아닌 것들에게 쏠려 있던 주의를 당신 자신에게 돌아가게 합니다. 앎의 대상들이 아니라, 그 대상들을 알고 있는 자, 앎의 근원으로 시선을 돌리게 합니다. 그러나 당신 자신은 둘이 아니므로 주의는 갈 곳이 없으며, 시선은 돌아볼 대상이 없습니다.

당신은 당신 자신에 대해서 아무것도 알 수 없다는 사실을 알 수 있습니다. 아는 것은 없지만 앎 자체가 없는 것은 아닙니다. 대상에 대한 앎이 아닌, 앎 자체가 스스로 있습니다. 흡사 무지(無知)와 같은 앎입니다. 앎의 대상, 앎의 내용이 없는 순수하고 투명한 앎이 당신 자신입니다.

이 직접적인 앎, 이 절대적인 앎이 모든 상대적 앎의 근원입니다. 당신 자신이 모든 상대적 앎의 근원입니다. 그러므로 당신 자신을 아십시오. 당신은 결코 당신 자신을 알 수 없다는 사실에 직면하십시오. 당신은 무지하다는 사실을 인정하십시오. 그 무지로, 그 무지 속에 머물러 보십시오.

그 둘이 없는 경험, 상대가 없는 경험, 앎의 내용이 없는 앎, 무지의 지(知) 자체를 경험해 보십시오. 그것이 '길 없는 길', '홀로 있음, 독존(獨存)'

이며 '독존(獨尊), 홀로 존귀함'입니다. 그것이 바로 '나 있음 또는 나임(I AM)'입니다. 앎의 내용이 아닌 앎 자체에 대한 앎이 당신 자신을 앎입니다.

당신이 앎입니다. 앎이 앎을 압니다. 아는 것도 앎이고, 알려지는 것도 앎입니다. 당신이 둘이 아니듯이, 앎도 둘이 아닙니다. 마치 눈이 눈 자신을 보는 것과 같습니다. 보고 있는 눈을 떠나 따로 보이는 눈이 없듯이, 바로 지금 당장의 당신, 이 앎을 떠나서 따로 알 수 있는 당신, 앎의 대상은 없습니다.

바로 지금 당장의 이 앎 자체가 바로 당신입니다. 이 앎은 수련이나 수행을 통해 새롭게 얻거나 증장시킬 수 있는 것이 아닙니다. 아무 앎의 내용이 없는 앎, 더 더하거나 뺄 수 없는, 순수하고 투명한 앎, 앎과 모름이라는 상대성이 없는, 절대적이고 직접적인 이 앎이 바로 당신 자신입니다.

당신 자신을 아십시오.

자화상

화가가 거울에 비친 자기 모습을 보고 그린 그림을 자화상이라고 합니다. 그러나 그것은 진정한 자기 자신을 그린 것이 아니라 거울이라는 대상에 비친 이미지일 뿐입니다.

진정한 자기 자신은 이미지가 아니라, 그 이미지를 보고 있는 자입니다.

보고 있는 자를 보이는 이미지로 그릴 수는 없습니다. 그려지는 순간 그것은 보이는 이미지일 뿐, 보고 있는 자기 자신은 아닙니다.

진정한 자기 자신은 이미지가 아닙니다. 진정한 자기 자신은 아무 이미지가 없습니다. 본뜨려야 본뜰 수 없고, 그리려야 그릴 수 없습니다.

하지만 아무 이미지도 그리지 않을 때, 바로 그것은 다시 무엇입니까?

⊙ 방편: 모른다

다음은 숭산(崇山, 927~2002) 선사의 '오직 모를 뿐(Only don't know)'이라는 방편을 나름대로 응용한 것입니다.

(1) 모든 문제는 분별에서 비롯된다. 말과 개념은 분별의 소산이다. 따라서 말과 개념 이전에 우리는 아무런 문제가 없었다.

(2) 조용한 곳에 편히 앉아 주위를 살펴보라. 눈에 보이는 모든 것에서 말과 개념(이름)을 지워 보라.

(3) 예를 들어 '컵'이 보이면, '컵'은 말과 개념(이름)일 뿐 그것이 진실로 무엇인지는 모른다고 생각한다. 그리고 그 모르는 상태, 판단이 중지된 상태를 자각한다.

(4) 모든 대상에서 말과 개념(이름)을 떼어 내고 모르는 상태로 머문다. 모른다, 모른다, 모른다.

(5) 이제 주의를 자신에게 돌린다. '나'를 살펴보며 대상들에게 했던 것과 마찬가지로 모든 말과 개념(이름)을 지운다.

(6) 내 이름도 모른다. 내가 어디 있는지도 모른다. 오늘이 며칠인지도 모른다. 내가 누구인지도 모른다. 아무것도 모른다.

⑺ 마침내 이렇게 일으키는 '모른다'라는 생각마저도 말과 개념(이름)이므로 그것 역시 치워 버린다. 그때 뭐가 남아 있는가? 진실로 모른다는 것은 무엇인가?

3장
세속에서의 명상

얼음이 많은 곳에 물이 많고,
괴로움이 많은 곳에 깨달음이 있다.

_신란(親鸞)

경허 선사가 어느 해 하안거 해제 때 법상에 올라 말했다.

"동산(洞山) 스님은 '초가을 늦여름에 형제들이 동쪽으로 가고 서쪽으로 가니, 모쪼록 만 리에 풀 한 포기 없는 곳으로 가라.[3]고 했지만, 나는 그렇게 말하지 않겠다. '초가을 늦여름에 형제들이 동쪽으로 가고 서쪽으로 가니, 길 위에 난 잡초들을 하나하나 밟고 가라.'고 하겠다. 내 말이 동산의 말과 같은가, 다른가?"

대중이 아무 말도 없자 잠시 묵묵히 있다가 말했다.

"대중이 아무도 대답하지 않으니 내가 스스로 대답하겠다."

경허는 곧바로 법좌에서 내려와 방장실로 돌아갔다.

---

3 동산 스님이 대중에게 말했다.
"초가을 늦여름, 형제들은 동쪽이든 서쪽이든 만 리에 풀 한 포기 없는 곳을 향해 곧바로 가야
한다." 또 말했다. "그런데 풀 한 포기 없는 만 리를 어떻게 갈까?"
석상(石霜)이 말했다.
"문을 나서면 바로 풀입니다."
대양(大陽)이 말했다.
"바로 말해서, 문을 나서지 않아도 역시 풀은 끝없이 펼쳐져 있습니다."

무간도[4]

어느 철학자는 말했습니다.
타인은 지옥이라고.

그는 몰랐을까요?
진짜 지옥은 자신의 마음이라는 사실을.

마음은 지옥입니다.
지옥의 고통을 받는 자신이야말로 지옥 그 자체입니다.

이 지옥을 벗어나고자 하는 희망이
이 지옥이 줄 수 있는 가장 큰 고통 가운데 하나입니다.

벗어나고자 할수록 고통은 증가합니다.
결국, 차갑고 어두운 절망의 그림자가 드리웁니다.

암흑은 눈앞을 흐리게 만들어
너무나 명확한 사실마저 볼 수 없게 만듭니다.
목에는 칼을 차고 사지는 족쇄에 묶입니다.

---

4 無間道. 아비지옥(阿鼻地獄) 또는 무구지옥(無救地獄)이라고도 함. 사람이 죽은 뒤 그 영혼이
   이곳에 떨어지면 그 당하는 괴로움이 끊임없기[無間] 때문에 이 이름이 붙었음.

펄펄 끓는 구리물을 마시고 벌겋게 달궈진 쇠구슬을 먹습니다.

쇠꼬챙이에 찔리고 쇠방망이로 절구질을 당합니다.
칼이 빽빽한 산을 오르고 불타는 들판을 달립니다.

너무나 끔찍한 고통에 '제발 그만'을 외치지만
끝을 바라는 한, 이 고통은 끝이 없습니다.

"여기에 들어오는 자, 모든 희망을 버려라."[5]

---

5 단테의 『신곡(神曲)』 지옥 편에 지옥문 입구에 적혀 있는 문구.

마음 극장

　자기 내면(또는 머릿속)이라는 극장에서는 연일 상영되는 영화가 있습니다.

　제목은 '나의 이야기(My Story)'.

　오래된 흑백영화보다 더 빛바랜 화면 속에는 잦은 각색으로 원작의 느낌이 거의 사라져 버린 흘러간 과거의 이야기나, 아직 도래하지 않은, 그리고 도래하지 않을 가능성이 더 큰 미래의 불안과 걱정, 기대를 담은 영상이 펼쳐집니다.

　도무지 어떤 합리적인 연관이 없어 보이는, 파편적이고 뒤죽박죽인 스토리의, 이 마음의 무성(無聲) 영화를 익숙한 목소리의 변사(辯士)가 그때그때 상황에 따라 과도한 감정이입과 특유의 과장법 섞인 설명으로 이끌어 갑니다.

　이 영화의 이상한 점은 이 영화가 언제 시작되었고, 언제 끝날지 아무도 모른다는 점입니다. 어쩌면 이 영화의 시작이나 끝 역시 이 영화의 일부일지도 모릅니다. 나아가 이 영화를 보고 있는 극장 속의 관객 역시 이 영화 속의 인물이라는 사실입니다.

마음의 영화를 보고 있는 관객 역시 영화 속의 일부라면, 그 사실에 대해 지금 궁금해하는 당신은 누구 혹은 무엇일까요? 당신은 무엇을 보고 있습니까? 당신에게 무엇이 보이고 있습니까? 그리고 그 모든 사실을 지켜보고 있는 것은 도대체 무엇입니까?

가상현실

바로 지금 어떠한 생각, 분별, 판단을 일으키기 이전, 어떠한 대상에도 의식이 흘러가지 않고 스스로 깨어 있는 상태가 무심한 상태, 무심하지만 깨어 있는 상태(성성적적(惺惺寂寂))입니다.

이 상태는 너무나 평범하고 자연스러운 우리의 본래 상태로, 모든 경험이 펼쳐지는 장(場)으로서, 일종의 투명한 의식의 스크린과 같습니다. 모든 경험이 이 위(안)에서 일어났다 사라집니다.

가장 사랑하는 사람의 얼굴을 떠올려 보십시오. 제일 미운 사람의 얼굴도 떠올려 보십시오. 가장 최근에 겪었던 생생한 사건을 떠올려 보십시오. 가까운 시일에 처리해야 하는 까다로운 업무 따위를 떠올려 보십시오.

그 모든 경험, 이미지, 생각, 관념이 지금 어디에서 펼쳐지고 있습니까?

바로 그 자리가 마음이 있는 곳, 마음자리입니다. 바로 지금, 바로 여기, 바로 이것입니다.

우리의 생각과 달리 우리는 이미 이 자리에 있습니다. 우리라는 존재 그 자체가 바로 이 자리, 바로 이것입니다. 이것이 우리의 본래 상태, 본래 면목, 본성입니다.

우리를 번뇌케 하는 모든 경험은 이 상태, 이 스크린 위에 투영된 가상현실, 영화나 환영과 같은 것입니다. 그런데 실제 가상현실, 영화보다 이 마음이라는 스크린 위에 투영된 가상현실, 영화는 더 실감이 납니다. 정말 실제이고 실재하는 것 같습니다.

한순간 문득 우리의 평화로운 일상을 엉망으로 만들어 버리는 미래의 걱정이나 불안을 떠올려 보십시오.

어느 날 갑자기 가슴이 답답해집니다. 그러자 어느 종편 방송에서 반복적으로 나오는 심혈관 질환 관련 방송의 한 장면이 떠오르고, 자신이 그러한 상황에 놓이는 장면이 이어집니다. 그리고 꼬리에 꼬리를 물고 여러 상념이 파노라마처럼 펼쳐집니다.

무심하게 깨어 있는 본래 상태는 이 마음이 각색한 영화에 가려집니다. 마치 순백의 스크린이 영상에 물드는 것처럼. 우리는 우리의 본래 상태를 망각한 채 그 위에서 너울거리는 마음의 영상에 주의를 빼앗겨 버립니다. 상념은 감정을 불러일으키고, 감정은 감각을 환기시킵니다. 생각, 감정, 감각이 그 경험을 실제인 것처럼 만듭니다. 우리의 꿈의 경험이 그러하듯이.

이 백일몽, 마음의 영화, 가상현실에서 깨어나려면 우리의 본래 상태, 본래 무심하게 깨어 있는 의식 그 자체를 기억해야/알아차려야 합니다.

그것들이 실체/실재/실제가 아니라, 백일몽, 환영, 가상현실임을 꿰뚫어 보아야 합니다. 우리의 본래 상태가 밝게 깨어나야 합니다. 의식의 빛이 밝아지면 마음의 영화는 상대적으로 빛을 잃습니다. 스크린 위에 조명이 비치면 영화가 희미해지듯이.

악몽

　공항입니다. 막내딸과 탑승 수속을 기다리고 있습니다. 근처에 한눈에 봐도 이상한 사람이 어슬렁거립니다. 딸아이를 슬쩍 내 곁으로 끌어당깁니다. 갑자기 그가 딸아이에게 달려듭니다. 아이의 비명소리, 사람들이 바닥에 떨어진 물방울 옆으로 튕겨져 나오는 비말처럼 흩어집니다. 나는 혼비백산인 채로 그 사람을 딸아이에게서 떼어 놓으려고 애를 씁니다. 좀비다! 좀비가 딸아이의 목을 물고 늘어집니다. 그 사람의 뒤통수를 주먹으로 미친 듯 사정없이 내리갈깁니다. 양손 뼈마디가 부러질 것 같습니다. 비명! 비명! 비명! 그 순간, 깨어났습니다. …… 꿈이었습니다. 거친 숨소리, 격렬하게 뛰는 심장의 방망이질이 느껴집니다. 땀이 솟고, 아드레날린 탓인지 전신이 흥분으로 전율합니다. 호흡이 가라앉고 심장 박동이 정상으로 돌아오는 데 한참 시간이 걸립니다.

　꿈속에 있을 때, 꿈을 꾸고 있을 때는 자기 자신은 그 꿈속의 시공간(어느 날 공항) 속에서 다른 사람(딸아이와 좀비)들과 분리되어 있는 한 사람(아빠)이라고 굳게 믿고 있었습니다. 이 굳은 신념은 결코 의심받지 않습니다. 감각과 생각이 그 신념의 토대이기 때문입니다. 그러나 꿈에서 깨어나 보면, 그 전체 상황이 모두 자신의 꿈, 자기 자신의 의식이 만들어낸 환영임을 깨닫습니다. 꿈속의 모든 인물(아빠, 딸아이, 좀비, 주위의 사람들)이 바로 꿈꾸는 이의 의식이었습니다. 꿈속의 시공간(어느 날 공항)도 꿈꾸는 사람의 의식입니다. 심지어 꿈속에서 느꼈던 감각과 감정(혼비백산의 충격, 부러질 것 같은 양손의 통증)마저 꿈꾸는 이의 의식입니다. 실제/실재가 아닙니다.

꿈 전체가 바로 꿈꾸는 이의 의식 자체입니다. 거기 등장하는 사람들, 그들이 사는 시공간, 그 안에서 벌어지는 다양한 사건들은 결코 분리되어 있지 않은 하나의 의식에 의해 만들어진 환영의 세계입니다. 그리고 꿈꿀 때는 미처 깨닫지 못했지만, 그 의식이 스스로 창조한 그 세계를 목격하고 있었습니다. 꿈을 꿀 때는, 꿈속에 미혹되어 있을 때는 몰랐지만, 꿈꾸는 이의 의식은 꿈속의 모든 인물, 배경, 사건을 지켜보고 있었습니다. 냉정한 CCTV처럼, 마치 그 상황 속에 없는 존재처럼, 그러나 분명히 모든 상황을 하나도 빠짐없이 목격하고 있었습니다. 꿈을 꾸면서 그 사실을 알아차리는 것이 흔히 말하는 자각몽(自覺夢)의 상태입니다.

몸은 혹은 뇌는 꿈과 현실을 구분하지 못합니다. 우리가 꿈을 현실로 착각하는 이유는 앞서 말한 대로 그것이 감각과 생각에 지배를 받기 때문입니다. 자기 자신을 포함한 모든 사물은 객관적으로 그러한 사물로서 존재한다기보다, 결국 감각 경험에 대해 생각이 내린 판단, 분별의 결과로 존재합니다. 무슨 말이냐 하면, 사과라는 대상의 존재성은 '빨갛다', '둥글다', '가볍다', '향긋하다', '퍼석퍼석하다', '새콤달콤하다' 등등의 감각 경험에 대해 과거에 입력된 '사과'라는 개념이 결합되어야만 사과로 존재할 수 있습니다. 존재가 의식을 결정하는 게 아니라, 의식이 존재를 결정합니다. 즉, 꿈도 현실도 모두 의식의 현현입니다.

몸 혹은 뇌는 꿈과 현실을 구분하지 못하기 때문에 비록 꿈에서 깨어났을지라도 몸에서 일어난 반응이 잦아지는 데 한동안 시간이 걸립니다.

꿈-의식에서 현실-의식으로 갑작스러운 전환이 일어나도 잠시 의식은 공황 상태를 겪습니다. 몸의 반응은 그보다 좀 더 오래 걸릴 수 있습니다. 실감 나는 꿈일수록 더욱 그렇습니다. 그런데 여기서 잠깐! 지금 깨어 있는 이 상태는 아까 꾼 꿈과 다른 것일까요? 오늘은 2021년 2월 20일 토요일 오전 6시이고, 여기는 부산 금정구 범어사 아랫동네입니다. 창밖에선 새들이 부산스럽게 울고, 나는 컴퓨터 앞에서 이 글을 쓰고 있습니다. 안방에서는 아내가 휴대폰을 만지고 있고, 옆방에서는 막내딸이 새근새근 자고 있습니다.

이 모든 상황 역시 무언가에 의해 목격되고 있습니다.

"내가 지난밤 꿈에 나비가 되었다. 날개를 펄럭이며 꽃 사이를 즐겁게 날아다녔는데 너무 기분이 좋아서 내가 나인지도 몰랐다. 그러다 꿈에서 깨었더니 나는 나비가 아니고 내가 아닌가? 그래서 생각하기를 아까 꿈에서 나비가 되었을 때는 내가 나인지도 몰랐는데 꿈에서 깨어 보니 분명 나였던 것이다. 그렇다면 지금의 나는 진정한 나인가? 아니면 나비가 꿈에서 내가 된 것인가? 내가 나비가 되는 꿈을 꾼 것인가? 나비가 내가 되는 꿈을 꾸고 있는 것인가?"
_『장자(莊子)』, 「제물(齊物)」편

세속에서의 명상

    아침에 눈을 뜹니다. 자아의식과 더불어 주변 세계에 대한 감각이 동시에 자각됩니다. 또 하루가 시작됩니다. 서둘러 출근 준비를 하면서 오늘 해야 할 업무들이 떠오릅니다. 그 생각이 일어나는 순간, 불편한 감정, 부담감이 연달아 일어납니다.

    그러나 세면대 거울에 비친 자기 얼굴을 확인하듯, 문득 일어난 그 생각과 감정 또한 나의 또 다른 모습 가운데 하나임을 자각합니다. 무의식적으로, 거의 자동적으로 자아에게서 생각과 감정을 분리, 타자화, 상대화함으로써 그것들을 자아가 해결해야만 하는 문제, 갈등, 괴로움으로 만듦을 자각합니다.

    지하철을 탑니다. 눈을 감고 졸거나, 스마트 폰을 만지작거리거나, 신문이나 책을 보면서 거의 필사적으로 지금 여기 이 순간 이 자리를 회피하고 있는 사람들의 모습이 보입니다. 불현듯 며칠 전 가족들 간에 있었던 사소한 갈등이 떠오릅니다. 그에 따라 다시 불편한 감정이 일어남을 자각합니다. 과거의 이미지에 끌려가려는 자아의 움직임을 자각합니다.

    지하철 금속 손잡이의 차가움으로 주의를 돌립니다. 감각의 내용, 생각과 감정의 내용은 단 한 순간도 머물지 않고 끊임없이 변합니다. 그것에 주의가 쏠릴 때 그것이 마치 독자적인 생명을 가진 객관적 존재 같습니다. 그러나 그것은 마음이 그려 낸 환영에 불과합니다. 나는 바로 지금 여기 이 순간 이 자리 전체로서 자각하며 존재할 뿐입니다.

업무가 시작됩니다. 생각과 달리 순간순간 처리되어야 할 일은 제때 제 순서대로 처리됩니다. 생각은 과거와 미래를 오가며 여러 가지 일을 하는 것 같지만, 실제 업무는 별 생각 없이 행동하는 순간순간 이루어질 뿐입니다. 가끔 동료나 상사와의 관계에서 문제와 갈등이 일어나지만, 그 밑바탕엔 서로 자신의 억측이나 판단, 자아상에 대한 집착이 있음을 자각합니다.

어김없이 퇴근 시간이 옵니다. 업무와 대인 관계에 집중되어 있던 의식이 자유로워지자, 소소한 행복감, 즐거움이 느껴집니다. 본래 그 자리에 있었던 것인데 의식이 다른 대상에 가 있을 때는 미처 알아차리지 못하다가 제자리로 돌아오면 비로소 느끼게 되는 것일 뿐입니다. 지친 몸과 마음, 자아의 늘 그런 푸념에도 잠시 귀를 기울여 줍니다. 수고했다고 다독여 줍니다.

뭔가 소진되어 버린 것 같은 느낌, 뭔가를 채워야 할 것 같은 공허감을 달래기 위해 오락거리를 찾는 마음의 움직임을 자각합니다. 별 의미 없는 수다와 공감을 통한 관계 맺기 속에서 위로받으려는 자아의 미숙함을 따뜻한 시선으로 바라봅니다. 다른 사람들의 평가는 물론 자기 자신의 무자비한 비판에 안절부절못하는 자아를 한없는 연민으로 안아 줍니다. 괜찮아, 괜찮아.

집으로 돌아와 가족과 시간을 보냅니다. 별일 없음이야말로 가장 큰 행복임을 깨닫는 또 다른 하루였습니다. 후회할 일도 더 바랄 것도 없는 완벽한 하루였습니다. 바로 지금 여기 이 순간 이 자리, 많은 일이 일어났다가 사라졌지만, 결국 언제나 바로 지금 여기 이 순간 이 자리일 뿐입니다. 이 담담하고 평범한 살아 있음, 존재의 감각만이 실재입니다.

　잠자리에 듭니다. 지나간 일에도, 아직 다가오지 않은 일에도 마음을 두지 않습니다. 의식은 오늘 아침 깨어난 그곳으로 서서히 돌아갑니다. 개인의 삶이란 어떤 면에서 의식이 만든 꿈과 같습니다. 꿈의 주인공도, 꿈의 주인공이 살아가는 세계도 모두 꿈일 뿐입니다. 의식의 주체도, 의식의 객체도 모두 의식일 뿐입니다. 어떤 일도, 아무 일도 없는 곳으로 돌아갑니다.

번뇌, 자아의 상태

번뇌(煩惱)라는 단어를 사전에서 찾아보면 다음과 같이 뜻풀이가 되어 있습니다. '마음이 시달려서 괴로워함. 또는 그런 괴로움.'

번뇌를 더 구체적으로 살펴보면 먼저 자기 자신을 몸과 동일시함으로써 생기는 육체적 통증, 병고로 인한 괴로움이 있습니다.

통증이나 질병 자체가 괴로움의 원인은 아닙니다. 그 통증과 질병에 대한 2차적인 생각, 분별이 괴로움의 원인입니다. 괴로움의 밑바탕에는 현재의 사실에 대한 저항, 혐오, 분노가 강하게 자리 잡고 있으며, 괴로움은 그러한 저항, 혐오, 분노에서 에너지를 얻어 존속할 수 있습니다.

심리적 갈등과 고통의 순간은 너무나 강렬하게 자아가 의식되는 순간입니다. 그 순간의 표상에는 나만 홀로 버려진 듯한 지독한 외로움, 이유를 알 수 없는 불안과 두려움 그리고 부정적인 생각들의 연쇄적인 강박, 불완전하고 불충분한 느낌과 그로 인해 무언가를 없애거나 충족시키고 싶은 욕구 등이 있습니다.

심리적인 고통이 극심한 경우에는 자기 소멸을 통한 회피만이 유일한 해결책인 듯 느껴지기도 합니다. 그러나 이 또한 특정한 자아상을 유지하고 보호하기 위한 자아의 끔찍한 책략입니다. 자신을 보존하기 위해 자신을 살해하려는 이 황당한 전략에 어이없게도 많은 사람이 굴복합니다.

특정한 상황이나 사건, 기억이나 감정이 괴로움의 원인이 아니라, 그것에 대한 반응과 해석, 판단과 분별이 원인이라는 사실을 너무나 쉽게 간과합니다. 번뇌는 외부에서 발생해서 나에게 다가오는 것이 아니라 자기 자신의 내부에서 조건적으로 발생하는 에너지 현상입니다.

시작이 있는 것은 끝이 있습니다. 시작과 끝이 있는 것은 진정한 자기 자신이 아닙니다. 그것이 시작되기 전에도 있었고, 그것 가운데 있을 때도 있으며, 그것이 끝난 뒤에도 남아 있는 것이 진정한 자기 자신입니다. 일시적이고 조건적인 것은 결코 자기 자신이 아니며 실재가 아니고 실체가 없는 것입니다.

번뇌의 소멸, 번뇌로부터 해탈하는 것은 진실로 내가 아닌 것을 나로 여기는 잘못된 동일시, 미혹에서 깨어나는 것입니다. 허망한 자아상을 유지, 보호하기 위한 모든 집착과 노력에서 손을 떼는 것입니다. 있는 그대로의 진실을 바르게 보아야만 합니다. 본래부터 주어져 있는 것에 대한 감각의 눈을 떠야 합니다.

날이 화창하다가도 느닷없이 비바람이 불고 천둥번개가 치고 우박이 떨어지기도 하는 법입니다. 언제 그랬냐는 듯 다시 맑은 하늘이 드러나지만 언제든 다시 폭풍우가 몰려올 수도 있습니다. 그것이 자연입니다. 왔던 것은 돌아가야만 합니다. 오지도 않고 가지도 않는 것 가운데 모든 것이 오고 갈 뿐입니다.

내가 바로 번뇌다

번뇌란 무엇일까요? 번뇌란 괴로운 마음입니다. 나를 고통스럽게 만드는 마음의 작용입니다.

그런데 그 '번뇌라는 것'이 '나라는 것'과 별개의 '것'일까요?

'나라는 것'은 무엇인가요?

일반적으로 사람들이 알고 있는 '나라는 것'은 '의식되는 나'입니다. '나라는 것', '나'는 언제나 의식될 때만 존재합니다. 우리가 졸도하거나, 잠에 빠지거나, 깊은 삼매 속에서 '나'의 부재를 경험하는 것이 바로 '나라는 것'은 '의식되는 나'일 뿐이라는 사실을 증명합니다.

그렇다면 '번뇌라는 것'은 무엇인가요?

번뇌 역시 '의식되는 것'입니다. 엄밀히 말하자면 바로 '의식되는 나' 또는 '나에 대한 여러 가지 의식'이 바로 번뇌입니다. 우리가 번뇌를 경험하지 않는 상태는 '나라는 것'이 의식되지 않는 상태라는 사실을 돌아보면 쉽게 이 사실을 수긍할 수 있습니다.

결국 '번뇌'란 바로 '나'입니다. '나'가 바로 '번뇌'입니다. '나'가 '번뇌'를

경험하는 게 아닙니다. '나'가 '번뇌' 그 자체입니다. '의식되는 나'라는 '것'
에 대한 집착이 '번뇌'의 실체입니다.

'나'가 특별히 의식되지 않고 활짝 열려 있는 의식의 상태에서는 '번뇌
라는 것'이 없습니다. '나'가 의식되지 않으면 '번뇌' 역시 의식되지 않습니
다. '나'가 의식될 때, 그 '의식되는 나'라는 느낌을 우리는 '번뇌'라고 분별
할 뿐입니다.

'나'가 의식된다는 것은, 활짝 열려 있는 의식이 일정한 테두리, 한계,
경계 속으로 수축된다는 것입니다. 축소된 의식, 한정된 의식이 바로 '나'
라는 것', '번뇌라는 것'입니다.

축소된 의식, 한정된 의식은 분리감, 고독, 외로움, 소외감, 홀로 버려
진 듯한 느낌, 세상과 단절된 느낌, 서글픔, 서러움, 불안과 두려움, 공포,
우울과 짜증, 분노, 한 등의 모습으로 경험됩니다.

우리는 그 상황을 '나라는 것'이 '번뇌라는 것'을 경험하고 있다고 착각
합니다. 그래서 '나'가 '번뇌'와 맞서 싸우려 하거나, '번뇌'를 회피하려 하
거나, '번뇌'를 없애려 합니다. 그러나 그러면 그럴수록 그러한 '나라는
것', '번뇌라는 것'이 더욱 의식 속에 머물게 됩니다.

그 사실을 명확하게 보지 못하기 때문에, 깨닫지 못하기 때문에 우리
는 수렁 같은 고통의 악순환 속에 빠져들게 됩니다. 몸부림칠수록 더욱
고통은 지속되고 증가합니다.

'번뇌'를 긍정하거나 부정하든, '번뇌'를 회피하려 하거나 없애려 하든, 그러고 있는 '나'가 바로 '번뇌'일 뿐입니다. 의식이 쏠리고 협착되고 경도되면, 우리는 '의식되는 나' 곧 '번뇌'에서 자유로울 수 없습니다. 그러한 의식의 수축과 축소, 쏠림과 협착, 경도는 진실로 '나' 아닌 것을 '나'와 '내 것'으로 집착하는 마음의 힘, 업력(業力)에 의해 일어납니다.

잠 못 드는 사람에게 밤은 길듯이,
피곤한 나그네에게 길은 멀듯이,
진리를 모르는 어리석은 자에게
생사의 윤회는 끝이 없어라.
_『법구경』

116

'나'는 왜 고통스러운가?

바로 지금 여기 이것, 지금 이 순간의 전체성에서 분리될 때 불편함, 불안함, 고통을 느끼게 됩니다. 불편함, 불안함, 고통은 이 분리감의 다른 이름일 뿐입니다.

분리감은 '내'가 따로 있다는 한 생각, 한 느낌에서 기인합니다. '나'를 의식하고, '내'가 어떤 행위를 해야만 하고, 그 결과에 대한 책임을 져야 한다고 믿을 때 분리감이 일어납니다.

분리감은 지금 이 순간의 전체성에 대한 망각, 불신에서 비롯됩니다. 개별적 존재자로서의 '나'에 대한 확신이 이 망각, 이 불신을 유발하고 강화합니다.

'나'에 집착하게 될 때, 평화로움과 살아 있음, 무념무상의 평온함이라는 광대무변한 에너지가 하나의 개별 육체 안에 갇히게 됩니다. 갑갑하고 답답하며 고독감과 소외감, 우울과 불안을 느낍니다.

지금 이 순간의 생생한 전체성에서 분리감을 느낄 때, 창의성은 위축되고 두려움 가운데 과거에 반복했던 행동 패턴을 답습합니다. 그럴수록 마치 늪에 빠진 것처럼 그 속에서 빠져나올 수 없습니다.

이때, 분리감을 극복하고 다시 전체성을 회복하려는 움직임이 일어납니다. 그러나 바로 그러한 움직임 역시 '나'의 행위입니다. 분리감에서 비롯된, 끝없이 반복되는 과거의 행동 패턴입니다.

여기까지 다다르면 '나'는 더이상 어떻게도 할 수 없는 처지에 이릅니다. 이럴 수도 저럴 수도 없는 상황에서 성마른 '나'는 어찌할 바를 모르고 혼란에 빠집니다.

이러한 상황에서 어쩌면 '나'는 하나의 생각, 불편하고 불안하고 고통스러운 생각 자체였음이 드러날지도 모릅니다. '나'가 바로 분리감이요, 분리감이 바로 '나'의 성제임이 드러날지도 모릅니다.

그럴 때 어쩌면 '나'는 결코 예측하거나 예상하지 못한 어떤 전환, 변화가 일어날지도 모르는 일입니다. 바로 지금 여기 이 순간의 온전한 전체성, 있는 이대로의 현실을 회복할지도 모릅니다.

네, 모릅니다. '나'는 도무지 모를 일인 것입니다.

가슴에 걸려 있는 물건

선어록에 보면 '애응지물(礙膺之物)', 즉 가슴에 거리끼는 물건이라는 표현이 있습니다. 평소에는 잘 느끼지 못하지만 삶의 순간마다 반복적으로 나타나는 불편한 감정, 고통이 바로 그것입니다.

그것은 본래 무한하고 자유로운 우리의 성품을 제한되고 조건화된 자아라는 틀, 한계, 구속에 가두어 놓는 역할을 합니다. 인연 화합에 불과한 자아가 독립된 실체인 듯 느껴지는 근본 원인이 바로 이 가슴에 거리끼는 물건의 감각 때문입니다.

그것은 일상의 막연한 불안감과 걱정에서부터 도무지 어쩔 수 없는 근원적인 공포, 심리적 공황 상태에 이르기까지 다양하게 나타납니다. 바깥 대상을 통해 아무리 채워도 채워지지 않는 심리적인 허기, 갈애가 바로 그것입니다.

그것이 바로 우리의 자아상을 결정하는 근본 무명, 우리 고통의 근원입니다. 가슴에 거리끼는, 가슴에 걸려 시원하게 해소되지 않는 이것이 우리로 하여금 끝없는 선택의 기로를 헤매도록 부추깁니다. 양자택일의 속임수로 우리를 끝없는 윤회의 쳇바퀴 속으로 밀어 넣습니다.

이 가슴에 거리끼는 물건을 상대하는 사람들의 일반적인 반응은 그것을 공격하여 없애려 하거나, 그것에서 벗어나 회피하려는 두 가지 양태를 보입니다. 그러나 역설적이게도 그러한 두 행위로 인해 그것은 더욱더 실체성을 갖게 됩니다.

전혀 다른 길이 있으니, 흔히 회심(廻心), 회개(悔改)라 불리는 그것입니다. 바로 지금 여기에서 멈춤, 고요히 비춤, 회광반조(回光返照), 깨어서 지켜봄, 있는 그대로 바라봄, 받아들임, 순복 등등의 말로 표현하는 것이 그것입니다.

가슴에 거리끼는, 가슴에 걸려 있는 이 오래된 고통의 뿌리를 녹여 내는 과정에서 우리는 개제로서의 자신이라는 한계에서 벗어난, 진정한 연민, 무한한 사랑, 숭고한 자비를 경험할 수 있습니다. 우리의 본성이 바로 그것임을 진실로 깨닫게 될 것입니다.

사과 한 알의 명상

사과 한 알을 손에 쥐어 보십시오.
뽀드득 소리가 나도록 쥐어 보십시오.
사과의 실체감, 사과의 현실감을 느껴 보십시오.

이 압도적인 실체감과 현실감 때문에 사람들은 말합니다.
"내 손 안에 사과가 있다."라고.
그런데 그게 정말 사실일까요?

이게 무슨 귀신 씨나락 까먹는 소리냐고 하기 전에
제 말을 한번 신중하게 들어 보십시오.

다시 손 안에 있는 사과에 집중해 보십시오.
그 도저한 실체감과 현실감, 사과라는 존재를 탐구해 보십시오.
과연 사과라는 대상이 실재하는지 탐구해 보십시오.

먼저 사과라는 대상의 시각적 경험을 제거해 보십시오.
그다음 뽀드득 하는 청각적 경험도 제거해 보십시오.
사과의 향, 맛, 감촉, 나아가 '사과'라는 생각마저 제거해 보십시오.

즉, 오감과 의식을 떠나서 객관적이고 독립적인 '사과'라는 실체가 존재하나요?

내 손 안에 분명히 존재하는 '사과'란 결국 오감과 의식으로 환원되지 않나요?

'사과'가 있는 게 아니라, '사과가 있다'라는 감각과 의식이 있는 게 아닌가요?

더 놀라운 사실은 '사과'만 그런 것이 아니라,
그 '사과'를 인식하는 '나' 역시 그렇지 않은가요?
오감과 의식을 떠나서 '나'라는 수체가 있을 수 있나요?
결국 '나'가 있는 게 아니라, '나가 있다'라는 감각과 의식이 있는 게 아닌가요?

한 걸음 더 나아가 봅시다.
그럼 '감각'과 '의식'은 실제로 있는 것인가요?

우선 '시각'을 살펴보십시오.
'시각'이라는 개념을 떨쳐 버리고 '시각' 그 자체를 경험해 보십시오.
'시각', '본다는 느낌'을 개념 없이 직접 경험해 보십시오.
어떤 느낌인가요?

그 '시각'적 경험이 '청각', '듣는다는 느낌'과 다른가요?
쉽게 말해, '본다는 느낌'의 영역과 '듣는다는 느낌'의 영역이 따로 있는가요?

사과를 뽀드득 소리 나게 쥐어 보십시오.

'사과'라는 시각적 경험이 일어나는 자리와
'뽀드득'이라는 청각적 경험이 일어나는 자리,
손에 쥐어지는 촉각적 경험이 일어나는 자리가 구별되는가요?

그냥 한 자리, 바로 지금 여기 아닌가요?
후각적 경험과 미각적 경험도 다르지 않지 않을까요?

의식적 경험(기억, 관념, 추론, 표상, 이미지 등)도
오감이 경험되는 바로 그 자리에서 경험되지 않나요?

결국, 대상 사물, 존재란 바로 지금 이 자리의 경험 그 자체일 뿐이지
않나요?

경험의 내용물은 수시로 바뀌지만,
경험이 일어나는 자리,
바로 지금 여기는 늘 바로 지금 여기이지 않나요?

그렇지 않은가요?

모든 것이 산산이 부서져 내릴 때

의지해 왔던 것, 집착하고 갈망했던 것이 어느 한순간 산산이 무너지고 사라질 때가 있습니다. 물질적인 것이든, 정신적인 것이든 모든 대상은 그 실체가 고정되어 있지 않고, 시간과 상황에 따라 끊임없이 변하기 때문입니다. 손에 쥔 모래알처럼 때가 되면 모두 사라지기 마련입니다.

희망과 기대, 집착과 갈망의 대상이 사라진 그 자리에 텅 빈 공허가, 아득한 절망이 드러납니다. 뭔가 잃어버린 듯한 상실감, 채워지지 않는 결핍감, 지금 이대로는 충분하지 않다는 느낌이 가슴속, 저 아랫배 깊은 곳에서 느껴집니다. 자기 혼자만 동그마니 남겨진 것 같은 외로움이 찾아옵니다.

그리고 이유 모를 슬픔, 철없는 어린아이처럼 목 놓아 울 수밖에 없는 거대한 슬픔이 세찬 폭풍우처럼 존재를 휩쓸고 지나갑니다. 의지처가 사라진 그 자리에, 갑작스레 아늑한 엄마 품에서 벗어날 때부터 느껴 왔던 그 근원적인 갈애, 인간 존재에 내재한 실존적 불안, 두려움, 공포가 유령처럼 출몰합니다.

하지만, 괜찮습니다. 마음껏 우십시오. 외로움과 두려움에 사시나무처럼 떨고 있는 자기 자신을 허용하십시오. 괜찮습니다. 괜찮아요. 다만 다시 무언가를 부여잡으려는 헛된 노력, 낡고 오래된 습관으로 돌아가지만 않으면 됩니다. 한동안 모든 것이 산산이 무너져 내린 그 자리에 주저앉아 있으십시오.

그러다 보면 의지해 왔던 것, 집착하고 갈망했던 것이 사라진 그 자리, 뭔가가 차지하고 있었기 때문에 드러나지 않았던 텅 빈 공간에 문득 한 줄기 바람이 불어올지 모릅니다. 그 바람결에 텅 비어 있음이 상실이나 결핍, 부재가 아니라, 열려 있는 가능성으로 충만한, 살아 있는 현존임을 깨달을지 모릅니다.

부수적인 것들이 모두 떨어져 나가고 홀로 남은 자기 자신이 고독한 개체가 아니라 유일무이한 존재 자체임을 기억할지 모릅니다. 희망과 기대, 집착과 갈망이 사실은 구속이었다는 사실을, 그리하여 그 모든 것이 산산이 무너져 내린 뒤에야 진실로 자유로울 수 있음을 깨닫게 될지 모릅니다.

내맡김 그리고 받아들임

그때 예수께서 그들에게 말씀하셨습니다. "내 마음이 너무 괴로워 죽을 지경이다. 너희는 여기 머물러 나와 함께 깨어 있도록 하라."
예수께서 조금 떨어진 곳으로 가서서 얼굴을 땅에 파묻고 엎드려 기도하셨습니다. "내 아버지, 할 수 있다면 이 잔을 내게서 거둬 주십시오. 그러나 내 뜻대로 하지 마시고 아버지의 뜻대로 하십시오."

_마태복음, 26장 39~40절

삶의 어느 순간 불현듯 괴로움이 경험됩니다. 그 순간 '나는 괴롭다'라는 생각이 일어납니다. 얼마 후 이번엔 우울함이 경험됩니다. 그것을 '나는 우울하다'라고 판단합니다. 예상치 못한 여러 사건을 겪을 때도 있습니다. 그러면 본능적으로 '나는 불안하다', '나는 두렵다'라는 분별이 자연스럽게 일어납니다.

그러나 '나'는 '괴로움'이 아닙니다. '나'는 '우울함'이 아닙니다. '나'는 '불안함'이 아니며, '두려움' 또한 아닙니다. 진정한 '나'는 그러한 느낌, 감정, 생각들이 일어나는 바탕이자 그러한 느낌, 감정, 생각들에 대한 자각 자체입니다. 참된 '나'는 없는 채로 있는 것입니다. 없기 때문에 진실로 있는 것입니다.

'괴로움', '우울함', '불안함'과 '두려움'이 오고 가는 그 순간에도 언제나 늘 변함없이 그 배경으로 있는 것이 참된 '나'입니다. '나'는 그 모든 것의

126

유일무이한 목격자, 그 모든 것의 근원이자 귀결점입니다. 모든 것은 '나'에게서 발생하여 '나'로 돌아옵니다. 하지만 '나'는 언제나 지금 여기 그대로 있습니다.

세상의 모든 것이 '나'에게서 등을 돌리고 아득한 나락에 빠져 더이상 헤어 나올 수 없을 때조차 진정한 '나'는 그 순간에도 스스로 환하게 빛나고 있습니다. 한시도 '나'를 떠나 있지 않습니다. 특정한 느낌과 감정, 생각과 동일시되어 매몰되어 있을 때도 참된 '나'는 그 모든 상황을 완전한 침묵 속에서 목격하고 있습니다.

있는 것 같지만 사실은 없는 '나' 대신에, 없는 듯하지만 분명 있는 진정한 '나'에게 모든 것을 내맡기십시오. 작은 '나'의 의지와 욕망, 분별을 좇지 말고 바로 지금 여기의 진실을 있는 그대로 받아들이십시오. 스스로 분리시킨 작은 '나'를 유지, 보호하기 위한 수고와 갈등에서 벗어나 진정한 '나' 자신의 평안 속에서 쉬십시오.

'나'는 그냥 '나'인 나, 스스로 있는 자, 나라고 하는 자입니다. '나'와 '나 아닌 것' 사이에 그어 놓은 허상의 경계선을 지우십시오. '나'를 '나 아닌 것'에 여는 것, 그것이 내맡김이자 받아들임이며 진정한 의미의 합일, 하나 됨입니다. 그때 비로소 본래부터 있는 존재, 순수한 의식, 영원한 생명, 근원적인 평화가 드러납니다.

아침 명상

삶이란, 살아 있음이란, 생명이란 무엇일까요?
바로 지금 여기 이 평범한 현존의 경험입니다.

이른 아침 희미한 여명 가운데
부지런한 새들의 울음소리가 들립니다.
나는 지금 여기 살아 있습니다.

아직은 서늘한 새벽 공기에 온몸에 소름이 돋습니다.
나는 지금 여기 살아 있습니다.

잠시 어제의 기억이 떠오르고
오늘 해야 할 일에 대한 상념에 젖습니다.
나는 지금 여기 살아 있습니다.

언제나 반복되지만 늘 신선한
바로 지금 여기 이렇게 살아 있음.
이 자연스러운 현존의 감각,
허공처럼 활짝 열린 경험의 장(場).

숨을 들이마시고 다시 내쉽니다.

나는 지금 여기 살아 있습니다.

삶이 삶 자체를, 살아 있음이 살아 있음을,
생명이 저 자신을 경험합니다.
이 단순함, 이 평범함, 이 당연함 속으로 녹아듭니다.

나는 지금 여기 살아 있습니다.

어째서 우리는 삶을 신뢰하지 못하는가? 1

일상생활에서 심각한 수준은 아니지만 반복적으로 불안, 공포, 우울, 권태, 슬픔, 분노 등 부정적인 감정을 느낍니까? 간단히 말해, 삶이 그다지 편안하지 않은가요? 사는 게 다 그런 거지 하며 넘어가지만, 그럼에도 불구하고 뜨거운 양철 지붕 위의 고양이 같은 심정인가요?

출근해야 하는 월요일 아침, 눈을 뜨자마자 찾아오는 가슴 답답함, 직장 동료나 상사와의 불편한 관계, 끊임없이 밀려오는 업무에 대한 피로감과 부담감, 가족 내 역할에 대한 책임감이나 그들에게 받은 상처, 불확실하고 변화무쌍한 세상에 대한 공포, 자기 존재에 대한 불안이 있습니까?

다람쥐 쳇바퀴 같은 이 일상의 불편함을 어떻게 하면 해소할 수 있을지 더는 미루지 말고 적극적으로 살펴보는 것은 어떨까요? 나는 왜 마음 편하게 살지 못할까요? 나는 진정 무엇을 두려워하는가요? 나를 괴롭히고 있는 것의 정체는 과연 무엇인가요?

앞서 언급한 우리 일상의 불편함, 반복적으로 경험되는 부정적인 감정의 원인은 아마도 나와 세상 사이의 근본적인 분리감이 아닐까 싶습니다. 나와 세상은 분리되어 있다는 근원적인 감각, 신념 말입니다. 세상과 분리된 나는 세상이 두렵습니다. 세상을 두려워하는 나도 두렵습니다.

세상과 분리된 나라는 감각, 신념은 삶의 불안과 두려움의 밑바탕입니다. 그 불안과 두려움으로 나와 세상을, 삶을 통제하고 싶지만, 잘 알다시피 그 어느 것 하나도 제대로 통제할 수는 없습니다. 그 모든 것은 번번이 나의 통제를 무시함으로써 무력감과 함께 그 불안과 두려움을 증폭시킵니다.

더욱 불안해지고 두려워진 나는 더욱 효과적인 통제 방법과 수단을 찾지만, 증상을 완화하고 관심을 잠시 다른 곳으로 돌릴 뿐, 여전히 문제는 해결되지 않은 채로 남아 있습니다. 어쩌면 이제껏 우리는 문제의 핵심을 깨닫지 못한 채 엉뚱한 다리를 긁고 있었는지도 모릅니다.

어째서 우리는 삶을 신뢰하지 못하는가? 2

다시 한 번 강조하지만, 우리 일상의 불만족, 불안, 고통의 밑바닥에는 세상과 분리된 '나'의 감각, 자아의 감각이 도사리고 있습니다. 그 '나', 자아에게 가장 소중한 것은 자신의 안위입니다. 역설적이게도 자아가 자신의 안위에 지나칠 정도로 집착할수록 일상적 불만족과 불안, 고통이 증가합니다. 어째서 이런 우스꽝스러운 일이 벌어지고 있는 것일까요?

자아는 어떻게 자기 자신의 정체성, 실체성, 현실성을 얻을까요? 그것은 바로 다른 대상들과의 분리를 통해서입니다. 분리감이 없다면 자아 감각도 없습니다. 자아 감각은 기본적으로 분리의 감각에 기초해 있습니다. 크게는 특별한 심신 복합체인 '나'와 나머지 '세계'와의 분리 감각이 있고, 더 미묘하게는 자기 자신과의 분리, 주체로서의 나(I)와 객체로서의 나(me)의 분리 감각이 있습니다.

분리된 '나'에게 세상은 미지의 것, 알지 못할 대상입니다. 또한 주체로서의 나와 분리된 객체로서의 나 또한 이해할 수 없는 타자입니다. 내가 나의 말을 듣지 않습니다. 내가 나를 비난하고 평가하고 힐난합니다. '나'는 어디에서도 스스로가 그토록 갈망하는 안정감을 얻지 못합니다. '나' 자체가 불만족, 불안, 고통스러운 생각에서 비롯된 허구적 존재, 유령과 같기 때문입니다.

우리가 제대로 돌아보지 못한 맹점이 바로 '나'라는 생각, 자아의식입니다. 애초에 이것은 여러 감각 자극과 그로 인해 유발된 신체-정서적 반응에서 비롯되었습니다. 오랜 시간 동안 반복되고 강화된 이 반응은 시간에 따라 발달한 인지 기능에 의해 '나'라는 허구적 실체를 형성하게 됩니다. 스스로를 다른 대상들과 분리된 독립적이고 개별적인 존재라고 여기게 되었습니다.

이른바 근본 분열, '나'의 탄생입니다. 출생과 더불어 '나'라는 자아의식이 생겨나는 것은 아닙니다. 육체적, 정신적 성장 과정에서 특정 신체의 경계선 안쪽으로 인식이 축소되고 그 특정 신체의 관점에서 다른 대상들을 분별하는 과정에서 '나'라는 자아의식이 출현하게 되는 것입니다. 그리고 그 사실을 까맣게 잊어버리고는 '나'는 당연히 독립적이고 개별적으로 존재했다고 믿어 버린 것입니다.

그러나 '나'라는 자아의식은 하나의 신화, 아무도 그 타당성과 정당성에 대해 제대로 살펴보지 않은 고착된 신념의 무더기입니다. '나'는 본래 실체가 아니라 형성된 것이기에, 자기 존재에 대한 확신을 대상을 통해서만 확인할 수 있습니다. 따라서 늘 대상의 변화에 신경 쓰지 않을 수 없고, 통제할 수 없는 대상으로 인해 불만족과 불안을 느끼지 않을 수 없습니다.

즉, 자기 존재에 대한 잘못된 신념, 무지가 '나'란 자아의식이 겪는 불행의 원인입니다. 그러면서도 우리는 끝없이 자기 불행의 원인을 타자, 세상, 상황 등등 자기 바깥의 대상에 투사해 왔습니다. 심지어 자기 자신마저 객관화시켜 하나의 망념에 불과한 자기 기준을 가지고 고치고 바꾸려 하였습니다. 도둑이 도둑을 잡겠다고 경찰 노릇을 한 셈입니다. 이것이 우리의 비극입니다.

어째서 우리는 삶을 신뢰하지 못하는가? 3

어째서 우리는 삶을 신뢰하지 못할까요?

그것은 우리 자신이 삶과 분리되어 있다는 잘못된 신념, 오해 때문입니다.

우리는 흔히 '나의 삶'이라는 표현을 씁니다.

마치 '나'가 삶의 주인인 듯한 표현입니다. "내가 삶을 살아간다."라는 문장 역시 완벽한 비문(非文)입니다.

'나'는 삶을 소유할 수 없습니다. '나'는 삶을 살아갈 수 없습니다.

왜냐하면 '나'는 삶으로부터 분리될 수 있는 개별적인 존재가 아니기 때문입니다.

삶이란 무엇일까요?

미안하지만 삶은 결코 '무엇'이 아닙니다. 삶은 '무엇'이라는 고정된 개념으로 파악할 수 있는 하나의 대상이 아닙니다.

삶이 아닌 것이 있을까요?

바로 지금 여기 있는 모든 현상, 모든 경험이 바로 삶입니다. '나'가 삶을 경험하는 것이 아닙니다. '나' 역시 지금 여기서 경험되는 삶의 일부입니다.

영원하고 무한한 삶은 바로 지금 여기 '나'와 '세계'로 드러나고 있다.
단일하고 전일(全一)한 삶이 '나'와 '세계'의 이원성을 통해 스스로를 경험하고
있다.

이것이야말로 눈물겨운 신비입니다.
영원하고 무한한 삶이 유한하고 제한된 '나'를 통해 '세계'를 경험하고
있습니다.

어느 종교의 표현처럼 '보시기에 좋았더라'라는 경험을 하고 있습니다.
비이원성(非二元性)은 이원성(二元性)으로 스스로를 경험하고, 이원성을
통해 비이원성으로 돌아갑니다.

인간의 고통은 삶과의 분리, '나'라는 자아의식의 경험에서 비롯됩니
다. 불안, 공포, 분노, 슬픔, 우울, 권태 등 부정적 감정은 강렬하게 경험
되는 '나'의 느낌입니다.

때론 위축되고, 때론 응집되고, 때론 불붙듯 타오르고, 때론 한없이 밑
으로 가라앉고, 때론 덜덜 떨리고, 때론 갑갑하기 그지없게 느껴지는 에
너지의 소용돌이입니다.

그 에너지가 영원하고 무한한 지금 여기에 편재할 때는 아무 문제가 없
습니다. 그것이 어떤 대상에 탐착하거나 저항하는 순간, 에너지는 평형
상태를 잃고 '나'를 향해 쏠립니다.

삶에 대한 신뢰를 잃어버릴 때, 에너지가 단일하고 전일한 지금 여기

이 순간을 벗어나 과거나 미래, 이 대상이나 저 대상으로 쏠릴 때 우리는 고통 받습니다.

대상에 대한 탐착과 저항을 놓아 버릴 때, 삶에서 분리된 '나'라는 잘못된 신념, 오해에서 벗어날 때 고통은 사라집니다.

납으로 금을 만드는 연금술처럼 고통은 평온으로 변형됩니다.
'나'는 지금 여기 펼쳐지는 삶의 대양 속으로 물거품처럼 사라져 그의 일부, 바로 그 자체가 됩니다.

Never mind

mind의 사전적 정의는 '마음'이며 동시에 '생각', '걱정'입니다.

Never mind, 제 어쭙잖은 영어 실력으로 해석하면, '결코 마음은 아니다', '결코 마음은 없다', 그러므로 '생각하지 마라', '걱정하지 마라', '신경쓰지 마라'라는 말일 것입니다.

마음이 일어나면 갖가지 현상이 동시에 일어납니다. 온갖 현상에 대한 분별, 생각이 곧 마음입니다. 마음이 일어나는 것, 그것이 걱정입니다. 어떤 마음, 어떤 생각이 자꾸 일어나는 것이 걱정인 것입니다.

어떻게 하면 걱정하지 않고 신경 쓰지 않을 수 있을까요?

Never mind!

결코, 마음은 아닙니다. 결코, 마음은 없습니다.

한 마음, 한 생각은 홀연히 일어났다 홀연히 사라집니다. 그 마음, 그 생각은 본래 없었습니다. 그런데 없었던 그 마음, 그 생각은 어디에서 일어났습니까?

마음과 생각에는 신경 쓰지 말고, 그 마음과 생각이 일어나는 자리, 한 마음과 한 생각의 이전, 한 마음과 한 생각의 근원에 주의를 두어 보십시오.

앞의 생각이 일어났다가 사라지고 아직 뒤의 생각이 일어나기 직전, 거기에 머물러 보십시오. 도저히 머물 수 없는 그 자리에 멈춰 보십시오.

아는 것도 아니고 모르는 것도 아닌, 일체의 마음과 생각이 끊어진 그 자리에 있으십시오.

Never mind!

버스 안에서의 명상

버스를 탑니다.
창밖을 봅니다.
풍경이 지나갑니다.
그런데 아무리 풍경들이 오고 가더라도
그저 지금 여기 눈앞의 차창입니다.
변화하는 풍경의 모양을 좇으면 움직이지만
변함없는 눈앞의 모양 없는 차창은
움직이지 않습니다.
언제나 어디나 눈앞의 차창입니다.

급류 같은 경계의 흐름 속에서 정신 차리는 법

일상의 삶을 살아가다 보면 직장이나 가족 관계, 자기 내면에서 일어나는 무수한 경계의 흐름 속에서 중심을 잡기 어려울 때가 자주 있습니다. 많은 사람이 마음공부를 하는 이유도 그렇게 어지러운 상황에서 제정신을 차리고 흔들리지 않기를 바라기 때문일 것입니다.

그렇다면 어떻게 해야 세찬 급류와 같은 경계들의 흐름 속에서도 휩쓸려 가지 않는 섬과 같은 피난처를 구할 수 있을까요?

우선 텅 빈 허공과 같이 무한하고 영원한 자기 본성에 대한 자각이 있어야만 합니다. 어떠한 대상은 아니지만 그 모든 대상을 머금고 있으면서도 그것들에 영향받지 않는 본성에 대한 자각이 있어야 경계들의 흐름에 휩쓸리지 않을 수 있습니다.

우리가 경계의 휩쓸림을 받을 때, 예를 들어 부담스럽고 힘든 업무나 가족들과의 갈등 상황, 자기 건강 문제나 자녀들의 문제 혹은 여러 부정적인 감정들이 압도하는 순간을 잘 살펴보면 우리의 의식이 그러한 대상 경계에 지나치게 몰입되어 있음을 알 수 있습니다.

스스로 허공처럼 경계 없이 텅 트여 있는 상태가 아니라, 어떤 대상 경계에 사로잡히거나 스스로 그 대상 경계에 집착하여 주변의 텅 빈 공간을 망각하게 됩니다. 그 결과 대상 경계와 그것을 마주한 주체의 감각, 자아 의식이 상대적으로 강하게 의식됩니다.

그 순간, 평소 허공 같은 본성에 대한 자각을 경험했고 그 경험에 익숙 해져 있는 사람은 의식 또는 마음이 경계에 끄달리는 것을 문득 알아차릴 수 있습니다. 주체와 대상 사이의 불편한 인력 작용을 자각할 수 있습니 다. 그 알아차림, 자각이 본래 텅 빈 허공 같은 본성의 작용입니다.

대상 경계에 대한 강렬한 끄달림, 인력을 자각하는 순간이 바로 알아 차림의 순간이고, 격렬한 경계의 끄달림에서 빠져나와 멈추고(止) 살펴보 는(觀) 순간입니다. 그 순산 대상 경계에 집중하느라 잠시 본성을 망각했 음을 기억(憶念, sati), 환기해야 합니다.

그 상황을 방편적으로 구체화하면 다음과 같습니다.

대상 경계, 즉 바깥의 어지러운 상황이나 내면의 소란스러운 감정, 생 각들을 문득 자각, 알아차립니다.

그 순간 크게 심호흡을 하거나, 주변의 물건들을 보거나, 특정한 소리 에 귀 기울이거나, 구체적인 촉감 등으로 주의를 돌려 봅니다.

그리고 재빨리, 그 대상 경계 주변에 분명히 존재하지만 그 대상 경계 에 전혀 영향받지 않는 의식 공간을 자각합니다.

대상 경계에 집중하느라 망각했던 허공 같은 본성을 자각하면서, 대상 경계의 실체감은 사실 투명하고 텅 빈 본성이 인연 따라 변화한 것임을 알아차립니다.

본성을 망각하면 대상 경계가 실체감을 갖게 되고, 대상 경계에서 주의를 돌려 본성을 자각하면 대상 경계의 실체감이 사라지거나 약화됨을 자각합니다.

일상생활 가운데 대상 경계에 끄달릴 때마다 이러한 과정을 반복하면서 익숙해지도록 합니다.

불 속의 연꽃

건드릴 것 같기만 해도, 스치기만 해도 뼈저리게 아픈 상처, 너무나 연약한 부분을 느낀 적이 있습니까?

도무지 벗어날 것 같지 않은, 끝없이 반복되는 불안과 공포 앞에 절망한 적이 있습니까?

다른 사람들은 듣지 못하지만, 가슴속 심연에서 들려오는 비명과 울부짖음에 귀를 막고 도리질 친 적이 있습니까?

갑작스러운 정신적 공황(恐慌)에 무력한 어린아이처럼 다리에 힘이 쭉 빠진 채 어쩔 줄 몰라 벌벌 떨어 본 적이 있습니까?

괜찮습니다. 그래도 괜찮습니다.

겁이 나면 온몸을 옹송그리고 주저앉아 울어도 됩니다. 두렵다고, 외롭다고, 힘들다고, 죽을 것 같다고, 악다구니를 써도 됩니다. 마음껏 울어도 됩니다.

괜찮습니다. 다 괜찮습니다. 다만, 다만 도망치지만 마십시오. 그냥 제자리에만 있어 주십시오.

그 불안을, 그 두려움을, 그 무력함을 그저 온전히 경험만 해 주십시오. 모든 기대, 모든 희망, 모든 바람을 내려놓고 지금 이 순간 여기에 온전히 있어 주십시오.

그리고 두 눈 똑바로 뜨고 바라봐 주십시오.

불꽃 같은 고통의 한가운데서도 조금도 손상되지 않고 피어 있는 연꽃 한 송이, 바로 지금 여기 이것을!

죽을 것 같은 공포

일상의 어느 순간, 죽을 것만 같은 공포를 느낀 적이 있습니까? 아니, 이 불안하고 불편한 감정을 피할 수만 있다면 차라리 죽어 버리는 것이 낫지 않을까 하는 생각이 든 적이 없나요? 공황장애 같은 심각한 상태는 아니지만, 불현듯 삶의 한 모퉁이에서 불쑥 튀어나오는 괴한과 같은 이러한 감정을 적어도 한 번쯤은 느껴 보셨을 것입니다.

이러다 죽겠다, 이러느니 차라리 죽고 싶다는 감정, 기분, 생각은 자아가 어떤 한계에 도달할 때 부지불식간에 일어나는 무의식적 반응, 조건화된 반응입니다. 자기 소멸의 위협을 감지한 자아가 울려 대는 비상 사이렌, 경계경보와 같은 것입니다. 실제로 이러한 죽을 것만 같은 공포감은 자아의 생존을 유지하기 위한 가장 강력한 도구입니다.

가축을 일정한 한계 안에 가두어 놓는 철조망이나 전기 울타리와 같은 기능을 하는 것이 죽을 것 같은 공포, 자아 소멸에 대한 두려움입니다. 심지어 그 공포를 피하기 위해 죽음을 선택하게 만드는 것 역시 자아가 끝까지 자기 자신을 존속시키기 위한 장치입니다. 웬만해서는 철조망과 전기 울타리 밖으로 나갈 수 없듯이 우리는 대부분 이 죽음의 공포를 뛰어넘지 못합니다.

이러한 공포를 유발하는 계기는 여러 가지 내적 외적 상황(대상)에 대한 자아의 집착에서 비롯됩니다. 어떤 상황(대상)에 대한 집착은 다른 상황(대상)에 대한 저항과 거부를 일으킵니다. 원하는 것에 대한 집착이 원치 않는 것에 대한 불만, 혐오를 발생시킵니다. 애착과 혐오는 동전의 양면과 같습니다. 무상하고 무아인 현상에 대한 무지가 애착과 혐오를 낳습니다.

자아가 원하는 상황(대상)의 불가피하고 필연적인 변화는 분노를 유발하며, 분노의 밑바닥에는 원하는 것을 얻지 못할 것에 대한 불안, 공포가 자리하고 있습니다. 원망, 분노, 짜증, 불안, 근심, 공포의 감정을 거슬러 올라가면 자아의 거대한 뿌리가 발견됩니다. 그러한 불편한 느낌, 감정을 보호막 삼아 자아는 자신을 유지하며 엄연히 존재하는 듯 스스로를 위장합니다.

그러한 불편한 느낌, 감정, 죽을 것 같은 공포에 맞닥뜨리면 우리는 오랜 습관대로 움츠러들어 뒷걸음질 칩니다. 저 철조망, 저 전기 울타리 가까이 갔다가는 자신이 소멸할 것이라는 본능적인 두려움이 우리의 이성을 압도합니다. 회피나 망각 또는 도주, 아니면 자기파괴와 자기혐오의 낡은 패턴이 반복됩니다. 아득한 윤회의 수레바퀴는 계속 굴러갑니다.

여기에서 소크라테스와 싯다르타 각자가 죽음의 공포를 마주한 태도는 좋은 시사점이 될 수 있습니다. 『파이돈』에서 소크라테스는 처연히 독배를 마시고 자신의 육체적 죽음을 경험합니다. 슬픔에 휩싸여 눈물 흘리는 제자들과 달리 소크라테스는 발끝에서부터 퍼져 올라오는 무감각함을 온전히 깨어 있는 상태에서 관찰하며 경험합니다. 그에게 죽음이라는 것은 없었습니다.

싯다르타는 보리수 아래 길상초를 깔고 앉아 "나는 이 자리에서 깨달음을 얻지 못하면 죽는다 해도 일어나지 않으리라." 다짐했습니다. 싯다르타를 방해하기 위해서 마왕 파순은 애욕을 상징하는 자신의 세 딸은 물론 온갖 마군을 동원하여 위협과 공격을 가했지만, 그는 그 자리에서 꼼짝하지 않았습니다. 그리고 싯다르타는 마침내 올바른 깨달음을 얻어 석가모니가 되었습니다.

선입견이나 잘못된 판단, 착각, 습관적인 반응에 사로잡히지 않고 활짝 깨어서 죽을 것 같은 공포, 자아 소멸의 근원적 두려움의 실체를 철저하게 확인해야 합니다. 그러면 『반야심경』에 이른 것처럼 '얻을 것이 없으므로 보살은 지혜의 완성에 의지하여 마음에 걸림이 없고, 걸림이 없기 때문에 두려움이 없어 전도된 몽상을 멀리 떠나 마침내 열반'을 이루게 될 것입니다.

마음속 목소리

다음 글을 소리 내지 않고 한번 읽어 보십시오.

"소년은 개울가에서 소녀를 보자 곧 윤 초시네 증손녀딸이라는 걸 알 수 있었다."

뭔가 이상한 점을 알아차리지 못하셨나요? 흔히 묵독(默讀)이라고 하면 낭독(朗讀)이나 음독(音讀)과 달리 소리를 내지 않고 눈으로 읽는 것이라 정의됩니다. 그런데 위의 문장을 묵독하면서 정말 소리를 내지 않고 눈으로만 의미가 파악되었나요? 다시 한 번 읽어 보십시오.

분명 입을 열어 소리를 내지는 않고 있지만, 마음속에서 누군가(흔히 자기와 동일시하는)의 목소리가 들리지 않나요? 지금 이 글 역시 마음속에서 누군가가 읽고 있지 않나요? 다음 글과 한 번 비교해 보십시오.

سعساف‌فيقصح حمفق‌ا سلي ثاق نصصاض تفحينيقبىيقغيي ستي‌ي قغياف سعساف
ننثن‌ثني إلجمي ‌ى ف بني بتنق سقسنن بمجي‌بنُ

위의 아랍어 문장을 읽을(볼) 때는 아까 한글 문장을 읽을 때와는 달리 마음속의 목소리가 들리지 않을 것입니다. 즉, 마음속의 목소리가 없다면 우리는 어떤 의미도 파악할 수 없다는 말입니다.

마음속 목소리는 곧 생각이고, 생각이 곧 의미입니다. 마음속 목소리가 없으면 생각이 없고, 생각이 없으면 의미가 없습니다. 그런데 의미는 없지만 거기에 분명 무언가가 살아 있습니다. 다시 한 번 아랍어 문장을 (읽어) 보십시오.

문장에서 의미를 파악하지 못한 마음속 목소리의 투덜거림('저게 무슨 말이야?') 따위에 신경을 쓰지 않는다면, 거기에 생각 없는 마음, 텅 빈 앎의 성품만 오롯이 존재한다는 것을 감지할 수 있을 것입니다. 아는 것도 아니고 모르는 것도 아닌 마음 말입니다.

사실, 한글 문장을 읽을 때도 이 생각 없는 마음, 텅 빈 앎의 성품은 존재했습니다. 그러나 이미 익숙한 한글 문장과 그 의미라는 대상을 주목하는 바람에 생각 없는 마음, 텅 빈 앎의 성품은 그 자리에 있으면서도 무시되어 버린 것입니다.

마음속의 목소리는 나타날 때도 있고 사라질 때도 있지만, 그 목소리가 출몰할 수 있는 마음 공간, 앎의 공간은 언제나 바로 지금 여기 이렇게 있습니다. 마음속의 목소리, 의미를 따지는 자가 사라지면 그 공간에는 살아 있는 침묵만 남아 있습니다.

마음속 목소리, 자아는 우쭐대기 좋아하는 삼류 배우와 같아서 그가 무대에 등장하면 그의 모습과 목소리에만 스포트라이트가 비추어지고 다른 모든 것은 페이드아웃(fade-out) 됩니다. 보이는 대상, 들리는 대상에 현혹되어 보는 자, 듣는 자를 간과하게 됩니다.

마음속 목소리, 자아가 사라지면 어떤 판단, 분별 없이 대상을 경험합니다. 한글을 모르는 사람이 위의 한글 문장을 경험하는 것은 분명 한글에 익숙한 사람과 다를 것입니다. 문장을 경험하지만 아무런 의미도 파악하지 못할 것입니다.

좋은 것도 아니고, 나쁜 것도 아닌 중립의 상태, 성성하게 깨어 있지만 어떤 분별도 없는 상태에 있을 것입니다. 순수한 모름의 상태, 특별한 생각, 관념이 달라붙지 않은 청정한 마음의 상태일 것입니다. 그것이 우리의 본래 상태입니다.

다시 한 번 위의 한글 문장을 읽어 보십시오. 그리고 마음속의 목소리를 잠시 지워 보십시오. 바로 거기, 그 자리에 진정 무엇이 남아 있는지 조심스럽게 살펴보십시오. 살아 있는 침묵, 언제나 변함없는 순수한 의식이 홀로 빛나고 있습니다.

내면의 목소리

가끔 머릿속에서 중얼거리는 목소리를 들어 보신 적이 있습니까? 흔히 내면의 목소리, 자아의 목소리라 부르는 혼잣말을 들어 보신 적이 있습니까?

그것이 진정 그대 자신의 목소리인가요? 혹시 그것은 그저 그 순간 일이닌 하나의 생각, 어떤 인연에 대한 심리적 반응이 아닌가요?

이전에도 무수히 반복된 낡고 오래된 이야기 아닌가요? 언제나 자기 자신은 옳고, 이것은 마음에 들고 저것은 마음에 들지 않는다는, 비난과 평가, 판단의 연속이 아닌가요?

무의식적으로 그 목소리를 자기 자신과 동일시하지만, 엄밀한 의미에서 보자면 진정한 자기 자신은 아무 판단 없이 그 목소리를 듣고 있는 것이 아닌가요?

당신도 알다시피 그 목소리는 생애 맨 처음부터 있었던 것은 아닙니다. 그것은 언제인지 알 수 없는 어느 시기에 홀연히 나타나 끝없이 자기 자신을 관리 감독하기 시작했습니다.

우리는 언젠가부터 아무런 의심 없이 그 목소리가 하라는 대로 움직이게 되었습니다. 그러나 그 목소리가 나타나기 이전에도 우리의 삶은 계속되고 있었습니다.

기억과 판단 없이도 매 순간 적절하게 반응하며 살아왔습니다. 오히려 머릿속의 목소리가 나타나기 이전이나 그렇게 많은 말이 없을 때가 오히려 편안하고 행복했습니다.

머릿속의 목소리에 의식적인 주의를 기울일 때, 오히려 그 목소리는 점점 잦아듭니다. 대신, 언제나 변함없이 있었지만 그 목소리 뒤에 가려 있던 배경이 드러납니다.

본래부터 있던 고요, 아무 판단 없이 머릿속의 목소리를 듣고 있는 것이 드러납니다. 너무나 자연스러운 있음의 감각, 이렇게 살아 있음, 텅 빈 자각이 드러납니다.

사로잡힘과 벗어남: 동일시와 탈동일시

흔히 석가의 가르침은 '괴로움과 괴로움의 소멸'로 요약됩니다. 모든 마음공부의 공통 목표 또한 그와 크게 다르지 않을 것입니다.

괴로움이란 무엇이며, 어떻게 하면 괴로움에서 벗어나는가요?

석가는 "모든 것이 다 괴로움이다(一切皆苦)."라고 단언하였습니다. 보통 사람들의 생의 즐거움에 대한 일말의 희망조차 부정한 것입니다. 왜 그랬을까요? 우리가 흔히 즐거움이라 하는 것이 무상하고 실체가 없는 것이기 때문입니다.

즐거움을 갈망하는 만큼 오히려 그에 대한 불충분함, 허전함, 불만족이 강화됩니다. 즐거움이 괴로움의 씨앗이 되는 것입니다.

그러한 필연적 괴로움에서 벗어나는 길은 모든 현상의 본질, 본성을 있는 그대로 냉정한 시선으로 꿰뚫어 보고 다시는 허망한 현상에 미혹되지 않는 정견(正見)을 갖추는 것입니다.

이를 일상적인 표현으로 바꾸어 말한다면, 괴로움이란 무상하고 실체가 없는 물질적, 정신적 대상에 사로잡혀 그것을 자기 또는 자기 것으로 동일시하고 집착하는 까닭에 발생하는 것이라 할 수 있습니다.

물질적인 육체를 자기 또는 자기 것으로 동일시하는 한, 그것의 무상함과 실체 없음에서 비롯되는 괴로움에서 벗어날 방법은 없습니다. 감각과 정서, 생각과 신념 등과 같은 정신적 대상에 대한 동일시 또한 마찬가지입니다.

괴로움은 어떤 대상과의 동일시, 곧 어떤 대상을 자기화하여 사로잡혀 있는 상태입니다. 그 대상이 바로 자기 자신이기에 그 대상의 입장에서 자유로울 수 없습니다.

불안이나 공포, 우울 등과 같은 감정을 예로 들어 봅시다. 이러한 부정적 감정에 사로잡혀 있는 상태란, 그러한 감정을 자기 또는 자기 것으로 동일시하여 그것에 좌우되고 있는 것입니다. 마치 계곡의 폭류 속에 휩쓸려 고통받지만 쉽게 빠져나오지 못하는 상태라 비유할 수 있습니다.

그렇다면 그러한 괴로움에서 어떻게 하면 벗어날 수 있을까요? 앞서 폭류의 예에서처럼 그 흐름 안에 있는 한, 괴로움을 피할 길은 거의 없습니다. 반드시 폭류 밖으로 빠져나와야 합니다. 불안이나 공포, 우울 등과 같은 감정을 자기 또는 자기 것으로 동일시하는 데서 벗어나야 합니다.

그러한 벗어남, 탈동일시를 가능하게 하는 것이 바로 '자각', '알아차림'입니다. 진정한 자기는 몸이 아니라 몸에 대한 자각, 알아차림입니다. 자기 자신은 불안이나 공포, 우울 등과 같은 감정이 아니라 그러한 감정에 대한 자각, 알아차림 자체입니다.

쉽게 말해, 괴로움의 상태란 대상 내부 또는 대상의 인력권 속에 사로잡혀 있는 상태라면, 괴로움에서 벗어난 상태란 대상의 외부, 대상의 인력권 바깥으로 빠져나온 상태라 할 수 있습니다. 이 벗어남을 가능하게 하는 것이 대상에 대한 자각, 알아차림입니다.

자각, 알아차림은 마치 폭류 바깥에서 폭류를 바라보고 있는 상태와 같습니다. 폭류 내부가 아니라 폭류 외부에서 폭류를 하나의 대상으로 바라볼 수 있는 입장입니다.

우리가 대상에 사로잡혀 그것과 동일시된 상태에서는 그것을 하나의 대상으로 바라볼 수 없습니다. 오히려 그 대상의 입장, 시선으로 보게 됩니다. 그렇게 되면 그 대상의 속성, 무상하고 실체 없음이 자기 자신이 되어 버립니다. 따라서 괴로움은 필연적인 것이 됩니다.

그러나 그 대상을 자각, 알아차림 하는 순간, 자연스럽게 대상과의 동일시, 대상의 입장과 시선을 극복하게 되면서 사로잡혀 있던 대상의 속성에서도 벗어나게 됩니다.

물론 자각과 알아차림의 힘, 그러한 자각과 알아차림을 가능하게 하는 대상에 대한 올바른 인식, 정견(正見)이 분명하지 않으면 다시 대상과의 동일시, 대상에 사로잡힘을 반복하게 됩니다.

따라서 결국 마음공부란 흔들림 없는 정견과 자각, 알아차림을 확립하는 것입니다.

미치광이와의 명상 1

오랜 세월 외부와 단절되고 고립된 상태로 고통받은 정신이상자가 있습니다.

하루의 대부분을 이유를 알 수 없는 불안과 공포 속에서 보내며 다른 사람과 상황에 대해 끊임없는 불평과 불만을 쏟아 냅니다.

사실을 확대해석하거나 왜곡해서 받아들이기 일쑤고, 근거가 불분명한 피해의식과 약간 과대망상의 경향을 보이기도 합니다.

가끔은 자기 학대나 자기 파괴적 성향을 보이고 때로 다른 사람들에게 책임을 전가하기도 하지만 정작 본인은 그 사실을 잘 인지하지 못합니다.

모든 것이 제대로 돌아가고 있는 상황에서도 결코 만족할 줄 모르고 매사를 자기 위주로 통제하려는 강박적인 반응을 보입니다.

이대로 방치해 두면 자기 자신은 물론 주위의 다른 사람들에게도 피해를 줄 우려가 있으므로 당장 치료를 받아야 합니다.

그 사람은 바로 우리의 자아입니다.

명상은 이 정신이상자의 친구가 되어 주는 것입니다.

그와 대면하는 것을 곁눈질로 피하고 한 공간에 있으면서도 마치 없는 사람 취급하는 데서 벗어나 그의 존재를 인정하고 그의 이야기에 귀 기울이는 것이 진정한 명상입니다.

두서없고 끝없이 반복되는 그의 허무맹랑한 이야기를 귀 기울여 듣는 동안, 그의 외로움, 단절감, 억눌린 슬픔과 분노를 이해하게 되고 동정하게 됩니다.

얼마나 외로웠을까, 얼마나 두려웠을까, 얼마나 슬펐을까, 얼마나 억울했을까, 얼마나 화가 났을까, 얼마나, 얼마나, 얼마나…….

아직 어린아이 같은 그를, 혼란 속에서 어쩔 줄 모르는 그를, 우리에 갇힌 짐승처럼 울부짖는 그를, 말없이 끌어안고 괜찮다고, 그럴 수도 있다고, 잘못된 것은 아니라고 말해 주는 것이 명상입니다.

그를 위해 조금 마음의 여백을 내주는 것, 그 자리에 함께 있어 주는 것, 따뜻한 시선으로 말없이 바라봐 주는 것, 그럼으로써 바로 지금 여기에 현존할 수 있도록 도와주는 것이 명상입니다.

미치광이와의 명상 2

오늘도 그가 비명을 질렀습니다. 이제는 너무나 익숙한 그의 발작입니다. 그는 습관적으로 비명을 지르며 말합니다.

"무서워! 무서워! 무서워!"

그의 목소리를 듣고서 가만히 주변을 살펴보면 그가 두려워할 만한 것이 있어 보이지는 않습니다.

오랫동안 그의 반응을 살펴보면서 깨달은 점은 그가 실제로 두려워하는 것은 바깥의 대상이나 상황이 아니라, 그것에 대한 그의 생각이라는 사실입니다.

두려움의 대상, 실체가 있는 것이 아니라, 두렵다는 생각 그 자체가 두려움이었습니다.

그는 자기 자신을 두려워하는 것 같습니다.

미치광이와의 명상 3

 그가 간절히 원하는 것은 마음의 평화, 행복입니다.

 그런데 그가 알지 못하는 것이 있습니다. 마음의 평화와 행복을 구하는 바로 그 마음의 움직임이 그가 구하고자 하는 것을 방해하고 있다는 사실입니다. 사실, 그뿐만 아니라 다른 모든 사람도 이 단순한 사실을 알아차리지 못하고 있습니다.

 마음의 평화를 구하는 그 마음이 바로 마음의 평화를 가로막고 있으며, 행복을 원하는 바로 그 마음이 불행이라는 사실을 말입니다. 그 역시 다른 모든 사람처럼 자기 바깥에서 그것들을 구하고 있습니다. 대상을 통해서 만족을 구하고 있습니다.

 추구하는 것을 얻은 뒤에 잠시 찾아오는 일시적인 만족, 시한부의 행복에 중독된 나머지 끝없이 이 대상에서 저 대상으로 만족을 찾아, 마음의 평화를 찾아, 행복을 찾아 떠도는 것을 멈추지 못합니다. 그는 중요한 사실 하나를 놓치고 있습니다.

 만족, 행복은 그 대상의 획득에서 비롯된 것이 아니라, 그 획득을 통해 추구하는 마음, 원하는 마음이 잠시 사라짐으로써 발생했다는 사실 말입니다. 마음의 평화와 행복을 더이상 찾지 않을 때, 거기 진정한 마음의 평화와 행복이 있다는 사실을 말입니다.

　기회가 있을 때마다 그에게 이 사실을 주지시키지만, 그는 여전히 마음의 평화와 행복을 바깥의 다른 대상에서 찾고 구하는 마음을 쉬지 못합니다. 아마 쉽지는 않을 겁니다. 그래도 포기하지는 않을 것입니다. 마음의 평화와 행복은 그의 본래 상태이니까요.

미치광이와의 명상 4

그를 가만히 지켜보면 한시도 가만히 있지를 못합니다.

잠에서 깨어난 순간부터 다시 잠드는 순간까지 하루의 대부분을, 지나간 과거에 했어야 하거나 하지 말았어야 할 일들을 곱씹거나, 아직 다가오지 않은 미래에 일어날지도 모를 일이나 결코 일어나서는 안 될 일들을 걱정하면서 보냅니다.

그가 제대로 살펴보지 못하고 있는 것은, 그것들이 아무리 사실적으로 느껴진다 할지라도, 그것들은 결국 아무 실체도 없는 생각에 불과하다는 점입니다. 그것들은 전혀 생각할 필요가 없는 바로 지금 여기 이 순간의 진실로부터 현실감을 빌려 온 허상들입니다.

실제로 존재하는 것은, 실재는 바로 지금 여기 이 순간일 뿐입니다. 지금 여기 이 순간은 기억을 떠올리거나 미리 예상할 필요 없이 순간순간 즉각즉각의 반응이 일어나고 있습니다. 이 순간에는 어떠한 분리도 없이 모든 현상이 통째로 작용하고 있을 뿐입니다.

지나간 과거의 생각에 머물거나, 다가오지 않은 미래의 생각에 머물면, 그 허상에 가려 바로 지금 여기 이 순간의 진실을 바로 보지 못하게 됩니다. 과거와 미래에 대한 끝없는 생각으로 에너지를 소모하면서 생각이 필요 없는 바로 지금 여기 이 순간에서 쉴 수가 없습니다.

그에게 가만히 말을 건넵니다.

지나간 과거를 생각하지 말아요. 과거는 이미 지나갔고 지금 여기 없어요. 오지 않은 미래를 걱정하지 말아요. 미래는 아직 오지 않았고 그것역시 지금 여기에 있지 않아요. 그저 지금 여기 있는 것에 머물러 있으세요. 아무 생각할 필요가 없는 바로 지금 여기 이 순간에.

고요한 새벽이면 주변의 미세한 소음들이 자연스럽게 자각되듯, 생각을 쉬고 바로 지금 여기 이 순간에 귀를 기울여 보세요. 활짝 열린 호기심, 텅 빈 마음으로 이미 지금 여기에 충만한 진실을 음미해 보세요. 모든현상의 원천인 자기 자신의 존재를 자각하세요.

당신의 진정한 모습은 존재 그 자체입니다.

미치광이와의 명상 5

오늘따라 유난히 그가 힘들어 보입니다.

이제 보니 그는 더이상 젊지 않습니다. 발목이며 무릎 관절에서 통증이 느껴지는 것이 어느새 익숙해졌습니다. 그의 몸은 조금씩 무너져 가고 있습니다. 한때 그에게서 뿜어져 나오던 열정도 이제는 겨우 온기나 남아 있을 정도입니다.

그는 그 자신을 서글퍼하고 있습니다. 나이가 들수록 더욱 외롭다는 생각을 합니다. 이해받지 못하고 인정받지 못한다는 쓸쓸한 감정에 휩싸여 홀로 술잔을 기울이는 횟수가 늘어 갑니다. 고독이 싸늘한 한기처럼 온몸을 찌릅니다.

그에게 가까이 다가가 말을 건네 봅니다.
"이보게, 친구. 왜 그러나?"
고개를 든 그의 눈가에 아직 마르지 않은 눈물 기운이 비칩니다.
"외롭고 쓸쓸해……."
그의 목소리에는 음성보다 텅 빈 공기의 함량이 더 많습니다.
"자네에겐 가족도 있고 좋은 친구도 많지 않은가?"
희미한 슬픔이 그의 얼굴을 스치고 그는 가볍게 고개를 젓습니다.
"아무도 날 이해 못해. 자네 역시 날 이해하지 못하는 것처럼……."

그와 나 사이에 있는, 익숙한 벽이 느껴집니다. 이 벽이 바로 그의 고독입니다.

차가운 그 벽 너머로 귀를 기울여 봅니다. 그의 고독 이면에 있는 감정을 살펴봅니다.

고독의 벽 너머 어두운 그 자리에, 어느 순간 성장을 멈춰 버린 어린아이가 서 있습니다. 그 아이는 두려움에 떨고 있습니다. 소리도 내지 못하고 홀로 울음을 삼키고 있습니다. 아무리 울어도 엄마와 아빠가 오지 않을 것이라는 사실을 그 아이도 알고 있기 때문입니다.

그 아이는 자기 몸에 맞지 않는 큰 옷을 입고 손에는 무거운 가방을 들고 있습니다. 아이로서는 도무지 채울 수 없을 것 같은 다른 사람들의 기대와 그에게 요구하는 역할들이 그런 옷과 가방의 모습으로 나타난 것 같습니다. 언제부터 그렇게 거기에 서서 울고 있었는지…….

그 아이에게 다가가 따뜻하게 안아 줍니다. 마음껏 소리 내어 울어도 괜찮다고 등줄기를 쓰다듬어 줍니다. 몸에 맞지 않는 옷은 벗어 버리고, 무거운 가방은 내려놓아도 된다고 말해 줍니다. 얼마나 힘들었느냐고, 얼마나 외로웠느냐고, 혼자 내버려 둬서 미안하다고 말해 줍니다.

아이의 서러운 울음과 차가운 눈물이 빠져나간 그 자리에 따뜻한 사랑과 고요한 평화가 찾아옵니다. 아이는 그 사랑과 평화 속으로 텅 비어 사라집니다. 이제 그 사랑과 평화만이 남아 있습니다. 나는 한동안 그 사랑과 평화 속에 잠시 머물러 있습니다.

그가 자리에서 일어났습니다. 아픈 다리를 절뚝이며 집으로 돌아가고 있습니다. 그의 삶의 모든 순간이 성장과 성숙의 순간이 되기를. 그의 외로움과 슬픔이 한없는 사랑과 평화로 피어나기를. 그의 뒷모습을 물기 묻은 눈으로 바라보며 말없이 기원하였습니다.

내면 아이

너였구나.
거기 네가 있었구나.

내면의 구석진 공간
그 음습하고 어두운 곳에

얘야,
언제부터 거기에 있었니?

울고 있구나, 떨고 있구나.
왜 그러니, 무슨 일이 있니?

"무서워요."

뭐가, 뭐가 무섭단 말이니?

"그냥, 무서워요. 모든 게 무서워요.
모든 게 무섭다는 그 생각마저 무서워요."

그래, 안다. 아저씨도 가끔 무섭단다.

하지만 괜찮아, 지금 아저씨랑 함께 있지 않니.

"너무 외로웠어요. 그래서 무서웠어요."

그래, 안다, 그리고 미안하다. 너무 늦게 널 찾아와서.

"아무도, 아무도 나를 돌봐 주지 않았어요."

그래, 그래, 그래. 그랬었지. 정말 미안하다.

"아무리 울어도, 아무리 소리쳐도, 아무도, 아무도 나를 돌봐 주지 않
았어요."

미안하다, 미안해. 이젠 너를 혼자 두지 않을게.

"너무 외롭고, 너무 무서웠어요."

이리 와라, 아저씨가 안아 줄게. 이제 외롭지 않을 거고, 무섭지 않을
거야.

얼음장처럼 차가운 아이를 품에 안는다.
날카로운 얼음송곳으로 심장을 찌르는 듯한 슬픔이 밀려온다.

여위고 때에 찌든 아이, 어린 새처럼 파르르 떨고 있는 아이를
가슴 깊이 끌어안는다.

괜찮다, 괜찮아.
미안해, 미안해, 정말 미안해.

품속의 아이도 울고 나도 운다.
뜨거운 눈물이 심장을 관통한 얼음송곳을 녹인다.

어린 너를 홀로 두고 떠난 나를 용서하렴.
마치 네가 없는 것처럼, 너를 잊고 살아온 나를 용서하렴.

지난 세월 생의 많은 순간 얼핏 너를 보고 느꼈음에도
진저리치며, 도리질하며 도망쳤던 나를 용서하렴.

이제 너를 혼자 두지 않으마.
이제 너를 부정하지 않으마.

네가 바로 나이고
내가 바로 너임을.

사랑한다, 사랑한다.
나의 어린 아이, 어린 나여.

얼마나 외로웠을까.
얼마나 무서웠을까.

미안하다, 사랑한다.

사랑한다, 미안하다.

이제 너를 혼자 두지 않으마.
이제 너를 두고 떠나지 않으마.

나의 어린아이, 어린 나여.

인식의 도약

지금 몸과 마음을 편안히 하고 자연스럽게 자신의 신체를 의식해 봅니다.

아마 큰 어려움 없이 자신의 신체가 지각될 것입니다.

여기서 자신의 신체를 지각하고 있는 그것(지각하는 자, 또는 지각 그 자체)을 지각해 보시기 바랍니다.

어떤가요? 그것이 지각되나요?

만약 어떤 것이 지각된다면 그것은 '그것'이 아닙니다. 지각된다면 그것은 아까 스스로 지각했던 자신의 신체와 같이 '지각되는 것'이지, '지각하는 것' 또는 '지각 그 자체'는 아닌 것입니다.

이해하시겠습니까?

다시 한 번 자신의 신체를 지각하고 있는 그것(지각하는 자, 또는 지각 그 자체)을 지각해 보시기 바랍니다.

어떻습니까? 지각되십니까?

한 가지 실마리를 드리겠습니다.

물리학에 '양자 도약'이라는 개념이 있습니다. 하나의 에너지 상태에 있던 양자가 다른 에너지 상태로 비약적으로, 불연속적으로 전이되는 것을 가리키는 개념입니다.

종교학에서도 '신앙의 도약'이라는 개념이 있습니다. 무형이거나 증명할 수 없거나, 경험적 증거가 없는 것을 믿거나 받아들이는 것을 말합니다.

자, 분명히 자신의 신체를 지각하고 있음에도 자신의 신체를 지각하는 그것은 자신의 신체를 지각하듯 지각되지는 않습니다.

바로 여기에서 우리는 일종의 '인식의 도약'을 감행해야 합니다. 논리적이고 합리적인 사고방식의 한계를 근본적, 혁명적, 비약적으로 뛰어넘어야 합니다.

자신의 신체를 지각하듯 지각하는 상대적 지각에서, 자신의 신체를 지각하고 있는 그것은 자신의 신체를 지각하듯 지각되지 않는다는 절대적 지각으로 갑작스럽게 점프해야 합니다.

다시 한 번 자신의 신체를 지각하고 있는 그것(지각하는 자, 또는 지각 그 자체)을 지각해 보시기 바랍니다.

지각하고는 있지만 '그것'이라 할 만한 '것'이 지각되지는 않습니다.

즉, '지각하고 있음'만이 홀로 있습니다. 그 '지각하고 있음'이 자신의 신체를 지각하고 있던 '그것'입니다.

'지각하고 있음'이 '지각하고 있음' 자체를 지각하고 있습니다.

마치 대상을 바라보는 눈이 눈 자신을 보고 있는 것과 같습니다. 당신은 당신의 눈으로 당신의 눈을 볼 수 있습니까?

당신의 눈으로 당신의 눈 자체를 볼 수는 없지만, 당신은 분명 보고 있습니다.

다시 돌아가서, 자신의 신체를 지각하는 그것을 지각해 보십시오.

'지각하고 있음'이라는 대상을 지각하는 것이 아니라, 그저 '지각하고 있음'을 지각하십시오.

눈이라 할 특별한 것이 보이지 않는 '텅 빈 보고 있음'이 눈이 눈을 보는 경험이듯, 특별히 지각이라 할 만한 것이 아무것도 지각되지 않는 '텅 빈 지각하고 있음'이 지각이 지각 자체를 지각하는 경험입니다.

많은 사람의 선입견과 달리, 이것은 너무나 평범하고 자연스러운 상태입니다. 지각, 알아차림, 의식은 우리의 본성입니다.

어떤 행위를 통해 얻거나 잃어버릴 수 없으며, 누구에게나 아무 부족함 없이 평등하게 갖춰져 있는 성품입니다.

다만 그 지각, 알아차림, 의식 안에서 출몰하고 왕래하는 경험의 내용물에만 현혹되어 본래부터 자연스럽게 있던 그것을 알아보지 못했을 뿐입니다.

그저 그 사실을 깨닫기만 하면 되는 것입니다. 그래서 어떤 전통에서는 '깨달음이란 세수하다 코를 만지는 것보다 쉬운 일'이라고 합니다.

문제가 있다면 어찌 보면 너무나 쉬운 이 '인식의 도약'을 많은 사람이, 특히 똑똑하다는 사람들이 쉽게 감행하지 못한다는 점입니다.

그래서일까요? 앞서 말씀드렸던 전통에는 이와 같은 말도 있습니다. "백 척이나 되는 장대 끝에서 한 걸음 더 나아가야 한다." "절벽에 매달린 손을 스스로 놓아야 한다."

다시 한 번 자신의 신체를 지각하고 있는 그것(지각하는 것, 또는 지각 그자체)을 지각해 보시기 바랍니다.

너무나 쉽고 간단하죠?

사실은 도약까지 할 필요가 없습니다. 바로 지금 이 자리가 바로 그 자리이니까요. 언제나 바로 지금 이 자리일 뿐이니까요.

⊙ 방편: 휴(休)[6] 명상

요즘 코로나 사태로 인해 국내뿐 아니라 전 지구적으로 두려움과 불안, 공포와 스트레스가 만연해지고 있습니다. 그러한 부정적인 감각이 압도적인 상황에서 마음의 평정을 찾는 데 도움이 될 만한 방편 하나 소개해 드립니다.

(1) 자연스럽게 의자나 소파에 등을 기대고 앉아 몸과 마음을 이완한다. 깊게 숨을 들이마시고 천천히 내쉰다. 이를 두세 차례 반복한다.

(2) 이 순간 이전까지 자신의 관심을 끌었던 모든 대상을 잠시만 옆으로 치워 둔다. 세상에 관한 새로운 소식, 사회적 업무와 인간관계에서의 책임, 소소한 근심과 걱정, 보이고 들리는 대상들에 대한 무의식적 끌림 등등.

(3) 마음의 준비가 되었다면 다시 두세 차례 자연스러운 호흡을 한다. 될 수 있으면 눈을 감지 않고 뜬 채로 명상을 진행한다.

(4) 이제 자연스럽게 신체 감각을 자각한다. 의도적으로 신체를 감각하는 것이 아니라 자연스럽게 자각되고 있는 신체 감각을 단순히 알아차리기만 하면 된다.

---

6 '휴'는 깊은 안도의 순간 자연스럽게 내쉬는 깊은 숨소리 '휴~'와 쉼을 의미하는 휴(休)에서 따온 말이다.

⑸ 창문 밖의 풍경을 무심히 바라보듯 자연스레 자각되는 신체 감각을 지켜본다.

⑹ 한동안 신체 감각을 자각하고 있다가, 자각되는 신체 감각 대신 그것을 자각하고 있는 자각 자체로 가볍게 주의를 돌린다. 마치 창문 밖에 펼쳐진 풍경을 바라보고 있다가 문득 창문 자체를 바라보게 되듯 말이다.

⑺ 한 가지 팁을 주자면, 지금 눈을 뜨고 있으면 자연스럽게 외부 대상이 보이는데, 그 '보(이)고 있음' 가운데 보이는 어떤 특정한 대상에 주의가 가 있지 않고 그저 '보(이)고 있음' 상태에 머물고 있는 것과 같은 것이 자각 자체에 주의를 돌리는 것이다.

⑻ 눈만 뜨고 있으면 외부 대상들은 저절로 보인다. 마찬가지로, 자각은 저절로 온갖 대상을 자각하고 있다.

⑼ 창문 밖의 풍경을 보고 있다가 창문 자체로 시선이 돌아오면, 창문 밖의 풍경은 흐릿해지고 이제까지 존재 자체를 자각하지 못했던 투명한 창문 자체를 보게 된다. 마찬가지로, 자연스럽게 자각되는 신체 감각에서 그것을 자각하는 자각 그 자체로 주의를 돌리면, 언제나 늘 그 자리에 있던 텅 빈, 순수한, 투명한 자각의 성품 자체가 자각된다.

⑽ 신체 감각에 대한 자각은 그 텅 빈, 순수한, 투명한 자각의 성품 가운데 용해되는 것처럼 희미해지고, 대신 부드럽고 온화하면서도 충만한 현존의 감각이 상대적으로 강하게 느껴진다.

⑾ 할 수 있는 만큼 그 충만한 현존의 감각, 자각 속에 머문다. (1분에서

15분 이상 본인이 할 수 있는 만큼만 하면 된다.)

(12) 다시 두세 차례 자연스러운 호흡을 하면서 명상을 마무리한다.

4장
허공 같은 성품

참자아는 그 안에서 변화가 체험되면서도
정작 그 자체는 전혀 영향을 받지 않는 허공과 같은 의식입니다.

_무지(Mooji)

⊙ 화두

분주 선사의 몸은 6척이나 되어 서면 마치 산이 우뚝한 것 같았다. 마조
스님이 선사를 언뜻 보고 기이하게 여기어 말했다.

"웅장한 불당(佛堂)이건만 그 안에 부처가 없구나."

이에 선사가 절을 하고서 물었다.

"삼승(三乘)[7]의 지극한 교법은 대략 연구했습니다만, 일찍이 선문(禪門)에
서 말하는 '마음 그대로가 부처.'라는 말을 자주 들었으나 그 뜻은 실로
알지 못하오니 가르쳐 주십시오."

마조가 대답했다.

"그대가 모르겠다고 하는 그 마음이 바로 그것이니라. 다시 다른 물건이
없다. (마음이 그대로 부처임을) 알지 못할 때는 미혹이요, 알 때는 곧 깨달음
이다. 미혹하면 곧 중생이요, 깨달으면 부처이니, 중생을 떠나서 따로 부
처가 있는 것이 아니니라. 마치 주먹이 곧 손이요, 손이 곧 주먹인 것 같
으니라."

선사가 이 말씀에 활짝 깨닫고 눈물을 흘리면서 마조에게 말했다.

"평소에 불도(佛道)는 멀고도 어려워서 여러 겁을 애써 닦아야 비로소 이
루는 것이라 여겼었는데, 오늘 비로소 법신(法身)의 실상(實相)은 본래부터
구족하고 일체 만법이 마음으로부터 변하여 나오는 것이어서 다만 이름
만 있을 뿐 진실한 것이란 전혀 없는 줄 알았습니다."

이에 마조가 말했다.

---

7 중생을 깨달음으로 인도하는 부처의 가르침이나 수행법을 뜻함. 일승(一乘; 깨달음에 이르게
  하는 오직 하나의 궁극적인 부처의 가르침)에 대비해 중생을 열반에 이르게 하는 3가지 교법인
  성문승 · 연각승 · 보살승을 가리키는 불교용어.

"옳은 말이다, 옳은 말이다. 마음의 성품은 나지도 않고 멸하지도 않는 것이며, 온갖 법은 본래 공적(空寂)하다. 그러므로 경에 이르되, '모든 법이 본래부터 항상 적멸한 모습이다.' 하였고, 또 말씀하기를, '끝내는 공적한 집(空寂舍)이다.' 하였으며, 또 말하기를, '모든 법이 공한 것으로 자리를 삼는다.' 하였으니, 이는 여러 부처님이 머무를 바 없는 자리에 머물러 계신다는 것이니라.

만약 이와 같이 안다면 이것은 곧 공적한 집에 머무는 것이며, 법이 공한 자리에 앉는 것이니, 발을 들고 발을 내림에 도량(道場)을 여의지 않는 것이니라. 말이 떨어지자 당장에 깨달으면 다시는 다른 점차(漸次)가 없나니, 이른바 '발을 옮기지 않고도 열반의 산에 오른다.'는 것이니라."

모든 모양의 배후, 또는 본질

금강경에 "무릇 모양 있는 것은 모두 허망하나니, 모든 모양이 모양 아님을 보면 곧 여래를 보리라."라는 말이 있습니다. 이 말의 진정한 의미를 이해가 아닌 직접 체험을 통해 통찰해 봅시다.

자, 지금 당장 눈앞에 선명한 이미지를 하나 떠올려 보십시오. 아무것이나 쉽게 떠올릴 수 있는 이미지면 됩니다. 예를 들어, 새벽 바닷가 수평선에서 빨갛게 떠오르는 해의 이미지를 떠올려 보십시오.

그리고 이번엔 추석날 밤하늘에 둥글게 떠 있는 보름달의 이미지를 떠올려 보십시오. 될 수 있으면 눈을 감지 말고 눈을 뜬 상태에서 이미지를 떠올려 보십시오. 아마 대부분 어렵지 않게 하실 수 있을 겁니다.

여기서 질문 하나 드리겠습니다. 여러분은 그 두 가지 이미지를 어디에서 떠올렸습니까? 어쩌면 관습적으로 '머릿속에 떠올렸다'고 생각할지 모르겠으나 다시 이미지들을 떠올려 보고 그 직접적인 경험을 진술해 보십시오.

그 이미지들은 바로 지금 여러분의 눈앞, 시야 가운데 희미하고 불연속적으로 떠오르지 않습니까? 마치 두 개의 채널이 혼선되는 구식 TV 화면처럼 더 선명한 눈앞의 시각 대상들의 이미지들에 간섭을 받으면서 말

182

입니다.

다시, 바다 위에서 떠오르는 해의 이미지와 밤하늘의 보름달 이미지를 떠올려 보십시오. 그 두 개의 이미지는 실재가 아닌 상상으로 그려 낸 허상입니다. 그런데 그 허상이 드러나는 그 자리는 허상인가요?

다시 묻겠습니다. 여러분은 그 두 가지 이미지를 어디에서 떠올렸습니까? 그 헛된 모양이 그려지는 그 자리는 모양이 있나요? 그 자리를 다시 모양으로 그려 낼 수 있나요? 여러분 자신과 그 자리가 분리되어 있나요?

여러분 자신이라는 자아감 또한 그 헛된 이미지가 그려지는 그 자리에서 경험되고 있지 않나요? 어쩌면 여러분의 자아감 역시 그 자리에서 경험되는 헛된 이미지가 아닐까요? 다시 눈앞에 이미지들을 그려 보십시오.

그 이미지들을 그려 내는 힘과 그 이미지들이 그려지는 배경이 둘인가요? 굳이 말로 표현하자면, 바로 지금 여기 이 아무 실체 없이 텅 빈 듯하지만 분명 살아서 작용하고 있는 이 눈앞의 공간이 바로 그것들의 본질 아닌가요?

상상으로 그린 해와 달의 이미지는 허망하지만, 눈앞에 분명하게 보이는 시각 대상들은 그와 같은 헛된 이미지가 아니라고 생각하십니까? 보이는 대상들과 보는 자신이 바로 지금 여기 이 눈앞의 공간을 떠나서 경험됩니까?

결국, 보는 자도, 보이는 대상도, 보는 경험 모두가 바로 지금 여기 이 공간과 같은 의식, 의식의 공간일 뿐이 아닐까요? 모든 모양이 실제로는 모양이 아니라 이 텅 빈 의식의 변형, 오직 의식일 뿐이 아닐까요?

시간과 공간, 그리고 그 안에서 경험되는 감각 대상들은 끝없이 변했습니다. 그러나 그 모든 변화는 그 어떤 것도 결코 빠져나가지 못하는 바로 지금 여기, 오직 이 모양 없는 자리에서만 경험할 수 있습니다.

이 텅 빈 의식의 공간, 공간 같은 의식, 이 모양 없는 자리가 언제 생겨났나요? 이것이 사라질 수 있을까요? 생겨남을 경험하려면 그 이전에 이 자리가 있어야 합니다. 사라짐을 경험하려면 그 이후에도 이 자리가 있어야 합니다.

여러분의 작은 자아 또한 이 텅 빈 의식의 공간, 공간 같은 의식, 모양 없는 이 자리, 바로 지금 여기에서 경험되는 하나의 경험 대상일 뿐입니다. 진정한 여러분 자신은 그것보다 훨씬 광대한, 둘이 없는, 바로 지금 여기 이것입니다.

물리적 시공간과 심리적 시공간

물리적 시공간이 없으면 어떠한 물리적 현상과 대상은 물론 그 변화도 있을 수 없습니다. 물리적 현상은 반드시 물리적 시공간 안에서 벌어지고, 물리적 시공간은 반드시 물리적 현상들로 채워져 있습니다. 물리적 시공간과 물리적 현상은 결코 분리되어 있지 않습니다.

이와 마찬가지로 심리적 현상, 정신적인 현상들은 반드시 심리적 또는 정신적 시공간 안에서 펼쳐집니다. 심리적이고 정신적인 현상, 곧 심리적이고 정신적인 대상과 그 변화는 끝없이 생멸하지만, 그 변화 작용이 가능한 심리적, 정신적 시공간은 항구적이고 불변합니다.

한 걸음 더 나아가 물리적 시공간과 심리적 정신적 시공간은 결코 둘이 아닙니다. 그것은 단일하고 단순한 바로 지금 여기의 존재 그 자체, 순수한 있음이자 순수한 의식 그 자체입니다. 그것은 모든 경험 현상의 본질이면서 그 배후의 목격자, 아는 자입니다.

그것은 의식하는 현존, 현존하는 의식, 텅 빈 각성, 대상이 없는 알아차림 그 자체, 자기 앎, 알고 있음에 대한 알고 있음 그 자체입니다. 모든 것을 경험하지만 제 스스로는 하나의 대상으로 경험되지 않으며 모든 것을 알지만 제 스스로는 하나의 대상으로 알려지지 않습니다.

그러나 그것은 부정할 수 없는 무엇으로서, 바로 그것을 부정하는 그 작용 그 자체로서 자신의 존재를 증명하고 있습니다. 투명한, 내용이 없이 텅 빈, 순수한 그 무엇, 바로 지금 여기 눈앞의 모든 현상 중 어떤 것도 그것 자체는 아니지만 모든 것이 바로 그것입니다.

의식의 본래 - 기본 - 중립 상태

'일체가 의식이다', '의식만이 존재한다', '모든 것은 의식의 현현이다'라는 진술이 진정으로 가리키고자 하는 바는 무엇일까요?

바로 지금 이 글을 읽고 있는 그대 눈앞의 현실, 있는 그대로의 이 사실입니다.

'의식'이라는 것을 의식하려 하지 마십시오. 그것이 가장 기초적이면서도 가장 근본적인 실수, 오해입니다.

'일체가 의식'이고 '의식만이 존재'하며 '모든 것이 의식의 현현'이라면, '의식'이란 대상을 의식하기 이전부터 있던 '이것'이 바로 '그것'입니다.

바로 지금 그대가 눈앞에서 경험하고 있는 '이것'이 의식의 본래 상태, 기본 상태, 중립 상태입니다. 이것이 순수한 의식, 순전한 의식, 오직 의식뿐인 상태입니다.

이 본래적 - 기본적 - 중립적 의식 위(안)에서 차별적 - 상대적 - 대상적 의식이 일어났다 사라집니다. 차별적 - 상대적 - 대상적인 의식은 이 본래적 - 기본적 - 중립적 의식의 변형 또는 변용입니다.

이 보편적이고 순수한 의식은 상대적으로 의식되지 않은 채로 스스로 의식합니다. 그대는 지금 모든 차별적—상대적—대상적 의식을 의식하고 있습니다. 의식하고 있음을 의식하고 있습니다.

의식의 내용물은 차별적이고 상대적이고 대상적입니다. 그러나 그러한 의식의 내용물들이 등장하고 퇴장하는 의식 공간은 본래적이고 기본적이며 중립적입니다.

본래 선험적으로 주어진 것을 다시 얻거나 만들어 낼 수는 없습니다. 새롭게 의식하거나 감각할 수 없습니다. 그러기 전에 이미 주어져 있고, 의식하고 있고, 감각하고 있습니다.

이것이야말로 진정한 은총이고 복음입니다. 어떠한 개별적 속성이 부가되기 이전의 순수한 존재, 순수한 의식 그 자체가 그대의 본래 모습, 본질, 참된 정체성입니다.

이 의식의 본래 상태, 기본 상태, 중립 상태야말로 진정한 평안, 고요, 지복입니다. 흔들림 없는 선정 삼매이며 태풍의 눈처럼 끝없는 운동 변화 가운데 있는 변함없는 핵심입니다.

의식되지 않고 감각되지 않으면서 의식하고 감각한다는 바로 그 사실, 없는 듯 존재한다는 바로 그 사실, 결코 소유할 수 없다는 그 사실이 바로 비밀의 문입니다.

바로 그대 자신이라는 비밀입니다.

본래 상태

본래의 상태란 어떤 상태일까요?

"당신은 지금 어떤 상태에 있습니까?"

이 질문을 보거나 듣는 순간, 당신에게 어떤 일이 일어났습니까? 의식 공간에 문득 '당신은 지금 어떤 상태에 있습니까?'라는 말, 생각이 떠오르고, 그 질문을 인연으로 자신이 어떤 상태에 있는지 알아보려는 마음의 움직임이 일어나지 않았습니까?

이 질문이 일어나기 전의 상태는 어떤 상태였습니까? 이 질문을 의식 공간에 떠올릴 때는 어떤 상태였습니까? 이 질문에 따라 자신의 상태를 알아보려고 마음을 움직일 때는 어떤 상태였습니까?

여러 서로 다른 내용의 상태가 아니라 그 모든 상태의 바탕이 되는 상태가 있지 않습니까? 바로 지금 이 글을 관조하고 있는 이 상태는 어떤 상태인가요? 의식되는 대상, 내용물이 아니라 그 대상과 내용물들이 들어왔다가 잠시 머물다가 나가는 공간 같은 의식, 의식이라는 공간이 있지 않은가요?

어떤 상태든지 이 변함없고 당연하고 단순하고 평범하고 특별할 것 없는 이 상태, 공간 같은 의식, 대상 없는 의식, 내용 없는 순수한 의식으로 가득 찬 공간이 있지 않나요?

언제나 늘 있었기 때문에 오히려 자각하기 어려웠던 상태가 바로 이 상태, 본래의 상태가 아닌가요? 이 상태를 알기 위해 어떤 마음의 움직임도 필요 없는, 말 그대로 손가락 까딱할 필요도, 한 생각 일으킬 필요도 없는 상태가 바로 이 상태 아닌가요?

있는 것도 아니고 없는 것도 아니며, 아는 것도 아니고 모르는 것도 아니며, 맞는 것도 아니고 틀린 것도 아닌 것이 바로 이 자연스러운 상태 아닌가요? 그저 이렇게 모든 현상이 나타나고 있음이 언제나 변함없는 이 상태 아닌가요? 이 안의 모든 현상은 끝없이 변화하고 있지만, 그렇게 변화하는 현상들이 이렇게 나타나고 있다는 이 사실만 변함없지 않은가요?

허공을 알아차림, 허공과 같은 알아차림

당신은 분명 현재 특정한 공간에 머물고 있을 것입니다. 아무 노력 없이 당신은 방이나 거실, 사무실이나 거리 등등의 공간에 자신이 있음을 알아차릴 수 있습니다.

예를 들어, 공항 대합실 소파에 앉아 있다고 합시다. 당신은 특별한 의도나 노력이 없이도 대합실 내부 공간의 모습, 분주히 오가는 사람들, 항공기 이착륙과 관련된 안내 방송과 잡다한 소음, 바깥과 확연히 다른 실내 공간의 냄새 및 온도 차이를 자연스럽게 알아차릴 수 있습니다.

그러할 때 진실로 당신 눈앞에 실재하는 것은 무엇입니까?

콘크리트와 대리석으로 마감된 공항 건물일까요? 분주하게 오가는 사람들일까요? 잡다한 소음과 냄새, 촉각들일까요? 우리는 보통 이와 같이 보이고, 들리고, 냄새 맡아지고, 맛보아지고, 느껴지고, 알아지는 대상들이 실재한다고 믿습니다. 그런데 그러한 지각과 인식의 대상들은 끊임없이 변합니다.

당신이 오랜 기다림 끝에 비행기에 탑승하면 당신 눈앞의 풍광은 달라집니다. 좌석들로 촘촘히 이어진 비행기 실내, 아리따운 스튜어디스가 바쁘게 승객들을 돕고 있는 모습, 윙윙거리는 비행기 엔진 소리, 당신 옆에

앉은 사람의 체취 등등. 지각과 인식의 대상은 끝없이 바뀝니다.

그런데 결코 변하지 않고 당신 눈앞에 실재하는 것은 무엇입니까?

당신 눈앞에 특정한 모양이나 소리, 냄새나 맛, 느낌이나 생각으로 나타나는 대상들은 고정된 실체가 없이 끊임없이 변화하므로 실재라 할 수 없습니다. 앞서 예를 든 공항 대합실과 비행기 실내 풍광에서 유일하게 변함없는 사실은 당신이 공간 안에 존재하고 있다는 것입니다.

당신은 언제나 바로 지금 여기라는 공간 안에 존재합니다. 엄밀히 말하면 언제나 바로 지금 여기라는 공간이 진정한 당신 자신일지도 모릅니다. 그 공간을 채우고 있는 주관인 당신과 객관인 대상들은 끊임없이 변하지만, 그 공간만큼은 늘 변함이 없습니다. 그 공간이 당신과 대상들을 알아차리고 있습니다.

보통 사람들은 일생에 단 한 번도 이 공간에 대해 자각하지 못하고 생을 마감하는 수가 많습니다.

우리가 우리 바깥에 있는 사물을 본다고 생각하는 것이, 사실은 눈앞의 공간 안에 보는 자신과 보이는 사물이 드러나 있는 것입니다. 사실은 허공이 보고 있는 것이며 허공을 보고 있는 것입니다.

우리가 내외의 소음을 듣는 것 역시 마찬가지입니다. 듣는 자신과 들리는 소음 또한 이 공간, 이 허공 안에 드러나는 것이지, 이 공간, 허공을 벗어나 별개로 있는 것이 아닙니다. 허공이 듣고 허공을 듣고 있을 뿐입니다.

냄새, 맛, 촉감과 생각 또한 마찬가지입니다. 허공이 허공을 냄새 맡고 맛보고 느끼고 알 뿐입니다. 실제로 존재하는 것은 대상과 대상 사이의 공간, 대상과 결코 분리되지 않는 허공뿐입니다.

당신이 이 공간, 이 허공을 알아차리고 있는 것이 아니라, 이 공간, 이 허공이 당신을 포함한 모든 것을 알아차리고 있습니다. 이 공간, 이 허공이 바로 순수한 알아차림, 투명한 의식 자체입니다. 그리고 이 공간, 이 허공 안에 있는 모든 대상 또한 다른 것이 아닙니다.

예를 들어, '이 말이 도대체 무슨 뜻이야?'라는 의문이 당신에게 일어났다고 합시다.

그 의문은 지금 어디에서 일어났고, 그 의문의 본질은 무엇입니까? 그 의문은 바로 지금 여기 당신 눈앞, 당신까지 포함된 눈앞의 공간에서 일어났고, 이 공간의 변형이며, 결국 이 공간 속으로 사라집니다. 이 의식인 공간, 공간인 의식만이 실재하며 다른 모든 것은 이 공간의 변형일 뿐입니다.

보이는 모든 사물의 본질은 이 공간, 이 허공입니다. 들리는 모든 소리의 본질 역시 이 공간, 이 허공입니다. 냄새 맡아지는 것, 맛보아지는 것, 느껴지는 것, 알아지는 것 모두의 본질 또한 이 공간, 이 허공입니다.

이 공간, 이 허공은 볼 수 없지만 보고 있는 것이고, 들을 수 없지만 들고 있는 것이며, 냄새 맡을 수 없지만 냄새 맡고 있는 것이고, 맛볼 수 없지만 맛보고 있는 것이며, 느낄 수 없지만 느끼고 있는 것이고, 알 수 없지만 알고 있는 것입니다.

이 공간, 이 허공 안에 당신이 있으며, 당신 안에 이 공간, 이 허공이 있습니다. 이 공간, 이 허공과 당신은 둘이면서 둘이 아닙니다. 이 공간, 이 허공을 알아차릴 수 있겠습니까? 이 공간, 이 허공이 알아차리고 있지 않습니까?

바로 지금 당신은 어디에 있습니까?

열린 주의, 개방된 의식

주의가, 의식이 하나의 대상을 향할 때, 주관과 객관의 분리가 일어납니다. 본래 분리되어 있지 않은 주의, 의식이 하나의 대상을 취함으로써 대상에 주의를 기울이는, 대상을 의식하는 주관과 주의의 대상, 의식의 대상이 되는 객관이 성립하게 됩니다. 그 분리로 인해 주관과 객관 사이에는 관계가 형성되고, 운동과 변화, 갈등이 유발됩니다.

주의와 의식을 하나의 대상에 향하지 않고 모든 대상을 향해 열면 어떻게 될까요? 주의와 의식이 성성하게 깨어 있되 어떤 대상에도 쏠리지 않고 그 자체로 머물러 있으면 어떻게 될까요? 주의가 열려 있고, 의식이 개방되어 있으면 모든 대상이 자연스럽게 그 빈 공간으로 초대됩니다. 그 대상들을 지켜보고 감시하는 주관은 따로 없습니다. 따라서 모든 대상, 객관 역시 따로 없게 됩니다.

열려 있는 주의와 개방된 의식의 상태는 주관과 객관이 미분화되어 있습니다. 흔히 판단중지, 의단독로(疑團獨露), 오직 모를 뿐, 단지불회(但知不會), 달마불식(達磨不識), 현지우현(玄之又玄) 등등의 언설로 표현되는 상태가 바로 이 상태입니다. 구체적이지도, 뚜렷하지도 않은 듯 보이지만, 가장 명징하고 분명한 상태입니다. 흡사 모든 객관 대상이 사라지고 주관만이 우주 허공에 가득 찬 것 같기도 하고, 주관이 사라지고 모든 객관 대상만이 뚜렷해진 것 같기도 합니다.

그러나 이 열린 주의, 개방된 의식의 본질은 스스로는 드러나지 않은 것처럼 이미 드러나 있다는 사실입니다. 주관과 객관이 분리되어 있는 것처럼 느껴지든, 주관만 있고 객관은 사라진 것처럼 느껴지든, 주관은 사라지고 객관만 있는 것처럼 느껴지든, 주관과 객관이 모두 사라지거나 한 덩어리가 된 것처럼 느껴지든, 이 열린 주의, 개방된 의식은 언제나 있는 그대로 있을 뿐이라는 사실입니다.

그래서 이 열린 주의, 개방된 의식의 다른 이름은 본성(本性), 자성(自性), 본분사(本分事), 평상심(平常心)입니다. 다시 얻을 수 없고 잃어버릴 수 없는 본래 마음입니다. 이것은 진리, 불성, 부처, 하느님, 하나님, 깨달음, 깨어 있음, 영원한 생명, 현존, 지금 여기, 이것 등으로 불리지만, 사실 이 열린 주의, 개방된 의식은 아무 이름도, 아무 모양도, 아무 느낌도 없고 특정한 상태도 아닙니다. 아무것도 아니면서 모든 것이고, 모든 것이면서 아무것도 아닌 것입니다.

이미 그것이어서 다시 그것이 될 수 없는 무엇입니다. 가장 친숙한 느낌은, 영원불변의 자기동일성으로서의 나는 그냥 나 자신이라는 느낌입니다. 하나의 객관 대상으로서의 나가 아닌 절대 주관으로서의 나, 모든 것을 보고 듣고 느끼고 알지만, 자기 스스로는 결코 보이지도 들리지도 느껴지지도 알려지지도 않는 무엇입니다. 그저 그것일 수 있을 뿐 그것을 얻거나 알 수는 없습니다. 이것은 그렇게 얻고 알아야만 합니다.

무경계, 허공성

이것은 이미 완전히 드러나 있기 때문에 찾으려는 마음이 있는 한 찾을 수 없습니다. 겉으로 드러난, 찾으려는 그 마음에 가려 이것은 드러나지 않게 됩니다. 그 마음은 일어났다가 사라지지만, 그 마음이 일어난 바탕은 일찍이 일어난 적도 없고 사라지지도 않습니다. 생각을 일으켜 분별하지 않으면 언제나 바로 지금 여기 이렇게 있을 뿐입니다.

생각과 그로 인한 분별을 판단의 기준으로 삼아서 이것을 확인하려 하는 한, 끝없이 찾아 헤매는 일을 멈출 수 없습니다. 어떤 인연에 문득 한 생각이 멈추어 제자리로 돌아가는 순간, 본래부터 언제나 눈앞에 있던 이것을 깨우치게 됩니다. 스스로 깨치고 보면 단 한 순간도 이것을 떠난 적이 없었다는 사실에 실소를 터뜨리게 됩니다.

어떠한 객관적 속성도 가지고 있지 않은 이것은 나와 떨어져 있지 않습니다. 이것과 나 사이에 아무런 경계가 없습니다. 이것이 바로 나이고, 내가 바로 이것입니다. 온갖 현상이 가득 찬 이대로 그저 텅 빈 허공과 같은 하나의 성품입니다. 이것은 마치 없는 것처럼 있기에 깨닫지 못하고, 있는 것처럼 없는 현상들만 쫓아다녔던 것입니다.

이것은 도무지 믿을 수 없고 이해할 수 없는 법입니다. 사람들의 일반적인 상식, 이분법적 사고방식과 상대적 분별의식으로는 쉽게 납득할 수 없습니다. 설사 납득한다 하더라도 자신과 이것 사이의 틈이 없이 온전히 한 덩어리가 되기는 어렵습니다. 비록 한 덩어리를 이루었다 하더라도 나날의 삶에서 익숙해지기는 어렵습니다.

그러므로 호랑이 눈에 황소걸음으로 한 걸음 한 걸음 걸어가야 합니다. 한 걸음 한 걸음이 모두 이것이어서, 아무리 가도 간 바가 없어야 합니다. 언제 어디서나 그저 이것이어서 모든 시비와 분별을 잊어버리면 살아도 산 바가 없고 죽어도 죽는 바가 없을 것입니다. 바로 그러할 때 완전한 포기, 내맡김이 완전한 수용, 받아들임이 될 것입니다.

지금 여기 진정 무엇이 있습니까?

　지금 당장 여기에 진실로 있는 것은 무엇입니까?

　무엇보다도 "지금 당장 여기에 진실로 있는 것은 무엇입니까?"라는 글에 반응하는 '무엇'이 있습니다. 그 '무엇'은 '지금 당장 여기에 진실로 있는 것은 무엇입니까?'라는 글을 보고 반응하기 이전에도 있었고, 그 반응이 사라지고 난 후에도 있습니다. 바로 지금 이 글을 보고 다시 반응하고 있는 것이 그 '무엇'입니다.

　엄밀히 말하자면, 바로 지금 이 글이 따로 있고, 이 글에 대한 반응이 따로 있고, 그렇게 반응할 줄 아는 '무엇'이 따로 있는 게 아닙니다. 이 글과, 이 글에 대한 반응, 반응할 줄 아는 '무엇'은 결코 분리될 수 없는 한 덩어리 경험, 전체인 의식이며, 진정 실제로 존재하는 것입니다. 이 경험, 이 의식, 이 존재가 바로 그것입니다.

　이것은 어떤 객관적 실체는 없지만 분명 지금 이렇게 반응, 작용하고 있습니다. 삶이란 결국 다양한 경험의 흐름입니다. 그런데 경험의 내용은 끝없이 변화하지만, 경험하고 있다는 사실, 이 반응, 이 작용은 언제나 변함없이 바로 지금 여기 이렇게 있습니다. 결국, 다양한 경험이라는 것도 이 반응, 이 작용의 여러 변형일 뿐입니다.

다양한 경험의 배후에 언제나 변함없이 존재하는 이 목격자, 이 알아차림, 이 의식이 곧 존재 자체, 바로 지금 여기 이렇게 있음입니다. 의식은 곧 존재입니다. 존재는 곧 의식입니다. 의식과 존재는 둘이 아닙니다. 이 어떤 내용에도 물들지 않는 텅 빈 의식과 아무 실체 없이 없는 듯 있는 이 존재성 자체가 평화와 행복, 사랑의 근원입니다.

그것이 모든 사람마다 공통된 '나', 혹은 '내가 있다'는 느낌의 출처입니다. 모든 감각, 모든 감정, 모든 생각은 일어났다가 사라지고 왔다가 가버렸습니다. 그러나 그 모든 감각, 감정, 생각을 경험했고, 경험하고 있으며, 경험할 '나'는 언제나 변함없이 바로 지금 여기 이렇게 있습니다. 바로 지금 낭상 이 글을 보고 있는 당신 역시 그것을 경험하고 있습니다.

언제나 이 텅 빈 경험, 의식, 존재 가운데서 다양한 경험의 내용, 의식의 대상, 존재하는 것들을 경험할 뿐입니다. 그러나 실제로 있는 것은 언제나 이 텅 빈 경험, 의식, 존재일 뿐입니다. 이것은 대상이 없는 절대적 주체의 경험이므로 어떤 경험의 내용이 없는 경험, 마치 의식의 움직임이 정지된 것과 같은 경험, 앎도 아니고 모름도 아닌 경험입니다.

바로 지금 이 경험입니다. 이 의식입니다. 이 존재입니다. 바로 이 글을 보고 있는 당신 자신입니다. 당신이 바로 이 글이고, 이 글에 대한 앎 자체이며, 당신을 둘러싼 주위의 시공간 전체입니다. 어떤 것도 당신 아닌 것, 당신을 벗어나 있는 것은 없습니다. 당신은 무소부재(無所不在)합니다. 따라서 제한된 당신은 존재하지 않습니다.

당신은 아무것도 아닙니다. 그러므로 당신은 모든 것입니다. 당신은 모든 것입니다. 그러나 당신은 어떤 것도 아닙니다. 당신은 당신에게 지각되고 인식되는 것이 아닙니다. 당신이 지각하고 인식할 뿐입니다. 지각하고 인식하는 당신은 결코 당신에 의해 지각되거나 인식되지 않습니다. 지금 지각이 여기 있습니다. 인식이 여기 있습니다.

지금 당신은 여기 있습니다. 지금 여기 이렇게 있음이 바로 진정한 당신 자신입니다. 당신 자신이 당신 자신으로 존재하고 있을 뿐입니다. 그것은 특별한 존재가 아닙니다. 당신 자신이 당신 자신을 의식하고 있을 뿐입니다. 그것은 특별한 의식 상태가 아닙니다. 당신 자신이 당신 자신을 경험하고 있을 뿐입니다. 그것은 특별한 경험이 아닙니다.

언제나 바로 지금 여기 이렇게 있는 이것이 당신입니다.

나의 가장 나종 지니인 것[8]

그대는 지금 무슨 경험을 하고 있습니까?

"누군가 방금 막 갈아 낸 원두커피의 향이 납니다. 주변에서 몇몇 사람이 가볍게 잡담을 나누고 있고, 추운 날씨 탓인지 발목 아래쪽이 차갑습니다."

지금은 어떻습니까?

"커피 향은 조금씩 희미해져 가고 있습니다. 잡담을 나누던 사람들이 자기 자리로 돌아갔습니다. 누군가 지나가는 발소리가 들립니다. 발은 여전히 차갑습니다."

지금은 또 어떤가요?

"커피 향은 더이상 나지 않습니다. 이제 주변의 소음은 모두 사라지고 오랜만에 정적이 찾아왔습니다. 실내화를 신었더니 발이 따뜻해졌습니다."

나타났다가 사라지고 왔다가 가 버리는 경험들은 가변적이고 실체가

---

8 소설가 박완서가 1993년에 발표한 단편소설 제목

없는 것들입니다. 그것들은 계속해서 지나가고 또 지나가서 더이상 남아 있지 않습니다. 그러나 그 모든 경험이 지나가고 난 뒤에도 끝까지 아무런 변화 없이 남아 있는 것이 있습니다. 그것이 무엇일까요?

"…… 모르겠습니다."

'모르겠다'는 것은 좀 전까지는 없다가 나타난 경험입니다. 가변적이고 실체가 없는 것으로 시간이 지나면 사라질 것입니다. 그런데 '모르겠다'라고 하는 그것, '모르겠다'라고 아는 그것은 '모르겠다'라는 경험과 함께 나타난 것입니까? 그것과 함께 사라지는 것인가요?

"……"

지금 당신은 무언가를 곰곰이 생각하고 있습니다. 그런데 당신이 생각 속에 들어가 헤매기 전에 무엇이 거기 있었습니까? 커피 향이 날 때도 거기 있었고, 커피 향이 사라졌을 때도 변함없이 거기 있던 것은 무엇입니까? 소음이 들릴 때나 정적이 찾아왔을 때나 한결같이 남아 있는 것은 무엇입니까? 지금 당장 어떤 경험도 붙잡지 않을 때 그것이 무엇입니까?

"…… 이것은 무엇이라고 할 수도 없는 것 같습니다."

그렇습니다. 어떤 것, 어떤 대상, 어떤 경험은 아니지만 분명히 있는 것입니다. 너무나 자연스럽고 당연한, 아주 평범한 앎, 존재, 의식 자체라 할 수도 있겠지만, 그것 역시 말에 불과합니다. 이것은 경험조차 아닌 경험, 경험의 내용이 없는 경험, 경험되지 않는 경험의 바탕과 같습니다. 언제나 변함없이 바로 지금 여기에 항상 있었기에 이것을 알아차리기가 어려웠던 것입니다. 너무나 쉽게 간과하고 무시되었던 것입니다.

"이제까지 이것을 눈치채지 못하고 살아왔다는 것이 믿어지지 않습니다. 이렇게 간단하고 이렇게 가까이 있는데……."

실제로는 조금도 떨어져 있지 않습니다. 분리된 자아라는 감각 역시 이 텅 빈 경험의 공간 가운데 나타난 경험의 내용물일 뿐입니다. 어떤 경험의 내용물도 이 경험되지 않는 경험의 바탕, 공간을 벗어나 있지 않습니다. 모든 것이 마음으로 지어진 것이라는 말은 이것을 가리키는 것입니다.

다양한 경험의 내용물은 가변적이고 실체가 없는 환영과 같습니다. 그 환영의 밑바탕, 환영의 질료는 영원불변합니다. 그러나 경험의 내용물과 경험의 바탕, 공간은 서로 다른 것이 아닙니다. 오직 이것 하나만이 마지막까지 남아 있는 유일한 것, 결코 잃어버릴 수 없는 우리 자신의 근본입니다.

오래된 연못

언제부터 있었는지 아무도 모르는
아주 오래된 연못 하나 그곳에 있네.

누구 하나 찾지 않는 오래된 연못은
언제나 무심하게 그림자를 비추고 있네.

그림자는 물을 떠나 있지 않고
물 또한 그림자 밀어내지 않네.

물은 진실하지만 일정한 모습 없고
그림자는 모습 있지만 진실하지 않네.

모든 그림자의 모습이 물의 모습이면서
어떤 그림자의 모습도 물의 본래 모습 아니네.

날아가는 새 그림자에 물은 물들지 않으며
새 그림자 또한 물 위에 머물러 있지 않네.

그림자에 속지 않으면 바로 물을 본 것이고
물을 보았다면 어떤 그림자도 집착하지 않네.

누구 하나 찾지 않는 오래된 연못은
오늘도 무심하게 그림자를 비추고 있네.

변하는 것 가운데 변하지 않는 것

　지금으로부터 1시간 전 눈앞의 광경을 떠올려 보십시오. 그 당시 눈앞에 있던 대상들, 소리들, 냄새들, 느낌들, 감정이나 생각들을 가능한 모두 기억해 보십시오. 그리고 바로 지금 당장 눈앞의 광경과 비교하여 변한 것은 모두 제거해 보십시오.

　예를 들어, 1시간 전 눈앞에는 바다의 풍광이 있었는데 지금은 커피숍의 풍광이 있다면, 그 둘은 변하는 것이므로 제거합니다.

　1시간 전에는 파도 소리, 갈매기 소리, 관광객들의 소음이 있었는데 지금은 음악 소리, 사람들의 대화하는 소리가 있다면, 그 둘은 변하는 것이므로 제거합니다.

　1시간 전에는 바다 냄새가 있었는데 지금은 커피 향기가 있다면, 그 둘은 변하는 것이므로 제거합니다.

　1시간 전에는 따가운 햇볕이 피부에 와 닿는 느낌이 있었는데 지금은 시원한 에어컨 바람이 와 닿는 느낌이 있다면, 그 둘은 변하는 것이므로 제거합니다.

　1시간 전에는 예전에 이곳에 와 보았던 기억을 떠올리고 있었는데 지금은 내일 해야 할 일을 떠올리고 있다면, 그 둘은 변하는 것이므로 제거합니다.

자, 이런 식으로 모든 변화하는 것을 제거하고 나면 과연 무엇이 남아 있습니까?

······

아무것도 남아 있는 것이 없다고요?

하히히, 아무것도 없다고 하는 그것은 무엇이죠?

그것이 바다의 풍광과 커피숍의 풍광을 보고 있던 그것이고, 파도 소리와 음악 소리를 듣고 있던 그것이고, 바다 냄새와 커피 향기를 맡고 있던 그것이고, 따가운 햇볕과 시원한 에어컨 바람을 느끼고 있던 그것이고, 예전의 기억과 내일 할 일을 떠올리고 있던 그것 아닌가요?

(손가락 하나를 까딱까딱 움직여 보이며) 바로 이것 말입니다!

물 위에 쓴 글씨

물 위에 손가락으로 글씨를 써 보십시오.

무……
이뭐꼬……
뜰 앞의 잣나무……

물 위에 쓴 글자는 그 형상이 잠시 나타나는 듯하지만 이내 사라집니다. 물 위에 쓴 모든 글자는 그 글자의 의미와 상관없이 그 본질, 그 바탕인 물로 돌아갑니다. 아무리 힘주어 써 보아도, 아무리 길게 써 보아도, 물 위에 쓴 글씨는 다시 물로 돌아갑니다.

이제 마음 위에 아무 표상이나 떠올려 보십시오.

무……
이뭐꼬……
뜰 앞의 잣나무……

그 표상들이 나타나기 이전에 이미 마음이 거기 있습니다. 마치 손가락으로 물 위에 글씨를 쓰기 이전부터 이미 그 자리에 물이 있었듯이.

그리고 그 표상들은 어디에서 드러나고 있습니까? 손가락으로 물 위에 글씨를 쓸 때 우리는 물을 경험하고 있습니다. 마찬가지로, 하나의 느낌, 하나의 감정, 하나의 생각이 떠오를 때 우리는 마음을 경험하고 있는 것입니다.

그 표상들이 흔적 없이 사라지고 나면 결국 무엇이 남아 있습니까? 물에 쓴 글씨가 나타나자마자 다시 물로 돌아가듯, 표상들은 일어났다가 다시 본래부터 있던 마음으로 돌아갑니다.

그렇다면 그 마음이란 무엇입니까?

바로 지금 당장 이 질문은 어디에서 드러나고 있습니까? 이 또한 물 위에 쓴 글씨, 마음 위에 그려진 표상입니다. 글씨의 형태나 내용이 아니라 글씨가 써지는 바탕이 물이듯, 표상의 모양이나 의미가 아니라 표상이 드러나는 바탕이 마음입니다.

그것은 지금 어디 있습니까?

악!

공(空), 영원한 움직임

어쩌면 당신은 이미 이것을 체험했을지 모릅니다. 언제나 지금 여기 당신 자신과 세계 전체의 모습으로 스스로를 드러내고 있는 이것! 아무 형상 없이 투명한, 하지만 분명히 실재하는, 이 텅 빈 공(空)을 말입니다.

공(空)은 텅 비어 있음으로 충만합니다. 무한한 가능성과 생생한 생명력, 영원한 현재의 움직임이 바로 그것입니다. 당신 자신의 자아 감각과 세계를 구성하고 있는 대상들의 존재감 역시 이 공(空)의 자기 현현입니다.

만 가지 기쁨과 만 가지 슬픔의 모습으로 공(空)은 자기 자신을 맛보고 경험하고 인식하고 살아갑니다. 많은 일이 있었지만, 사실은 아무 일도 있지 않았습니다. 언제나 바로 지금 여기의 이러함, 이것일 뿐입니다.

모든 것이 당신을 떠나갈지라도 맨 마지막에 남아 있는 것이 바로 이것, 이 텅 빈 공(空)입니다. 이 가운데 나타났다 사라지는 모든 것 역시 또한 이 공(空)일 뿐입니다. 모든 현상은 꿈 같고 환상 같고 물거품 같고 그림자와 같습니다.

시작도 없고 끝도 없는 영원한 현재, 바로 지금 여기 이렇게 있음, 이 순수한 존재, 이 순수한 자각이 바로 이것, 텅 빈 공(空)입니다. 이것이 현

상적으로 드러난 당신 자신의 참모습, 부모가 낳아 주기 이전의 본래면목
입니다.

경청

귀 기울여 들어 보세요. 그냥 들어 보세요. 듣고 생각으로 이해하려 하지 마십시오. 귀 기울여 듣기 위해서는 자기를 활짝 열어 놓아야 합니다. 어떤 판단 없이, 어떤 선입견 없이 그저 말이 왔다가 가게 내버려 두십시오.

때를 지우는 비누 거품처럼 들은 내용이, 기존에 자기가 가지고 있던 견해의 찌꺼기를 가지고 사라져야 합니다. 들은 내용을 차곡차곡 쌓아서 또 다른 견해의 구조물로 만들어 세우면 안 됩니다.

어떤 기대도 없이 그저 들어야 합니다. 어떤 의도도 목적도 없이 그냥 들어야 합니다. 단지 듣고 있음의 상태로 머물러 있어야 합니다. 어떤 분별도 일어나기 전의 상태, 그저 듣고 있음의 상태에 머물러 있어야 합니다.

귀 기울여 듣고 있다 보면 어느 순간 자기를 잊게 됩니다. 그저 듣고 있을 뿐, 들리고 있을 뿐입니다. 말소리가 울리는 공간만 있을 뿐입니다. 그때 모든 소음의 배후에 늘 있었던 살아 있는 침묵이 한 번 드러날 수 있습니다.

귀 기울여 들어 보세요. 스스로를 비우고 활짝 열어 놓으세요. 모든 희망과 기대, 바람과 소원을 내려놓으세요. 말소리를 좇지 말고 그 말소리의 근원, 듣고 있는 자기 자신을 귀 기울여 들어 보세요.

바로 지금 여기 있는 (손을 들어 보이며) 이 소리 없는 소리를 들어 보세요.

종소리는 어디에서 오는가?

한국의 유마 거사라 칭송받는 백봉 김기추 거사가 깨달음을 얻고 지은 오도송(悟道頌)은 다음과 같습니다.

홀연히도 들리나니 종소리는 얼로오노
까마득한 하늘이라 내 집안이 분명허이
한입으로 삼천계를 고스란히 삼켰더니
물은물은 뫼는뫼는 스스로가 밝더구나

첫 두 구절을 현대적으로 풀이하면, "홀연히 들리는 종소리는 어디에서 오는가? 아득한 저 하늘(허공)이 바로 나로구나!" 정도로 옮길 수 있을 것입니다.

'홀연히 들리는 종소리는 어디에서 오는가?'

바로 지금 주변에서 들리는 소리를 들어 보십시오. 그 소리는 어디에서 옵니까? 소리가 저 바깥에서, 하나의 몸뚱이인 나 바깥에서 들린다는 것은 우리가 오랫동안 익힌 분별일 뿐 사실이 아닙니다.

'아득한 저 하늘(허공)이 바로 나로구나!'

나는 하나의 몸뚱이, 다른 사람과 구별되는 하나의 마음이 아니라, 눈앞의 허공 전체, 온 우주가 바로 모양 없는 나, 살아 있는 생명이자 의식으로서의 나 자신입니다. 소리는 바로 이 눈앞의 허공, 이 눈앞에 살아 있는 생명, 이 눈앞의 의식에서 일어났다 다시 그곳으로 돌아갑니다.

소리는 오고 가고 나타났다 사라지지만, 진정한 나 자신, 소리의 근원은 오지도 않고 가지도 않으며 나타나지도 않고 사라지지도 않습니다. 언제나 바로 지금 여기 눈앞에 이와 같이 있습니다.

마지막 두 구절 "한입으로 온 우주를 몽땅 삼키니, 산은 산, 물은 물 제각각 스스로 밝너라."는 이와 같이 온 세상이 나 하나, 허공과 같은 성품, 영원한 생명 하나로 평등한 가운데 산은 산이고 물은 물인 차별의 현상이 펼쳐지고 있음을 노래하고 있습니다.

나와 세계는 둘이 아닙니다. 내가 곧 세계이고, 세계가 곧 나입니다. 이것이 한입으로 온 우주를 몽땅 삼킨 소식입니다. 생각으로 그리되는 것도 아니요, 수행을 해서 그리되는 것도 아닙니다. 그러한 망상을 쉬게 되면 본래 그러하다는 것을 스스로 깨달을 수 있습니다.

나와 세계가 둘이 아닌 가운데, 그래도 나는 나이고 세계는 세계입니다. 하나에도 머물지 않고, 둘에도 주저앉지 말아야 합니다. 바람결에 하롱하롱 떨어지는 벚꽃 잎이 소리 없는 소리의 출처를 누설하고 있습니다. 향긋한 커피 향기가 하나도 아니고 둘도 아닌 이 자리를 곧장 가리키고 있습니다.

'홀연히 들리는 종소리는 어디에서 오는가?'

조용히 두 손 모아 합장할 뿐입니다.

⊙ 방편: 허공 관법

이 방법은 본성을 자각한 지도자의 친절한 안내와 함께할 때 허공 같은 우리의 본성을 가장 쉽고 빠르게 자각할 수 있는 방법입니다.

(1) 시선을 빼앗을 만한 대상이 없는 공간을 찾아 몸과 마음을 편안히 이완하고 앉습니다.

(2) 눈앞의 텅 빈 허공에 빨간 사과 같은 시각적으로 선명한 이미지를 떠올려 봅니다.

(3) 빨간 사과의 이미지를 눈앞의 허공에 떠올리고 잠시 그것을 관찰한 다음 그것을 지웁니다.

(4) 빨간 사과의 이미지가 사라진 눈앞의 허공에 다시 노란 바나나의 이미지를 떠올려 봅니다.

(5) 마찬가지로 잠시 그것을 관찰한 다음 지웁니다.

(6) 다시 빨간 사과의 이미지를 떠올렸다가 노란 바나나의 이미지로 바꿔봅니다.

(7) 이것을 몇 차례 반복해 보십시오.

(8) 이미지 떠올리기가 익숙해졌다면, 이제 아무 이미지도 떠올리지 말고, 그 이미지들이 반복적으로 떠올랐던 눈앞의 텅 빈 공간을 잘 관찰해 봅니다.

(9) 빨간 사과의 이미지와 노란 바나나의 이미지는 떠올랐다가 사라지는데, 그 이미지들이 떠오르는 눈앞의 텅 빈 공간은 아무 변함이 없음을 관찰합니다.

(10) 이미지들이 떠올랐다 사라지는 눈앞의 텅 빈 공간을 점점 확장시켜 봅니다. 그 공간을 관찰하는 자기 자신까지 포함될 때까지.

(11) 그 텅 빈 공간의 느낌[9] 속에 잠시 가만히 머물러 있어 봅니다.

---

9 그 텅 빈 공간의 느낌은 굳이 말로 표현하자면, '아무 느낌이 없는 느낌'이다.

5장
아는 마음

내면의 자유는 노력을 통해서 얻어지는 것이 아니다.
그것은 무엇이 진실인지를 '보는 것'을 통해서 이루어진다.
_붓다

⊙ 화두

어떤 스님이 초경 선사에게 물었다.
"어떤 것이 저의 본래 마음입니까?"
이에 선사가 되물었다.
"지금의 것은 무슨 마음인가?"
"모르겠습니다."
"알지 못한다는 것을 알면 된다."

알고 있음, 또는 앎과 있음

아래 가상의 문답을 진지하게 스스로 제기해 보시기 바랍니다.

질문: 당신은 존재하십니까?
대답: 예.
질문: 그것을 '어떻게' 아십니까?
대답: ? ······.

당신은 분명히 자신이 존재한다는 사실을 압니다. 다른 말로 하자면, 당신은 자신의 존재에 대한 앎(Knowing)이 있습니다. 어쩌면 당신 존재 (Being)에 대한 앎이 당신 자신, 그 자체입니다.

어쨌든 당신 존재에 대한 그 분명한 앎, 확실한 앎을 탐구해 봅시다. 그런데 문제가 하나 있습니다. 무엇을 가지고 그 앎을 탐구할 수 있을까요?

눈치채셨습니까?

그 앎을 탐구할 수단 역시 당신 존재를 의심할 여지 없이 알고 있는 그 앎입니다.

바로 지금 이 글을 인식하고 있는 그 앎, 당신의 신체 감각을 알아차리는 그 앎, 당신 주변의 상황을 의식하고 있는 그 앎 말입니다.

아무런 수고와 노력 없이 저절로 갖춰져 있는 이 앎 말입니다.
이 앎이 바로 모든 존재입니다.

당신이라는 존재가 당신이 존재하고 있다는 사실에 대한 앎이듯, 모든 존재 역시 그 존재가 있다는 사실에 대한 앎일 뿐입니다.

제발 이 앎을 하나의 앎의 대상으로 파악하려 하지 마십시오.

이 앎은 앎 그 자체로서 그것을 아는 자와 알려지는 대상으로 나뉘기 이전입니다. 따라서 생각은 이 앎을 모호하고 불분명한 것으로 판단하기 십상입니다.

그 판단의 수단인 생각 역시 이 앎에서 나왔다는 사실을 간과하고 맙니다. 마치 물결이 물을 경험하고 판단하려는 것과 같은 오류입니다.

물결이 이미 물입니다.
경험하려는 자가 바로 경험하려는 대상 자신입니다.

이것이 바로 아무 특별할 것 없지만, 당연하고 단순한 순수한 앎, 존재 그 자체입니다.

다시 묻겠습니다.

당신은 존재하십니까?
그것을 어떻게 아십니까?

그 앎에 주목하십시오.
그 앎으로 존재하십시오.
그 앎이 바로 존재입니다.

당신은 이미 알고 있습니다.

부재하는 현존, 또는 현존하는 부재

눈앞의 대상을 의식해(알아차려) 보십시오. 예를 들어, 눈앞에 휴대폰이 있습니다. 휴대폰의 모양, 빛깔, 감촉, 무게감 등을 의식할(알아차릴) 수 있습니다.

여기서 방향을 바꿔 휴대폰이라는 대상을 의식하는(알아차리는) 주체를 찾아(의식해/알아차려) 보십시오.

만약 이러한 요구에 반응하여 휴대폰이라는 대상을 의식하는(알아차리는) 주체를 '어떤 것'으로 찾을(의식할/알아차릴) 수 있다면, 그 주체라는 '어떤 것'이 진정 주체일 수 있을까요? 그것 역시 의식되는(알아차려지는) 또 하나의 대상 아닌가요?

예를 들어, 휴대폰이라는 대상을 의식하는(알아차리는) 주체로서 일반적으로 너무나 당연하게 여기는 '나'라는 특정한 개성을 가진 육체를 지목한다면, 그 '나' 역시 의식되는(알아차려지는) 대상이 아닌가요?

스스로 잘 살펴보십시오.

'나'는 휴대폰이 '나'의 눈앞에 있음을 알고(의식하고/알아차리고) 있습니다. 그런데 그런 '나'가 있음을 무언가가 알고(의식하고/알아차리고) 있지 않은가요? 알려진다(의식된다/알아차려진다)는 의미에서는 휴대폰과 '나' 사이에 아무런 차이가 없습니다. 모두가 앎(의식/알아차림)의 대상입니다.

그렇다면 그 모든 것을 알고(의식하고/알아차리고) 있는 것은 무엇일까요? 그리고 그것은 어디에 있을까요?

다시 한 번 말씀드리지만, 그것이 알려질(의식될/알아차려질) 수 있다면 그것은 진정한 의미에서의 주체는 아닙니다.

당황스러우신가요?

분명 무언가 자기 자신을 포함한 모든 대상을 알고(의식하고/알아차리고) 있습니다. 그런데 그것은 결코 찾아질(알려질/의식될/알아차려질) 수 없습니다.

분명히 있는데, 찾으면 없습니다. 많은 영적 전통에서는 다음과 같은 기가 막히는 말들을 종종 합니다.

"찾는 자를 찾아라", "보는 자를 보라", "듣는 성품을 들어라", "마음을 가지고 마음을 찾는다", "소를 타고 소를 찾는다", "물속에서 물을 찾는다", "파도가 바다를 찾는다" 등등.

이러한 묘한 말들이 가리키려는 바를 스스로 아시겠습니까? '바로 이거구나!' 하는 자각, 확인이 되십니까? 무언가 자각되지만 어떤 대상이 아니어서 황당하기도 하고, 너무나 당연한 것인데도 이제껏 발견하지 못했다는 사실에 어이가 없기도 한가요? 너무나 단순하고 자연스러운 경험이어서 생각은 어리둥절한가요?

그렇다면 축하드립니다. 바로 그것입니다.

하나의 대상으로서는 분명히 없는데 전체로서 있는 것, 전체로서 있기에 하나의 대상으로서는 결코 찾을 수 없는 것, 그것이 바로 이것입니다.

이 글과 이 글을 보는 자기 자신을 동시에 드러내면서 스스로는 드러나지 않는 것, 스스로 드러나지 않기에 주체와 객체를 동시에 드러내고 있는 것입니다.

없으면서 분명히 있고, 있지만 어디에도 없는 이것입니다. 어디에도 있지 않은 곳, 무하유지향(無何有之鄕), 유토피아(Utopia)입니다.

보고 있음

당신은 이 글을 보고 있습니다.

이 글을 보고 있다는 경험이 바로 당신 자신입니다.
이 글을 보고 있다는 경험을 당신이 하고 있는 것이 아니라,
이 글을 보고 있다는 경험 그 자체가 바로 당신 자신입니다.

이 글을 보고 있다는 경험은 너무나 단순한 경험입니다.
어떤 면에서는 어떤 특별한 경험이라 할 수 없을 만큼 당연합니다.
그것이 바로 당신의 진정한 정체성입니다.

이 단순하고 당연하며 자연스러운 경험,
존재—자각—의식 자체의 경험 가운데에서
다양한 차별적인 경험의 내용들이 나타났다 사라집니다.

어떠한 경험의 내용이 왔다가 사라질지라도
그 경험 내용에 대한 경험,
그 앎은 늘 변함없이 바로 지금 여기 이렇게 있습니다.

당신은 이 글을 보고 있습니다.
글을 읽으면서 일어나는 이해의 경험은 다르지만

그 서로 다른 이해가
이 단순하고 당연하며 자연스러운 앎 그 자체 위에서 나타납니다.

이해가 망각의 저편으로 사라진 뒤에도
다시 새로운 이해가 기록될 수 있는 텅 빈 각성은
여전히 바로 지금 여기 그 자리에 변함없이 그대로 있습니다.

당신은 이 글을 보고 있습니다.
이 글을 보고 있는 그 경험이
언제나 변함없이 있는 당신의 참된 정체성, 참나입니다.

여시아문(如是我聞)

이와 같이 나는 듣습니다.

이와 같이, 이렇게, 나는, 듣습니다.

'이와 같이'라는 말은 도저히 말로 나타낼 수 없는 바로 지금 여기 이러한 사실, 이 진실을 어쩔 수 없이 나타낸 말일 뿐입니다.

진정한 '이와 같이'는 그 말을 입 밖으로 내뱉기 이전부터, 그 한 생각을 마음속에 일으키기 이전부터 펼쳐져 있던 것입니다.

어떠한 것이 '이와 같이'일까요?
"화단의 국화는 노랗고, 뜨락의 단풍잎은 붉습니다."

이 '이와 같이', '이와 같음'이 참된 '나' 자신, 참나입니다. 나는 언제나 이와 같습니다. 나는 늘 이러합니다.

어떤 것이 '나'일까요?
"배불리 밥을 먹은 다음에 향기로운 차 한 잔을 마십니다."

이렇게 듣는 것이 바로 '나'입니다. 바로 지금 온갖 소리를 듣고 있는 것이 이와 같은 것이고, 그게 바로 나입니다.

이와 같이 듣고 있음이 바로 나이고, 나는 언제나 이와 같이 듣고 있습니다.

어떤 것이 '듣는 것'일까요?
"버스는 부릉부릉 거리고 새는 짹짹 합니다."

이와 같이 나는 듣습니다.
여러분도 그러합니다.

귀를 기울이면

귀를 기울이세요.
들리는 소리에 관심 두지 말고
그저 귀를 기울이세요.

바로 지금 이와 같이 듣고 있음을,
그저 듣고 있음을,

아무런 의도, 목적, 노력 없이도
이렇게 듣고 있음을 들어 보세요.

귀로만 듣지 말고
온몸으로, 온 존재 자체로
들어 보세요.

듣고 있음을 들어 보세요.

그러면 곧

보고 있음을 보게 되고,
냄새 맡고 있음을 냄새 맡게 되고,

맛보고 있음을 맛보게 되고,
느끼고 있음을 느끼게 되고,
알고 있음을 알게 될 거예요.

너무나 친밀하고 익숙한
그대라는 존재,
존재 자체인 그대를
문득 알아차리게 될 거예요.

아는 자와 아는 것의 대립 없는
순수한 앎, 존재 그 자체를
깊은 고요 속에서 깨닫게 될 거예요.

시작도 없는 과거부터
끝없는 미래에 이르기까지
그대는 언제나
바로 지금 여기 이렇게 있다는 사실을
일말의 의심 없이 수긍하게 될 거예요.

늘 이렇게 귀 기울이고 있었다는 사실을,
듣고 있는 그대를 듣고 있었다는 사실을.

귀를 기울이세요.
듣고 있는 그대를 가만히 들어 보세요.
들리나요?

의식하고 있음

잠시 몸과 마음을 편안히 하고 제 말을 들어 보세요.

가볍게 호흡을 들이쉬었다가 부드럽게 내쉬기를 두세 차례 하는 것도 긴장을 푸는 데 도움이 될 것입니다.

아니면, 주변에 있는 대상을 무심하게 응시하거나, 자연스럽게 들리는 소리에 가만히 귀를 기울여 보세요.

이 단순한 행위들이 당신이 지금 여기로 돌아오는 것을 도와줄 것입니다.

자, 준비되셨나요?

이제 제가 들려드리는 이야기를 듣고 자신의 직접적인 경험을 통해 그 말의 진위 여부를 판단해 보시기 바랍니다.

먼저 당신의 주변 환경을 의식해 보십시오. 어떤 대상들이 보이거나, 들리거나, 냄새 맡아지거나, 만져지거나, 알려질 것입니다.

맞습니까?

그런데 당신이 환경을 의식하고 있는 것입니까, 아니면 환경이 당신을 의식하고 있는 것입니까?

물론 당신이 컵이나 자동차 소리, 향냄새나 카펫의 촉감 따위를 의식하고 있지, 그것들이 당신을 의식하고 있지는 않을 것입니다.

그러면 다음으로 당신의 몸을 의식해 보십시오.

호흡에 따라 오르내리는 가슴과 배, 신체 곳곳의 열감 또는 근육통, 불편한 뱃속이나 팔과 다리의 저릿저릿한 느낌들이 의식될 것입니다.

맞습니까?

그런데 당신이 몸을 의식하고 있는 것입니까, 아니면 몸이 당신을 의식하고 있는 것입니까?

첫 번째 질문과 달리 쉽게 대답하기 어려우신가요? 괜찮습니다. 스스로 명확한 판단이 내려질 때까지 관찰해 보십시오.

몸이 능동적으로 자기 자신의 존재를 의식하고 있는지, 아니면 뭔지 확실히는 모르겠지만 무언가가 자신의 몸을 의식하고 있는 것인지.

아마 당신이, 기존에 생각했던 바와 달리 뭔지 모를 그것이 몸을 의식하고 있지, 몸이 무언가를 의식하고 있다고 느껴지지는 않을 것입니다.

끝으로 당신의 생각을 의식해 보십시오.

떠오르는 모든 생각을 자연스럽게 알아차려 보십시오. 지난 일에 대한 회상, 지금 하고 있는 행동에 대한 판단, 앞으로 벌어질 자질구레한 일들에 대한 기대나 걱정 따위를 의식해 보십시오.

당신이 생각을 의식하고 있는 것입니까, 아니면 생각이 당신을 의식하고 있는 것입니까?

분명 생각이 당신을 의식하고 있는 것이 아니라, 당신이 생각을 의식하고 있을 것입니다.

자, 그렇다면 주변 환경과 몸과 생각을 의식하고 있는 당신은 무엇입니까?

아니, 그 모든 것을 의식하고 있는 당신이 의식됩니까? 의식되는 모든 것은 당신이 아닙니다. 당신이 의식하는 자이기 때문입니다. 의식된다면 그것은 의식하는 자가 아닐 것입니다.

그렇다고 그 모든 것을 의식하고 있는 당신이 없습니까?

다시 한 번 주변 환경과 당신의 몸과 생각을 의식해 보십시오.

분명 그 모든 것을 의식하고 있는 무언가가 있습니다. 그런데 의식되는 하나의 대상으로서 있지 않을 뿐입니다.

그것이 무엇일까요?

분명히 모든 것을 의식하고 있지만, 의식되는 모든 것은 당신이 아닙니다. 그러므로 의식되는 모든 것에 대한 관심과 주의를 내려놓으십시오. 그리고 그저 의식하고 있음의 상태로 머물러 있으십시오.

당신은 바로 지금 그 상태로 있습니다.

어떠한 노력도 필요치 않습니다. 모든 것을 의식하고 있는 자가 바로 당신이기 때문입니다. 의식하고 있지만, 의식되는 대상에 관심을 두지 않으면 됩니다.

바로 지금 이것이 무엇일까요?

알아차림을 알아차림

바로 지금 당장 몸과 마음의 모든 행위를 멈추십시오.
그저 멈추기만 하면 됩니다.

'나'라는 자아가 하는 모든 인위적인 행위를 멈춰도 도저히 '나'가 멈출 수 없는 행위들은 저절로 자연스럽게 일어나고 있을 것입니다.

예를 들어, 보지 않으려 해도 보이고, 듣지 않으려 해도 들리고, 느끼지 않으려 해도 느껴지고, 생각하지 않으려 해도 생각이 일어날 것입니다.

'나'가 통제할 수 없는 자발적인 행위들은 그냥 내버려 두십시오.

그저 멈추고 다만 지켜보기만 하십시오. 의도적으로 어떤 대상을 지켜보는 것이 아니라, 자연스럽게 지켜보고 있음에 머물러 있으십시오.

이것을 억지로 말로 표현하자면, 바로 지금 여기 이와 같이 존재하고 있음, 저절로 살아 있음, 자연스럽게 알아차리고 있음, 고요하게 깨어 있음입니다.

자연스러운 호흡과 같이 모든 현상은 이 존재하고 있음, 살아 있음, 알아차리고 있음, 깨어 있음 안에 들어와서 잠시 머물다가 다시 사라집니다. 끝없이 들어오고 머물고 사라집니다.

그 끝없는 변화, 무상함이 이와 같이 항상한 존재하고 있음, 살아 있음, 알아차리고 있음, 깨어 있음 가운데 펼쳐지고 있습니다. 무상한 변화 그대로가 불변의 항상함입니다.

다채로운 기후 변화가 텅 빈 허공 안에서 펼쳐지듯, 주관과 객관의 끊임없는 변화 작용이 (하나의 실체로는 없는) 무한한 존재하고 있음, 살아 있음, 알아차리고 있음, 깨어 있음 가운데 펼쳐지고 있습니다.

다시 멈추고 그저 지켜보십시오. 그저 존재하고, 살아 있고, 알아차리고, 깨어 있으십시오. 모든 인위적인 행위를 멈추면 언제나 그 배후에, 밑바탕에 그것이 있습니다.

너무나 친숙한 존재하고 있음, 살아 있음, 알아차리고 있음, 깨어 있음이 바로 지금 온 사방에 빈틈 없이 가득 차 있습니다.

알아차리는 자와 알아차려지는 것의 대립과 분열이 없는 상태, 존재의 자연스러운 상태, 알아차림을 알아차리는 상태, 앎도 모름도 아니지만 제 스스로 분명하고 명징한 자각 그 자체, 존재이며 의식이고 의식이며 존재인 진정한 자기 자신으로 머무십시오.

이렇게, 이렇게 말입니다.

바로 지금 정확히 이렇게, 이와 같이 있으십시오.

앎을 넘어서

공부를 해 나가다 보면 거의 깨달음의 문턱 가까이 도달하는데, 그 지경에 이른 사람들 대부분은 다음과 같은 미세한, 정묘한 느낌이나 개념, 또는 그 둘의 혼합체를 마지막까지 잡고 있습니다.

'바로 지금 여기 이것', '현존', '주시자', '목격자' 또는 '주시', '목격', '순수의식', '보편의식', '자각', '의식', '알아차림', '사띠', '참나', '앎' 등등.

이렇게 미세하고 정묘한 느낌이나 개념의 자취가 남아 있는 공부를 선문(禪門)에서는 "도적을 아들로 착각한다."라고 일컫습니다.

아무리 미묘하더라도 어떤 경계를 법으로 오인하고 있다고 한다면 여전히 문밖의 사람입니다.

선지식들이 어쩔 수 없이 뱉어 놓은 말을 자기 깜냥으로 헤아려 미묘한 경계에다 덧씌워 '이것이 바로 그것'이라느니 '내가 바로 그것'이라느니 하는 살림살이를 짓고 있어서는 곤란합니다.

6식 경계, 의식 수준의 공부를 넘어서야 합니다. 공부를 하나의 대상으로 삼는 오랜 버릇에서 훌쩍 벗어나야 합니다.

의식이 깨어 분별하는 상황에서는 자기 나름 법이 분명하다 할지라도 깜빡 잠이 들었을 때 사라진다면 그것이 바로 의식, 6식 경계 속의 일, 의근(意根)으로 법진(法塵)을 희롱하는 공부입니다.

자고로 오매일여(寤寐一如)는 미세한 경계를 법으로 착각하는 이들을 일깨우는 몽둥이입니다.

'알았다', '깨달았다', '도달했다'는 망상에서 벗어나야 합니다.

참된 공부는 진실로 무소득(無所得), 무소유(無所有), 무일물(無一物), 무념(無念), 무상(無相), 무주(無住)입니다.

그러한 경계가 따로 있다는 말이 아닙니다. 망집(妄執)에서도 벗어나야 하지만 법집(法執)도 또 다른 착각입니다.

듣지 못했습니까? "법마저 놓아 버려야 하거늘 하물며 비법(非法)임에랴!"라는 금강경의 말씀을.

놓고 또 놓아서 더이상 놓아 버릴 수 없는 곳까지 다다라 그 자리마저 훌쩍 뛰어넘어야 합니다.

공부하다 보면 의식이 더이상 나아갈 수 없는 자리를 그만 구경(究竟)으로 착각하여 그 자리에 주저앉아 세월을 보내는 실수를 하곤 합니다.

그래서 올바른 안목을 가진 선지식들은 "백 척이나 되는 장대 끝에도 머물지 말고 한 걸음 더 나아가라."고 하고 "절벽에 매달린 손을 놓으라."고 하는 것입니다.

마지막 한 걸음이 남아 있습니다. 그 한 걸음에 일체를 초월합니다. 인연 있는 분들, 알아들을 귀가 있는 분들은 알아들을 수 있을 것입니다.

너무나 자명한 사실

바로 지금 이 순간 가장 당연한 사실은 무엇입니까?

바로 지금 이와 같은 글을 보고 있다는 이 사실 아닌가요?
어떤 의도나 생각도 일으킬 필요 없는, 이 너무나 당연하고 자명한 사실은 무엇일까요?

이 사실에 대해서는 왈가왈부할 필요가 없지 않은가요? 그 모든 추론은 이 너무나 당연하고 자명한 사실 위에서만 가능한 부차적인 것들이 아닌가요? 이 사실은 어떠한 해명이나 증명이 필요 없지 않은가요? 너무나 친숙하고 친밀하기 때문에 오히려 알아차리기 어려운 사실이 바로 이 사실 아닌가요?

이 사실과 나 자신 사이에 조금의 거리감이라도 있는가요? 이 사실이야말로 진정한 나 자신의 존재 근거가 아닌가요? 모든 존재하는 것이 바로 이 사실에 근거하지 않는가요?

이 사실을 있음(Being), 현존(Presence), 자각(Awareness) 또는 알아차림(Mindfulness), 순수 의식(Pure Consciousness) 또는 보편 의식(Universal Consciousness), 지금 여기(Here & Now), 이것(This), 그것(That) 등등의 이름으로 부르는 것 아닌가요?

바로 지금 이 순간 이 글을 보고 있다는 이 사실을 보십시오. 이 사실은 어떠한 행위가 아니지만 저절로 펼쳐지고 있는 무한한 작용이 아닌가요? 자연스러운 작용, 무위(無爲)라는 옛말이 가리키는 바가 바로 이 작용 아닌가요?

이 사실을 알고자 하는 자 역시 이 사실 밖에 있지 않습니다. 이 사실을 알고자 하는 자가 알고자 하는 것이 바로 이 사실이기에 따로 알 것이 없습니다. 이 사실이 진정한 앎 그 자체이기 때문입니다. 대상이 없는 순수한 앎의 성품 그 자체가 바로 이 사실, 이 존재의 성품입니다.

저절로 알고 저절로 존재하고 있는 것이 바로 이 사실입니다. 존재가 그대로 앎이고, 앎이 그대로 존재 그 자체입니다. 이 순수한 존재, 이 순수한 앎에서 모든 차별 현상이 나타나고 지각됩니다. 그 모든 차별 현상의 본질이 바로 이 순수한 존재이자 앎 그 자체입니다.

바로 지금 이 순간 이 글을 보고 있음을 그저 보십시오.

이 봄(Seeing) 안에 보는 자도, 보이는 것도, 보는 작용도 다 있지 않은가요? 어떤 것도 이 봄을 벗어나 독자적으로 있는 것은 없지 않은가요? 이 자연스러운 봄 속에 모든 것이 다 있지 않은가요? 아니, 모든 것이 그저 이 봄이라는 작용, 현상 아닌가요?

이 사실이 너무나 당연하고 자명하지 않은가요?

보고 있음을 보십시오!

내가 지금 여기 있다는 느낌

'내가 지금 여기 있다'는 느낌이 있습니까?

깨어 있는 시간 거의 대부분 동안 이 느낌이 있을 것입니다. 심지어 꿈 속에까지 그 느낌은 이어집니다.

그런데 꿈도 없는 깊은 잠, 졸도하거나 전신마취 상태에서는 이 '내가 지금 여기 있다'는 느낌은 사라집니다.

오늘 아침 잠에서 깨어났을 때 '내가 지금 여기 있다'는 이 느낌이 어디에서 다시 나타났을까요?

어젯밤 잠이 들 때 '내가 지금 여기 있다'는 이 느낌은 어디로 사라졌을까요?

내 존재의 느낌, 감각은 나타났다가 일정 시간 자잘한 변화 속에서 유지되다가 다시 사라집니다.

그런데 '내가 지금 여기 있다'는 느낌에 대한 앎은 어떤가요?

그 존재 감각의 변화 속에서도 그 변화하는 느낌에 대한 앎은 변함없이 있지 않은가요?

심지어 자기 존재에 대한 망각의 순간에도, '내가 지금 여기 없다'는 느낌도 '내가 지금 여기 있다'는 느낌에 대한 앎과 동일한 앎이 아닌가요?

'내가 지금 여기 있다'는 느낌은 순수하고 투명한 앎의 거울에 비친 그림자 아닐까요? 그 그림자가 사라지더라도 그 순수하고 투명한 거울은 변함없이 그대로 거기 있지 않은가요?

'내가 존재한다', '내가 변하고 있다', '내가 존재하지 않는다'고 하는 모든 순간에 늘 현존하는 것은 이 앎이 아닌가요?

그리고 바로 그것이 지금 이 글을 읽고 있지 않은가요?

지금 여기 이와 같이 말입니다.

현존하는 자각, 자각하는 현존

　바로 지금 이 순간 가장 확실한 것은 '내가 있다'는 현존의 감각입니다. '내가 있다'는 현존의 감각은 곧 '나'='있음'='현존'입니다. '나'가 바로 '있음', '현존'입니다. 현존의 감각에 대한 자각이 바로 진정한 나입니다. 나는 현존하는 자각이자, 자각하는 현존 그 자체입니다.

　나, 곧 현존이자 자각, 자각이자 현존인 나의 있음 위에서 모든 현상은 드러납니다. 어떤 현상도 현존하는 자각, 자각하는 현존 없이 드러날 수는 없습니다. 마치 헛된 신기루가 허공에 의지하여 나타나듯, 모든 현상은 곧 현존하는 자각, 자각하는 현존에 의지하여 일어난 변화에 불과합니다.

　허공이 부재하기에 실재하듯, 현존하는 자각, 자각하는 현존 역시 상대적 실체로서 부재하기 때문에 바로 지금 여기 이렇게 엄연히 실재합니다. 현존하는 자각, 자각하는 현존은 그것이라 할 것이 없기 때문에 있는 것이고, 모든 현상은 그것이라 할 것이 있기 때문에 실제로는 없는 것입니다.

　현존하는 자각, 자각하는 현존은 순수한 의식 - 존재, 텅 빈 존재 - 의식입니다. 따라서 아무것도 생각할 것, 마음에 담아둘 것, 느낄 것, 기억할 것, 추구할 것, 해야 할 것이 없습니다. 그래서 본질적으로 자유이자 평화, 침묵이자 지복이며, 영원한 존재이자 생명입니다.

이 현존하는 자각, 자각하는 현존을 깨닫지 못하고 그것에 의해 드러난 현상 가운데 일부인 몸과 마음 따위를 자아로 잘못 동일시한 것이 인간 비극의 시작입니다. 나는 언제 어디서나 어떤 상황에서나 현존하는 자각, 자각하는 현존입니다. 모든 경험, 모든 현상의 유일한 배후이자 목격자입니다.

한 생각 일어나기 전

예수께서 말씀하셨습니다. "아버지, 저들을 용서해 주소서. 저들은 자기들이 하고 있는 일을 알지 못합니다." 그때 군인들은 제비를 뽑아 예수의 옷을 나눠 가졌습니다.

_누가복음, 23장 34절

그대는 지금 무엇을 하고 있습니까?

우리는 보통 무의식적인 상태로 생활합니다. 쉽게 말해 자기 자신이 무엇을 하고 있는지 모르면서 익숙한 습관, 오랫동안 조건화된 패턴에 따라 살아갑니다. 어떤 느낌, 어떤 감정, 어떤 생각이 일어나고 사라지는지, 그것들을 얼마나 자기 자신과 동일시하고 집착하는지, 그로 인해 얼마나 많은 불만족과 고통이 발생하는지 알지 못한 채 살아갑니다.

잠시 모든 것을 멈추어 보십시오.

감각 기관을 통해 끊임없이 느껴지는 다양한 감각에 초점이 가 있던 주의를, 그것들을 알아차리고 있는 의식 자체에 가만히 두어 보십시오. 감각의 대상을 따라가지 말고 감각이 느껴지는 그 자리에 가만히 있어 보십시오.

어떤 감정이 일어나더라도 그것에 주목하지 말고 그것이 의식되는 그 자리에 가만히 머물러 보십시오. 생각이 일어나더라도 그 생각에 대한 또 다른 생각을 이어 가지 말고 가만히 멈추어 보십시오. 그냥 놓아 버리십시오.

일어난 감각이나 감정, 생각에 '나'를 주인공으로 한 스토리, 의미를 부여하지 말고 그냥 경험만 해 보십시오. 가만히 있어 보십시오. 가만히 있으려고 노력하는 것이 아니라 자기도 모르게 한순간 문득 멈추어지면 됩니다.

그 순간 그대는 깨닫게 될 것입니다. 그대는 어떤 감각, 어떤 감정이나 생각 이전에 있는 '무엇'이라는 사실을. 바로 지금 여기 그냥 이렇게 있음 이라는 사실을. '나'의 의지나 노력, 욕구가 조금도 필요치 않은 순수한 존재라는 사실을.

그대는 아무것도 아니고, 아무것도 없는 것이기에 끝없는 다양함으로 변형될 수 있습니다. 그대는 온갖 경험을 할 수 있습니다. 경험은 지나가지만, 그대는 언제나 변함없이 지금 여기 이렇게 있습니다.

바로 지금 여기 이렇게 있음이 그대의 참모습입니다. 모든 감각, 감정, 생각 이전에, 그것들이 의식되기 이전의 순수한 의식 자체가 그대의 본래 모습입니다. 그리고 그 모든 것이 사라진 뒤에도 남아 있는 것이 그대 자신입니다.

오리는 어디로 갔는가?

선사가 제자를 데리고 강변으로 산책을 나갔습니다. 그 발소리에 근처 갈대밭에 있던 들오리가 푸드덕 날아올랐습니다. 선사가 묻습니다.

"이것이 무엇이냐?"

"들오리입니다."

제자의 대답을 들은 선사는 아무 말 없이 몇 발자국 더 걸어가다가 다시 묻습니다.

"어디로 갔느냐?"

"저쪽으로 날아가 버렸습니다."

그러자 선사는 대뜸 제자의 코를 비틀었습니다. 제자가 아픔에 비명을 지르자 이렇게 말했습니다.

"날아가긴 뭐가 날아가 버렸다는 말이냐?"

바로 지금 당장 무엇이 의식되고 있습니까? 그것이 진정 무엇입니까?

선사가 묻습니다. "이것이 무엇이냐?"

어리석은 제자처럼 "들오리"라고 하지 마십시오. 사물이나 생각, 느낌, 감정들은 들오리처럼 나타났다가 다시 사라집니다. 의식되다가 더이상 의식되지 않고 다른 대상이 의식됩니다.

그 대상들은 어디로 갔습니까? "저쪽으로 날아가 버렸다."라고 말하지 마십시오. 의식의 대상들은 왔다 가는 것처럼 보이지만, 그 의식 자체는 지금 어디 있습니까?

코를 조심하십시오!

이뭣고?

사람들로 북적이는 네거리에서도 누군가 자기 이름을 부르면 우리는 자동적으로 그 소리 나는 곳으로 고개를 돌리며 반응합니다. 자기 이름을 알아듣는 뭔가가 있습니다. "홍길동!" 하는 순간, 뭔가가 반응합니다. 어떤 소식이 옵니다. 살아서 작용하고 있는 뭔가가 있습니다.

이것이 무엇입니까?

배가 고프면 저절로 배고픈 줄 아는 것이 있습니다. 누가 가르쳐 주지 않아도, 노심초사 거기에 신경 쓰지 않아도, 때가 되면 저절로 배가 고픈 줄 압니다. 그것이 밥맛도 알고 배가 부르면 배가 부른 줄도 아는 것입니다. 사람마다 이것 없는 사람이 없습니다.

이것이 무엇입니까?

눈으로 보고, 귀로 듣고, 코로 냄새 맡고, 혀로 맛보고, 몸으로 느끼고, 마음으로 생각할 줄 아는 것이 그것입니다. 바로 지금 당장 이 글을 읽고 있는 바로 이것이 그것입니다. 이것이 있어 내가 나인 줄 알고 동시에 남이 남인 줄 압니다. 이 아는 성품, 아는 작용에는 나와 남이 없습니다.

이것이 무엇입니까?

분별해서 분명하게 아는 것도 아니지만, 그렇다고 깜깜하게 모르는 것도 아닌 뭔가가 있습니다. 너무나 당연하고 자연스러운 것이어서 한시도 끊어짐 없이 늘 지금 여기 이렇게 있었던 것입니다. 이것은 새롭게 얻을 수 있는 것도 아니지만, 잃어버릴 수 있는 것도 아닙니다.

이것이 무엇입니까?

자각

바로 지금 당신은 무엇을 자각(自覺)하고 있습니까?

이 질문에 무엇을 자각하고 있다고 대답을 하건, 아무것도 자각하고 있지 않다고 대답을 하건, 당신은 자각하고 있습니다.

자각의 내용물은 있을 수도 있고 없을 수도 있지만, 자각 자체가 없을 수는 없습니다. 자각이 없다는 것 또한 자각이기 때문입니다. 이것이 결코 당신이 떠날 수 없는 진정한 당신의 본래면목, 참나입니다. 그러나 이 참나는 하나의 대상으로 존재하지 않기 때문에 본질적으로 무아(無我)입니다.

자각과 자각의 내용물은 둘처럼 드러나지만 전혀 둘이 아닙니다. 자각은 자각의 내용물을 벗어나 따로 있지 않고, 자각의 내용물 역시 자각을 떠나 따로 있지 않습니다. 능동적으로 아는 것과 피동적으로 알려지는 것으로 나뉜 것 같지만 사실 그 둘은 혼연일체입니다. 아는 것이든 알려지는 것이든 동일한 자각이 상대적으로 드러난 것일 뿐입니다.

우리는 흔히 육체나 그 육체에서 느껴지는 감각, 특정한 감정이나 생각을 자기 자신과 동일시합니다. 그 모든 것은 알려지는 것들, 자각의 대상일 뿐입니다. 그러나 자각의 대상들이 자각을 떠나 있지 않기 때문에

256

무상하게 변화하는 자각의 대상들을, 몸과 마음의 변화를 스스로 자각할 수 있습니다.

바로 지금 당신은 무엇을 자각하고 있습니까?

당신이 무엇을 자각하는 것이 아니라, 당신 자신이 자각이며 당신 자신이 자각되는 대상입니다.

당신이 자기 자신을 특정한 육체, 특정한 감각과 감정, 생각과 동일시하고 있음이 자각되고 있습니다. 그래서 당신은 스스로를 모든 현상과 동떨어져 존재하는 하나의 개체라고 굳게 믿고 있습니다. 자각이 없다면 그러한 잘못된 동일시도 불가능합니다. 따라서 우리의 잘못된 동일시와 망상, 번뇌 또한 그 바탕은 자각 자체입니다.

여기서 조심해야 할 것은 자각 자체가 또 하나의 개체로서 객관적으로 존재하는 것이 아니라는 사실입니다. 자각의 내용물이 그대로 자각입니다. 꿈속의 모든 내용물이 꿈이지만, 꿈은 꿈속의 내용물로 등장하지는 않습니다.

너무나 익숙해서 이제까지 무시해 왔던 이 자각을 자각하십시오. 자각을 자각하기 위해 또 다른 자각이 필요하지는 않습니다. 자기 눈을 보기 위해 또 다른 눈이 필요하지 않은 것과 같습니다. 자각은 스스로 자각하고 있고 눈은 스스로 보고 있습니다.

바로 지금 당신은 자각하고 있습니까, 자각하지 않고 있습니까?

필수 불가결한 의식 – 존재

당신은 지금 무엇을 의식하고 있습니까? 다시 말해, 지금 당신은 무엇을 알아차리고 있습니까? 당신은 자신이 머물고 있는 공간의 풍경, 주변의 잡다한 소음, 냄새, 피부에 느껴지는 감각, 뱃속의 느낌, 특정한 감정 상태, 떠오르는 생각 등을 어렵지 않게 의식하고 알아차릴 수 있을 것입니다.

그 모든 것은 의식의 대상, 알아차림의 대상으로서 매 순간 변하고 있는 것들입니다. 그런데 당신은 그 모든 변화를 특별한 노력 없이 자연스럽고 당연하게 의식하고 알아차릴 수 있습니다. 사실은 당신 자신조차 그 의식의 대상, 알아차림의 대상으로 의식되고 알아차려질 뿐입니다.

엄밀한 의미에서 당신은 모든 대상을 의식하는 의식 자체, 알아차리는 알아차림 자체입니다. 모든 대상은 바로 이 의식, 알아차림의 대상으로서만, 즉 의식되고 알아차려져야만 존재한다고 할 수 있습니다. 모든 존재의 근거가 바로 이 의식, 이 알아차림입니다. 따라서 의식이 곧 존재입니다.

이 의식은 영원히 변함없으며 없는 곳이 없습니다. 이 의식이 없다는 것을 의식하고 알아차리기 위해서는 반드시 의식, 알아차림이 있어야만 합니다. 의식은 영원한 존재 자체입니다. 그래서 이 의식을 영원한 생명이라고도 부릅니다. 이 의식, 이 알아차림은 모든 현상의 필수 불가결한 근본 바탕입니다.

바로 지금 그 의식, 알아차림에 의해 이 글이 드러나고 있습니다. 당신 자신과 당신을 둘러싼 세상 전체가 바로 이 의식, 알아차림으로 이루어져 있습니다. 모든 현상은 한순간도 머물지 않고 흘러가지만, 이 의식, 알아차림만은 언제나 바로 지금 여기 이와 같이 있습니다. 의식만이 현존합니다.

'무엇'에 대한 의식이 아니라 순수한 의식 그 자체, '무엇'의 존재가 아니라 순수한 존재 그 자체가 당신의 본래 모습입니다. 모든 대상을 의식하는 의식 스스로는 의식되지 않습니다. 의식되지 않으므로 존재하지 않는 것처럼 보입니다. 그러나 의식되지 않는 것도 의식이며, 존재하지 않는 것도 존재입니다.

오직 이 의식, 이 존재뿐입니다. 당신이 본래 그것입니다. 노력과 수고를 통해 그렇게 된 것이 아니라, 본래 그렇습니다. 있는 그대로의 당신 본성이 바로 이 의식, 존재입니다. 확고부동한 이 의식, 이 존재 때문에 끝없는 변화가 가능한 것입니다. 아무리 변화하더라도 결국 이 의식, 존재만 남아 있습니다.

우리가 놓치고 있는 것

당신 앞에 실제로 있는 것은 무엇입니까?

이 질문에 혹시 컵, 휴대전화, 강아지, 책상, 노트북, 배우자 등등의 대상이 아니라, 공간 또는 허공이라고 답하신 분은 없습니까?

분명 우리 눈앞에 언제나 실재하는 것이지만 우리가 늘 간과하거나 무시하고 살아온 것이 바로 모든 대상 사물들을 포함하고 있는 공간, 허공입니다.

마찬가지로, 우리 의식에 있어서도 의식되는 대상, 감각이나 감정, 생각처럼 의식되는 것이 아닌, 의식하고 있는 의식 자체, 그 앎의 성품은 공간이나 허공처럼 늘 있지만 우리는 그것을 간과하고 무시하고 살고 있습니다.

하나의 감각이 일어나려면 그것보다 훨씬 거대하고 광활한 의식, 앎의 성품이 있어야 합니다. 마치 허공에서 조각구름이 일어나듯이.

하나의 감정이 다른 감정으로 변화하려면 그것에 물들지 않는 순수한 의식, 앎의 성품이 있어야 합니다. 마치 영상에 물들지 않는 스크린처럼.

하나의 생각이 존재하려면 그것에 대한 의식, 앎이 함께 존재해야 합니다. 마치 조명이 있어야 방 안의 사물들이 드러나는 것과 같이.

바로 지금 당장 무엇이 의식된다면, 창밖의 새 소리, 서늘한 아침 공기에 돋는 소름, 공복에 느껴지는 속 쓰림 따위가 의식된다면, 바로 거기에 자기 스스로는 의식되지 않으면서 모든 것을 의식하고 있는 의식 자체, 앎의 성품이 있습니다.

의식의 대상들은 끝없이 변하지만, 창밖의 새 소리는 지나가는 자동차 엔진 소리로 바뀌고, 피부에 돋았던 소름에 대한 의식은 발가락 사이의 간질거림으로 변하고, 공복의 속 쓰림은 따뜻한 차 한 잔에 편안해지지만, 그 모든 변화에 대한 의식, 앎은 여전히 변함없이 바로 거기 있습니다.

이 변함없는 의식, 앎의 성품은 언제나 바로 지금 여기 있습니다. 다른 시간, 다른 장소에 있을 수 없습니다. 그것이 영원히 나이 먹지 않는 나, 시간적으로 영원하고 공간적으로 무한한, 진정한 자기 자신입니다. 하나의 개체, 하나의 몸과 마음으로서 변화하는 자기 자신은 이 변함없는 의식, 앎의 성품에 의해 의식되는 또 다른 대상일 뿐입니다.

나를 아는 것, 나에 대한 앎 자체가 곧 나입니다. 내가 아는 것, 앎의 내용물은 내가 아닙니다. 나는 내 몸을 압니다. 그러므로 몸은 내가 아닙니다. 몸에 대한 의식, 앎이 곧 나입니다. 나는 내 마음을 압니다. 따라서 마음은 내가 아닙니다. 마음에 대한 의식, 앎이 바로 나입니다.

이 너무나 자연스럽고 당연한 의식, 앎은 언제나 바로 지금 여기 있습니다. 언제나 변함없이 바로 지금 여기 있지만 모르고 지나치기 쉽습니다. 객관적인 대상이 아니기에 하나의 대상으로서는 결코 찾을 수 없고 알 수 없습니다. 그러나 진실로 찾을 수 없고 알 수 없음을 깨닫는다면, 다시는 잃어버릴 수 없고 모를 수 없습니다.

지금 여기 남아 있는 것

불편한 느낌이 드나요? 괜찮습니다. 불편한 느낌을 허용하십시오. 사실 그 불편한 느낌은 당신의 허락을 구하지 않을 겁니다. 갑작스러운 통신 판매 전화나 무례한 종교 전도자와 같이 그 느낌은 느닷없이 당신을 방문할 것입니다. 괜찮습니다. 내버려 두세요. 당신이 반응하지 않는다면 그 느낌은 조만간 사라질 테니까요.

불편한 감정이 느껴지나요? 그것 역시 괜찮습니다. 당신이 그것에 과도하게 집중하거나 회피하거나 저항하지 않는다면, 그 또한 때가 되면 사라질 것입니다. 불편한 생각도 마찬가지입니다. 당신의 욕망, 충동, 통증, 트라우마 모두 괜찮습니다. 허용하세요. 허락하세요. 자리를 내주세요. 단, 지켜볼 뿐 반응하지 마십시오.

모든 것은 왔다가 잠시 머물고 이내 변하여 사라집니다. 그런데 그 모든 과정 가운데 진정한 당신은 변함없이 그 모든 것을 지켜보고 있습니다. 그 모든 것을 경험하고 있습니다. 불편한 느낌과 감정, 생각, 욕망, 충동, 통증, 트라우마와 짝하여 있는 당신의 '나' 또한 사실은 진정한 당신 자신, 순수한 앎, 자각 위에 나타나는 그림자에 불과합니다.

바로 지금 여기 수많은 경험 가운데 오고 감 없이 남아 있는 것이 진정한 당신 자신입니다. 허공처럼 텅 비어 있지만 모든 것을 생생하게 의식하고 있는 이 자각의 성품이 당신 자신입니다. 당신의 '나'도, 그 '나'와 짝하여 일어나는 느낌, 감정, 생각, 욕망, 충동, 통증, 트라우마는 물론 모든 현상도 사실은 순수한 앎, 자각일 뿐입니다.

당신은 언제나 바로 지금 여기 이렇게 있습니다. 이것을 의식적으로 알고자 하기 이전부터 이미 당신은 알고 있습니다. 앎 자체가 바로 당신입니다. 모른다는 것이 안다는 것입니다. 없다는 것이 있다는 것입니다. 지각과 인식이 빚어낸 꿈에서 깨어날 때, 태어난 적이 없는 이의 인생 이야기에 당신은 어이없는 웃음을 터뜨릴 것입니다.

당신은 존재하십니까?

당신은 존재하십니까? 당신의 존재라는 것이 결국 무엇입니까? 당신이라는 어떤 실체가 지금 이 자리에 있다는 것의 본질이 결국 무엇이냐 말입니다. 그것은 당신이 존재한다는 사실에 대한 앎, 자각 아닙니까? 당신이라는 어떤 실체가 있어서 존재하는 것이 아니라, 그것에 대한 앎이 존재 그 자체 아닙니까?

이 점을 진지하게 성찰해 보십시오.

당신이 자신의 존재를 믿어 의심치 않는 근거는 무엇입니까? 당신의 생생한 육체적 존재감, 당신이라는 의식이 여기 이렇게 있다는 느낌의 근거는 무엇입니까? 결국 몸과 마음에 대한 앎, 의식, 자각이 아닌가요? 육체든 감각이든 감정이든 생각이든, 그것의 바탕은 그것에 대한 앎, 의식, 자각이 아닌가요?

이 점을 자세하게 고찰해 보십시오.

당신 존재의 근거가 그것에 대한 앎, 의식, 자각이듯이, 당신 아닌 것들, 대상들의 존재 근거 역시 동일한 앎, 의식, 자각 아닌가요? 당신 자신의 존재나 당신 앞에 놓여 있는 머그컵의 존재나 결국 동일한 앎, 의식, 자각에 근거하고 있지 않습니까? 지금 이 생각 또한 그 앎, 의식, 자각 위에 있지 않습니까?

그렇다면 그 앎, 의식, 자각이란 도대체 무엇인가요?

여기서 조심해야 합니다. 당신과 당신 아닌 것, 즉 모든 것의 존재 근거인 앎, 의식, 자각을 또 다른 대상으로서 파악할 수는 없습니다. 앎, 의식, 자각은 모든 것을 아는 절대적 주체이지 알려지는 상대적 대상이 아닙니다. 눈이 모든 것을 볼 수 있지만, 보고 있는 자기 자신만큼은 볼 수 없는 것과 같습니다.

그렇다고 그 앎, 의식, 자각이 없는 것은 아닙니다. 눈이 보이지 않는다고 해서 보고 있는 눈이 없는 것은 아닌 것과 마찬가지입니다. 다른 대상을 보고 있다는 그 사실 전체가 사실은 눈 자체입니다. 바로 지금 모든 것을 보고 듣고 느끼고 아는 이 사실이 바로 앎, 의식, 자각 자체입니다.

이 앎, 의식, 자각은 본래 있는 것입니다. 새롭게 생겨나거나, 외부에서 얻거나, 수행이나 조작을 통해 만들어 낼 수 없는 것입니다. 그래서 이 앎, 의식, 자각을 참나라고도 합니다. 당신이 경험하는 모든 것이 이 앎, 의식, 자각입니다, 모든 것이 참나입니다. 모든 존재는 의식이고, 의식이 곧 모든 존재입니다.

바로 지금 당장의 이것입니다. 생각을 일으켜 알아야 할 대상이 아닙니다. 의도를 일으켜 새롭게 느껴야 할 무엇이 아닙니다. 그 모든 행위 이전에 이미 있는 것, 존재의 근본 바탕이 바로 이것입니다. 앎도 아니고 모름도 아닌 근원적인 앎, 순수하고 투명한 의식, 대상이 없는 자각 자체가 이것입니다.

　존재도 아니고 비(非)존재도 아닌 공(空), 텅 비었으나 신령하게 아는 성품, 이것이 바로 그것입니다. 당신이 바로 그것입니다. 모든 현상이 바로 그것입니다. 그러므로 그것이라 할 것이 따로 없는 것이 그것입니다. 당신이라 할 것이 따로 없는 그것이 당신 자신, 참나입니다. 없지만 있고, 있지만 없습니다.

　이것을 모른다고 하면 바보요, 알았다고 하면 천치입니다.

자연스러운 앎의 성품

마음공부 또는 수행과 관련해서 사띠(sati), 마음챙김(mindfulness), 알아차림(awareness), 깨어 있음(awakeness) 등과 같은 말들이 있습니다. 개념적 이해의 차원이 아니라 경험적 체험의 차원에서 이 말들은 과연 무엇을 가리키고 있는 것일까요?

정신없이 바쁜 아침 출근길, 서둘러 집을 나와 겨우겨우 콩나물시루 같은 지하철을 탔는데, 문득 중요한 서류를 책상 위에 그대로 두고 온 것을 깨닫습니다. 아무리 떠올리려 해도 가물가물 기억나지 않던 일이, 잠시 그것을 접어 두고 다른 일을 하다가 갑자기 떠오릅니다. 재미있는 책이나 영화, 공상 따위에 빠져 있다가, 홀연 깨어나 시간의 경과나 주변 상황의 변화를 알아차립니다.

누구나 이와 같은 상황을 경험합니다. 그런데 이때의 자연스럽고 비의도적이며 자발적인 회상(回想), 환기(喚起)의 본질은 무엇인가요? 어째서 '문득', '갑자기', '홀연' 이런 일들이 벌어지는 것일까요?

앞의 예들은 모두 우리의 일상적 의식이 산란한 상태나 둔감한 상태에 있다가 문득 바로 지금 여기 이 순간으로 환기, 소환되는 사례들입니다. 의식 상태의 갑작스러운 전환이 그 경험들의 본질입니다. 그런데 그 전환이 인위적인, 의도적인 노력의 결과가 아니라는 점을 주목해야 합니다.

저절로 그런 일이 벌어졌을 뿐입니다.

어쩌면 사띠, 마음챙김, 알아차림, 깨어 있음 따위는 우리가 애써 해야 할 무엇이 아니라, 본래 갖추어진 고유의 능력이거나 우리 자신의 진정한 본질일지도 모릅니다. 우리에겐 자연스러운 앎의 성품, 지각과 인식의 대상에 대한 앎, 육체적·정신적 경험에 대한 앎이 있습니다. 그 앎의 성품이 우리 자신입니다. 그것은 단 한 순간도 우리를 벗어나 있지 않습니다. 언제나 바로 지금 여기 있습니다.

그러나 대다수 사람은 그 사실을 자각하지 못하고 있습니다. 바로 지금 여기 있는 앎의 성품으로 있지 못하고, 앎의 대상들을 좇느라 산란하거나, 스스로를 망각하고 둔감한 상태에 빠져 있습니다. 그것이 바로 미혹입니다. 하지만 그렇다 하더라도 우리에게 고유한 앎의 성품은 결코 사라지거나 없어지지 않습니다. 어떠한 계기로, 자연스럽고 비의도적이며 자발적으로 그것을 회상 또는 환기하게 됩니다.

그것이 갑작스러운 깨달음이 가능한 이유입니다. 자기 자신에게 없던 것, 스스로 몰랐던 것을 깨닫는 것이 아니라, 본래 있던 것, 이미 알고 있던 것을 깨닫는 것이기 때문입니다. 다만 인위적이고 의도적으로 노력하는 것은 이러한 깨달음, 바로 지금 여기 있는 자연스러운 앎의 성품의 회상이나 환기, 인식의 자연스러운 전환에 큰 도움이 되지 않는다는 점을 명심해야 합니다. 오히려 이완과 휴식, 멈춤의 순간 그러한 일들이 벌어집니다.

의식의 구조

의식이란 무엇일까요?

바로 지금 '의식이란 무엇일까요?'라는 글을 의식하고 있는 그것입니다. 글자를 보고, 내면적 표상이 떠오르는 모든 작용이 의식입니다.

의식은 곧 존재입니다. 자아와 세계는 의식의 대상으로서, 의식되어야만 존재할 수 있습니다. 그러나 의식 자체는 스스로 존재합니다.

의식은 곧 생명입니다. 한 개체의 생리적 구조 속에 갇혀 있지 않은 무한한 생명, 영원한 생명이 의식입니다. 온 우주가 하나의 의식, 하나의 생명입니다.

유일하고 단일하고 동일한 일원적 의식은 언제나 초점 의식(상대적 분별심)과 기저 의식(절대적 평등심)의 이원적 구조로 스스로를 드러냅니다.

당신은 지금 이 글을 읽고 있습니다. 글자 하나하나, 단어 하나하나에 초점을 맞추고 분별하고 있습니다. 그와 동시에 당신은 자신의 외면과 내면의 전체 공간과 상황을 의도적으로 의식하지 않은 채 저절로 의식하고 있습니다.

특정 대상에 초점을 맞추는 의식은 어디에도 초점을 두지 않는 배경 같은 의식 안에서 끝없이 초점을 움직이면서 활동하고 있습니다. 초점 의식은 이 기저 의식에 의해 상대적으로 의식되고 있습니다.

기저 의식이 스크린이라면, 초점 의식은 그 위에 펼쳐지는 영상입니다. 기저 의식이 칠판이나 도화지라면, 초점 의식은 그 위에 그려지는 모든 모양입니다. 기저 의식이 보는 눈 또는 시야라면, 초점 의식은 보이는 대상입니다.

드러나 있는 의식(초점 의식)과 드러나 있지 않은 의식(기저 의식)은 결코 둘이 아닙니다. 모두 유일하고 단일하고 동일한 하나의 의식입니다. 인생이란 이 일원적 의식의 이원적 자기 경험, 유희입니다.

투명한 알아차림의 성품

눈을 뜬 상태에서 마음속으로 어떤 이미지 하나를 그려 보십시오. 가능한 한 가장 선명하게 떠올릴 수 있는 이미지가 좋습니다. 예를 들어, 세종대왕이 그려진 만 원짜리 지폐를 떠올려 보십시오.

그려집니까?

그 이미지가 그려지는 곳, 그 이미지가 경험되는 장소는 어디인가요? 다시 한 번 만 원짜리 지폐의 세종대왕 이미지를 떠올려 보십시오. 생각을 통한 추론이 아니라 구체적인 감각을 통해 이미지가 그려지는 곳, 경험되는 장소를 느껴 보십시오.

그 장소는, 굳이 말로 표현하자면, 바로 지금 여기 눈앞이 아닌가요?

다시 한 번 세종대왕의 이미지를 떠올려 보십시오. 이번에는 이미지보다 이미지가 나타나는, 이미지가 경험되는 그곳, 바로 지금 여기 눈앞에 주의를 기울여 보십시오. 이미지는 희미하지만, 그것이 경험되는 바로 지금 여기 눈앞은 어떤 이미지도 없지만 오히려 분명하지 않은가요?

바로 지금 여기 눈앞의 공간에서 모든 대상(사물, 사건, 이미지, 기억, 관념, 감정, 생각)이 감각되고 인지되고 경험되지 않나요? 어디까지가 끝인지 알 수 없는 바로 지금 여기 눈앞의 공간, 바로 지금 이것이 투명한 알아차림의 성품, 순수한 의식 자체가 아닌가요?

생각으로 추론하지 말고 구체적인 감각으로 느껴 보십시오.

의식할 대상이 없을 때는 마치 텅 비어 없는 것 같지만, 자기 스스로 충만한, 앎의 내용이 없는 앎, 특별한 느낌이 없는 느낌, 말쑥한 존재의 느낌이 있지 않습니까? 활짝 열려 있고, 활짝 깨어 있는 무엇이 여기 있지 않습니까? 모든 대상은 여기에서 경험되지만, 이것은 어떤 대상이 아니지 않나요?

이것을 자세히 살펴보면, 모든 경험의 순간에 오직 이것만이 늘 변함이 없지 않습니까? 하나, 둘, 셋, 넷, 다섯……. 마음속으로 숫자를 셀 때, 경험의 대상인 하나, 둘, 셋, 넷, 다섯은 각각 다르지만, 하나를 경험할 때도, 둘, 셋, 넷, 다섯을 경험할 때도 모두 동일한 바로 지금 여기 이 눈앞의 공간 아닌가요?

경험의 대상과 그 대상이 경험되는 공간은 둘이면서 둘이 아니지 않습니까? 예를 들어, 눈앞에 그린 만 원짜리 지폐와 그것이 그려진 눈앞의 공간은 분명 둘이지만 둘이 아니지 않습니까? 결국 모든 경험의 대상들이 바로 지금 여기 눈앞에서 나타났다 다시 그곳으로 사라지지 않습니까?

경험의 대상들은 끊임없이 오고 가는데, 이 경험의 공간, 투명한 알아차림의 성품, 순수한 의식은 언제나 바로 지금 여기 눈앞에 있지 않습니까? 실제로 존재하는 것은 나타났다 사라지는 경험의 대상들이 아니라, 이 텅 빈 공간, 투명한 알아차림의 성품, 순수한 의식뿐이 아닌가요?

이러한 말을 듣고 다시 '텅 빈 공간'이니, '투명한 알아차림의 성품'이니, '순수한 의식'이라는 또 다른 이미지를 바로 지금 여기 눈앞의 허공에 그리는 실수를 범하지 않도록 조심하십시오. 어떤 이미지도 그려지지 않고, 도무지 알 수도 없고, 어떻게도 느낄 수도 없는 바로 이것일 뿐입니다.

⊙ 방편: 자성관

방해받지 않을 만한 공간에서 몸과 마음의 긴장을 풀고 들숨과 날숨을 알아차리면서 10여 분쯤 편안하게 이완합니다.

(1) 눈앞에 어떤 대상이든 가져와 본다. 예를 들어, 컵을 눈앞에 놓아두고 바라본다. 그다음 책을 눈앞에 놓아두고 바라본다. 눈앞의 대상은 무상하게 변화한다.

(2) 이제 눈을 감고 몸의 감각에 집중한다. 목의 뻐근함, 허리에 닿는 등받이의 느낌, 바닥에 닿은 엉덩이의 무게감, 피부의 감각 등 감각은 무상하게 변화한다.

(3) 한동안 자신의 감정을 살펴본다. 짜증, 권태, 분노, 기쁨, 희열, 슬픔, 두려움 등 다양한 감정이 일어났다 사라진다. 감정 역시 무상하게 변화한다.

(4) 자기 내면의 생각을 살펴본다. 해야 할 일, 과거의 기억, 몽상, 관계와 상황에 대한 자기 내면의 끝없는 중얼거림 등 생각 역시 무상하게 변화한다.

(5) 잠자리에 든다. 희미해진 의식, 꿈, 꿈조차 없는 무의식 상태 등 꿈과 잠, 깸의 상태 역시 무상하게 변화한다.

(6) 이 여러 무상한 상황 가운데 전혀 변화하지 않고 여여한 것이 있다. 변화하는 대상을 지켜볼 때도, 다양한 감각, 감정, 생각을 느끼고 분별하고 판단할 때도, 깨어 있을 때나 꿈꿀 때나 깊은 잠에 빠져 있을 때나 한결같은 것이 있다.

(7) 지금 가만히 긴장을 풀고 있으면 다양한 외부 대상, 감각, 감정, 생각, 의식 상태와 함께, 동시에, 은은한 배경처럼, 미묘한 존재감과 같은, 살아 있음이랄까, 깨어 있음, 알아차림, 고요함 등 어떤 이름으로 표현한다 해도 그것 자체는 아닌, 뭔가가 있다.

(8) 내가 그 뭔가와 상대되는 것이 아니라 그 뭔가 안에, 또는 그 뭔가의 일부로, 아니면 그 뭔가가 바로 나 자신인 것 같은 느낌 아닌 느낌이 있다. 가만히 고요히 그것과 함께 있어 보라. 온 존재로 느껴 보라. 가만히 있어 보라.

6장
길 없는 길

선(禪)은 장갑 없이 맨손으로 잡아야 한다.
_스즈키 다이세츠

⊙ 화두

설봉 스님은 (이 일을 깨닫지 못한 사람을) "밥 광주리 옆에 앉아 굶어 죽은 사람, 물가에서 목말라 죽은 놈"이라 말했다.
현사 스님은 "밥 광주리 속에서 굶어 죽은 놈, 물속에 머리까지 처박고 목말라 죽은 놈"이라 말했다.
두 분의 말씀을 거론하고는 운문 스님이 말했다.
"온몸이 밥이고, 온몸이 물이다."

말과 개념에서 벗어나라

말과 개념은 실재가 아닙니다. 이정표와 지도가 실제 지형이 아닌 것과 마찬가지입니다. 그러나 흔히 말과 개념을 이해하는 것으로 실재를 포착할 수 있다는 착각을 합니다. 그것은 이정표와 지도를 이해한 것만으로 목적지에 도달했다는 망상을 하는 것과 같습니다.

우리 집 창밖에 보이는 산을 '금정산'이라 부릅니다. 그러나 그 이름과 개념이 그것의 본질은 아닙니다. 그것은 순간순간 변화합니다. 아침, 점심, 저녁은 물론 봄, 여름, 가을, 겨울의 그것은 동일한 그것이 아닙니다. 그런데 우리는 그것을 그저 '금정산'이라 추상화합니다.

말과 개념의 추상화 능력은 소통의 편리, 효율성을 위한 방편입니다. 마치 실제로 먹을 수 있는 쌀을 가지고 다니기 어려워 돈을 대신 사용하는 것과 같습니다. 말과 개념은 편리하지만, 그것이 곧 실재는 아닙니다. 배가 고프다고 돈을 먹을 수는 없는 노릇입니다.

모든 현상은 한시도 머물지 않고 변화합니다. 말과 개념은 그 끝없는 변화를 고정된 형상으로 박제화한 것입니다. 실재는 살아 있는 것인 반면, 말과 개념은 이미 죽은 것입니다. 죽은 것은 살아 움직이는 것이 아닙니다. 실재를 깨닫고 싶다면 말과 개념의 중독에서 잠시 벗어나 보십시오.

더이상 말과 개념에 의지하지 않으면, 입을 벌릴 수 없고 생각을 움직일 수 없을 것입니다. 한동안은 몹시도 답답하고 불편한 상황 속에 놓이게 될 것입니다. 실재적 진실에 대한 열망이 없다면 얼마 지나지 않아 다시 말과 개념 속으로 굴러떨어질 것입니다. 하지만 포기하지 마십시오.

말할 수 없고 생각할 수 없는 혼돈과 불안, 불확실함과 모호함을 온몸으로 견뎌 보십시오. 쑥과 마늘만 먹으며 어두컴컴한 동굴 속에 들어앉은 곰처럼 말입니다. 어떻게도 예측할 수 없고 규정할 수 없는 바로 지금 이 순간에만 온전히 머물러 있으십시오. 쉬고 비우고 내려놓으십시오.

지성이면 감천입니다. 지독한 말과 개념 중독에서 한 번 벗어나야, 말과 개념 이전에 생생하게 살아 있는 실재, 펄떡펄떡 약동하는 생명, 본래부터 눈앞에 펼쳐져 있던 있는 그대로의 진실을 자기 눈으로 목격하게 될 것입니다. 앎과 모름 이전 그 자리에, 아는 것도 아니고 모르는 것도 아닌 무엇이 있습니다.

거울은 뒤를 비추지 못한다

　자기 의식에 대한 의식이 있습니다. 자기가 의식하고 있는 사실에 대한 의식함이 있다는 말입니다. 그러나 그 자기 의식에 대한 의식을 의식하려 하면, 마치 두 개의 거울이 마주할 때 거울 속에 거울이 있고, 그 거울 속에 또 거울이 있는 식으로 끝없는 분할이 이어집니다.

　즉, 자기 의식에 대한 의식, 의식 그 자체 또는 근원의식은 의식되지 않으므로 존재하지 않습니다. 아니, 의식되지 않는 것처럼 의식되고, 존재하지 않는 것처럼 존재합니다. 이 지점에서 '의식된다/의식되지 않는다', '존재한다/존재하지 않는다'는 분별은 아무 의미가 없습니다.

　현상학적 판단 중지, 분별의식의 급정지가 일어나야 합니다. 가속도 붙은 생각이 갑작스럽게 정지함으로써 의식의 뒤집힘, 회심, 회광반조가 이루어져야 합니다. 의식 너머, 생각을 초월하여 의식할 수도, 생각할 수 없는 것에 대한 직접적인 경험이 일어나야 합니다.

　'내가 바로 그것' 혹은 '이것이 바로 그것'인 경험이 일어나야 합니다.

사소(些少)한, 사소(事少)한, 사소(思少)한 공부

"당신은 너무 많이 생각해요. 그게 당신 문제예요."
_영화 〈희랍인 조르바〉에서 앤서니 퀸의 대사

이 공부는 정말 사소합니다.

나라를 구하거나 경제를 살리는 큰일이 아닙니다.

자기가 지금 어디에 있는 무엇인지 깨닫는 것이 전부인 공부입니다.

따라서 할 일이 거의 없습니다.

그저 귀 기울여 듣고 느끼면 됩니다.

듣고 있는 자기 자신을, 느끼고 있는 자기 자신을 듣고 느끼면 됩니다.

그러므로 생각할 것도 없습니다.

오히려 생각이 쉬어야 공부가 됩니다.

생각이 사라진 뒤에도 여전히 남아 있는 것이 우리가 찾는 진실입니다.

미션 임파서블

이 일을 밝히기 위해 입을 벌리는 그 순간,
키보드 위에 손가락을 올리는 그 순간,

그렇게 말을 하고 글을 쓰는 행위 자체가
바로 그 행위의 목적을 위배한다는 이 가련한 역설.

말을 함으로써 전달하려는 것은
결코 말도 아니고 전달되는 것도 아닙니다.

글을 씀으로써 표현하려는 것은
결코 이해되거나 파악되는 것이 아닙니다.

따라서 입을 벌리고 손가락을 까딱하는 그 순간,
이미 어긋났고 벌써 실패한 것입니다.

입을 벌리기 이전에 무엇이 있습니까?
손가락을 꼼지락하기 이전은 어떤 상태입니까?

틀렸습니다!
벌써 이런 말과 글에 속았습니다!

지금, 바로 지금입니다.
바로 지금, 아무 틈 없는 이 순간 이 자리입니다.

그러나 그대가 이 말과 이 글에 대해
생각하는 순간, 틈이 생깁니다.

이 순간을 생각으로 포착하려 하지 마십시오.
이것을 경험하려 하지 마십시오.

바로 그러한 추구와 노력이
번번이 이미 이 속에 있음을 깨닫지 못하게 만듭니다.

생각을 쉴 때 그대가 바로 이 순간입니다.
추구와 노력이 멈추면 이것이 바로 그대 자신입니다.

생각과 느낌으로 알 수 있는 것은
오직 자기 자신이 아닌 대상들뿐입니다.

생각과 느낌으로 알 수 있다면
그것은 자기 자신이 아닌 대상입니다.

진정한 자기 자신은 생각과 느낌의 원점입니다.
따라서 거기엔 아무 생각과 느낌이 없습니다.

생각과 느낌이 없다는 상태는 어떤 상태일까요?

쯧쯧쯧, 번번이 놓치는군요!

말을 하자마자 말소리는
허공 속에서 일어났다 허공 속으로 사라집니다.

글을 쓰면 어떤 글도
그 글이 써지는 종이(화면) 위를 떠나지 않습니다.

허공 속에서 말이 나타났다 사라지지만
허공은 나타난 적도 사라지는 일도 없습니다.

종이(화면) 위에 허다한 글을 썼다 지우지만
종이(화면) 그 자체는 언제나 변함없이 있는 그대로입니다.

이 허공과 종이(화면)의 비유가 가리키고자 하는 바가 무얼까요?
조금이라도 시간이 벌어지면 그 틈으로 생각이 들어옵니다.

말이 떨어지자마자, 아니 말이 떨어지기 이전에 알아차려야 합니다.
키보드 위에 손가락을 올리기 이전 소식을 알아차려야 합니다.

아니, 아니, 아니,
그 모든 것 이전에 언제나 있는 그대로인 그대 자신을 깨달아야 합니다.

내용 없이 텅 비어 있지만 의식으로 가득 차 있는 의식,

특별한 존재자는 아니지만 모든 존재자의 공통된 존재의 감각.

둘이 없는 의식, 짝이 없는 존재.
늘 지금, 언제나 여기라는 느낌.

이 자연스러움,
이 살아 있음.

이……
……

．

그게 아니다, 그게 아니다

판단하려 하지 마십시오.
이해하려 하지 마십시오.

그러한 그대의 노력이
그대가 이루려는 바를 방해합니다.

실제를 놓치고 언제나
허울만 덩그러니 붙잡게 만듭니다.

그게 아닙니다.
그게 아닙니다.

모든 노력을 멈추십시오.
아니, 노력을 멈추려는 노력마저 멈추십시오.

아무런 판단도 이해도 필요 없습니다.
어떠한 말도 개념도 불필요합니다.

멈춰야 비로소 뭔가 보이고
놓아 버려야 비로소 뭔가 감이 잡힙니다.

너무나 당연하고 단순한 사실,
아무런 노력이 필요 없는 이 자연스러운 존재, 의식, 생명.

나의 진정한 나임이랄까,
결코 변함없는 나라는 정체성의 본바탕.

언제나 이와 같이 있음,
언제나 이와 같이 보고 듣고 느끼고 앎.

이 현실, 이 시공간,
바로 지금 여기 이 순간 이 자리.

이것!
그래, 이것!

이 사실을 스스로 깨닫게 되는 순간
그대는 웃고 또 웃을 것입니다.

그대가 그렇게 찾으려 애썼던 그 무엇이
바로 그렇게 찾고 있던 그대 자신이라는 사실에

그대는 잠시 허탈하겠지만
눈가에 눈물이 고이도록 웃음이 터져 나올 것입니다.

이것이 이렇게 쉽고 간단할 줄은

꿈에도 상상하지 못했기에

그대는 물론 다른 사람들이 저질렀던
모든 엉뚱한 행위의 무의미함에

그대는 한동안 배꼽을 잡고
바닥에 데굴데굴 구르며 웃게 될 것입니다.

그리고 또한 그대는 울게 될 것입니다.

여전히 이 사실을 몰라
과거의 자신처럼 헤매는 이들을 보며
그대는 동화 속 행복한 왕자처럼
눈물을 흘리게 될 것입니다.

목격자를 찾습니다

목격자를 찾습니다.
모든 현상은 현상 스스로 존재하지 않기 때문입니다.
분명 누군가, 무언가에 의해 목격되어야만 존재할 수 있습니다.
현상의 존재란 그 목격자의 목격을 떠나 있지 않습니다.

눈앞의 모든 대상, 현상을 보십시오.
그 모든 대상, 현상의 존재란 결국 목격의 결과입니다.
그런데 그 모든 대상, 현상의 목격자는 어디에 있습니까?
개별적인 몸과 마음으로서의 당신이 목격자입니까?

당신 역시 목격되는 대상, 현상이 아닙니까?
당신이라고 믿는 몸이 지금 목격되고 있지 않습니까?
당신의 느낌, 감정, 생각, 의지, 충동, 신념 따위가 목격되고 있지 않습니까? 심지어 혼절이나 숙면 당시 당신 자신의 부재 또한 목격되고 있지 않습니까?

목격자가 목격될까요?
목격자가 목격된다면 그것을 목격하는 그것은 또 무엇입니까?
목격자는 없는 것처럼 있지 않을까요?
목격은 있지만 목격자는 없지 않을까요?

목격자 없이 목격만 있다면 목격되는 대상과 현상은 과연 존재하는 걸까요?

목격자를 찾습니다.
찾으신 분은 연락 주십시오.
후사하겠습니다.

앞도 없고, 뒤도 없다

과거가 존재합니까? 우리의 통상적인 느낌에 따르자면, 의심할 여지 없이 분명 과거는 존재하는 것 같습니다. 그러나 그러한 과거가 그저 미세한 생각으로 인한 분별일 뿐 실제로는 존재하지 않는다는 사실을 명확히 깨달아야만 합니다.

시험 삼아 1분 전에 있었던 상황을 떠올려 보십시오. 예를 들어, 1분 전에 누군가와 전화 통화를 했다고 칩시다. 분명 마음속에 그때의 상황, 눈앞의 공간, 통화 상대와 나눈 대화와 그 사이에 일어났던 기분, 감정, 생각들이 떠오를 것입니다.

그런데 마음속에 떠오른 그 상황, 그 이미지가 진정 1분 전의 현실이 맞습니까?

그것은 그저 바로 지금 이 순간 떠올린 즉 창조해 낸 헛된 심상(心象), 이미지가 아닌가요? 전혀 과거의 것이 아닌 지금 이 순간의 마음 작용이 아닌가요? 결국, 과거라는 것의 근거, 본질이란 바로 지금 이 순간 그러한 이미지를 그리고 있는 무엇 아닌가요?

미래는 또 어떤가요? 우리의 걱정과 불안, 희망과 기대의 대상인 미래역시 실제로는 실재하는 것이 아니지 않습니까? 1분 후의 상황을 상상해 보십시오. 예를 들어, 1분 뒤에 창밖에서 갑자기 천둥번개가 번쩍일 것이라 생각해 보십시오.

어떻습니까?

1분 전의 과거 상황을 떠올린 것과 똑같이, 1분 후의 미래 상황 역시 한낱 마음속 심상, 이미지에 불과하지 않습니까? 미래라는 것의 본질 역시 바로 지금 이 순간 작용하고 있는 무엇일 뿐이 아닌가요?

그렇다면 바로 지금 이 순간 작용하고 있는 이것은 무엇인가요? 그것을 생각할 수 있습니까? 만약 그것에 대해 생각한다면, 아쉽게도 그것은 아까 과거나 미래의 상황과 조금도 다를 바 없이 마음속에 그려진 심상, 가상의 이미지일 뿐입니다.

과거에 대한 생각도 허상이니 내버려 두고, 미래에 대한 생각도 허상이니 내버려 두십시오. 그 어떤 생각도 허상일 뿐이어서 이런 생각, 저런 생각에 전혀 마음 두지 않을 때, 헛된 마음속 심상, 이미지를 더이상 그리지 않을 때, 바로 거기에 무엇이 있을까요?

아뿔싸, 전광석화도 여기서는 오히려 더딜 뿐입니다.

딴 때 없고, 딴 데 없고, 딴 거 없다

다른 때는 없습니다. 언제나 이때뿐입니다. 어제는 없습니다. 어제는 이때 일으킨 기억입니다. 내일도 없습니다. 내일은 이때 일어난 예상입니다. 오직 이때뿐입니다. 이때는 '이때'라고 붙잡을 수 없습니다. 머물 수 없습니다. 붙잡지 않고 머물지 않으면 언제나 이때입니다.

다른 곳은 없습니다. 어디나 이 자리입니다. 서울을 가도 이 자리입니다. 부산을 가도 이 자리입니다. 꿈을 꿔도 이 자리입니다. 삼매에 들어도 이 자리입니다. 이 자리는 '이 자리'라고 한정하고 고정할 수 없습니다. 언제 어디서나 눈앞입니다. 결코 벗어날 수 없는 자리가 이 자리입니다.

다른 것은 없습니다. 언제 어디서나 항상 이것입니다. 저것은 없습니다. 저것이 바로 이것입니다. 그것도 없습니다. 그것도 또한 이것입니다. 그리고 이것마저 없습니다. '이것'이라 할 것 없는 것이 바로 이것입니다. 미혹해도 이것이고, 깨달아도 이것입니다. 오직 이것밖에 없습니다.

언제나 바로 지금 여기 이것입니다. 아무것도 볼 것 없습니다. 아무것도 들을 것 없습니다. 아무것도 느낄 것 없습니다. 아무것도 알 것 없습니다. 찾고 구하는 마음을 멈추면 당장 바로 지금 여기 이것입니다. 완전히 놓아 버려야 이 모양 없는 모양, 소리 없는 소리, 느낌 없는 느낌, 앎 없는 앎에 계합할 것입니다. 그것이 바로 자기 자신임을 깨달을 것입니다.

순례의 끝

그대 신실한 구도자여,

그대는 지금 무엇을 찾아
어디로 가고 있는가?

그대는 이제껏
무수한 성지(聖地)를 방문했고
무수한 성자(聖子)를 만났고
무수한 성전(聖典)을 읽었다.

찬란한 비전(vision)을 얻었고
신비한 에너지를 경험했고
고요한 선정(禪定)을 맛보았다.

그러나
그대 신실한 구도자여,
진실로 그대의 구도는
진실로 그대의 순례는
진실로 그대의 목마름은
끝이 났는가?

아아, 여기도 아니구나!
아아, 이 사람도 아니구나!
아아, 이것도 아니구나!

언제나 그렇게

여기에서 저기로
이 사람에게서 저 사람에게로
이 책에서 저 책으로

옮겨 기지 않았는가?

그대 신실한 구도자여,
진실로 진리에 목마른 자여!

잠시 걸음을 멈추라.

그리고
바로 지금 여기
이 단순한 사실을 되돌아보라.

어디를 가든
거기 그대가 있었다!

누구를 만나든

거기 그대가 있었다!

무엇을 경험하든
거기 그대가 있었다!

어떠한 감각 이전에
어떠한 감정 이전에
어떠한 생각 이전에
어떠한 경험 이전에

그 모든 것의 배경이자
그 모든 것의 목격자로서

그대가 있었다.

그 모든 것이 일어나는 근원이며
그 모든 것이 돌아가는 귀결점으로서

그대가 있었다.

언제나 바로 지금 여기
이와 같이 있음이라는 존재의 감각이
바로 진정한 그대 자신이다.

그대는

언제나 바로 지금 여기
이와 같이 있는 존재다.

끝없는 변화 가운데서도

그대 자신인
언제나 바로 지금 여기
이와 같이 있음만은 변하지 않는다.

이 사실을
그대 스스로 철서히 깨닫는 순간
그대의 기나긴 순례는 끝을 맺는다.

그대는 한 걸음 떼기도 전에
이미 목적지에 도달했다.

그대는 늘 목적지를 떠난 적이 없다.
그대가 바로 그 목적지다.

그대의 순례는
그대가 그대 자신으로 돌아가는
길 없는 길이다.

그대는 그대 자신에게서
한 걸음도 더 가까이 가거나

한 발자국도 더 멀어질 수 없다.

그대는 언제나 그대 자신이다.
그대는 어디서나 그대 자신이다.
그대는 무엇을 경험해도 그대 자신이다.

그대는
언제나 바로 지금 여기
이와 같이 있다.

이것이,
바로 지금 여기가,

그대가 수많은 생 동안
찾아 헤매던
순례의 끝, 종착지다.

그대 신실한 구도자여,
바로 지금 여기에서 편히 쉬라.
그대의 모든 구도 행위는
바로 지금 여기에 도달하기 위한 것이었다.

다시 도달할 수도 없는,
다시 벗어날 수도 없는,
바로 지금 여기

있는 그대로의 그대 자신!

그대 신실한 구도자여,
바로 지금 여기에서
영원히 변함없는 그대 자신으로

편히 쉬라.

신을 향해 울어라

제자가 스승에게 물었다.
"선생님, 어떻게 해야 신을 깨달을 수 있습니까?"
스승은 답했다.
"신을 위해서 열렬한 사모의 마음으로 울 수 있겠는가? 사람들은 자식들을 위해서, 아내를 위해서, 돈을 위해서 울 수 있다. 그러나 누가 신을 위해서 울 수 있겠는가? 아이가 장난감을 가지고 노는 동안 엄마는 집안일을 돌본다. 그러나 아이가 장난감을 던져 버리고 엄마를 부르며 울면 엄마는 더이상 부엌에만 있을 수 없다. 엄마는 하던 일을 멈추고 급히 달려와서 아기를 안아 준다."

_라마크리슈나와 어느 제자의 문답

어떻게 하면 신을, 깨달음을, 진리를 얻을 수 있을까요? 오직 신만을, 깨달음만을, 진리만을 원할 때, 오직 그것만을 위해 '나'를 잊을 때, '나'가 사라진 그 자리에 신이, 깨달음이, 진리가 나타납니다.

'나'가 사라져야만 그것이 드러날 수 있으므로, '나'는 결코 그것을 만날 수도, 찾을 수도, 얻을 수도, 경험할 수도 없습니다. '나'는 그것을 위해 어떤 것도 할 수 없습니다. 나아가 '나'는 '나'조차 어찌할 수 없습니다.

그것에 대한 한없는 갈망, 그리움, 열렬한 사랑에 빠진 '나'가 할 수 있는 유일한 행위는 그저 그것을 향해 목 놓아 우는 것뿐입니다. 어떤 욕망, 어떤 바람도 그것에 대한 애타는 심정에 비할 수 없습니다.

'나'는 그것에 눈멀었고 귀먹었으며 가슴은 불에 타 잿더미가 되었습니다. 그것을 위해서라면 이 지독한 '나'에 대한 애착마저 놓을 수 있습니다. 그것을 향한 뜨거운 사랑 속에서 '나'가 용해됩니다.

멈출 수 없는 눈물이 흘러내려, 모든 것이 타 버려 텅 비어 버린 가슴에 고입니다. 그를 만나기 전에는, 그것을 맛보기 전에는 결코 먹고 마실 수도, 잠이 들 수도 없습니다. 오호, '나'는 미쳐 버리고 말 것입니다.

아득한 탄식이 '나'의 숨결이며, 메울 수 없는 슬픔이 '나'의 양식일 뿐입니다. '나'는 산 자도 아니고 죽은 자도 아닙니다. '나'에게는 이제 과거도 없고 미래도 없습니다. '나'는 매미가 남겨 놓고 떠난 껍질과 같습니다.

그러던 어느 순간, 하나의 소리, 하나의 경계에 문득 그것이 드러납니다. 온 세상이 멈춘 것 같은 가운데 모든 것이 생생하게 살아납니다. '나'도 없고 '세상'도 없이 그것 하나만 가득 차 있습니다.

아아, 그것은 여기, 언제나 여기 있었습니다. 항상 이 가운데 있었으면서도 이것을 알지 못했습니다. '나' 또한 이것의 또 다른 모습이었음에도 습관적으로 '나' 바깥에서 이것을 찾으려 헛수고를 해 왔습니다.

다시 눈물이 흘러내립니다. 지복과 환희 속에서 영원한 생명의 샘물을 맛봅니다. 이것은 어디서 온 곳이 없으므로 다시 갈 곳이 없습니다. 언제나 지금 여기 이렇게 있었고, 있으며, 있을 것입니다.

근대 인도의 신비가 라마크리슈나(1836~1886)는 이렇게 말했습니다.

"신 앞에서는 이유, 지성, 지식 등은 쓸모가 없다. 거기 벙어리가 말하고, 눈먼 자가 보고, 귀머거리가 듣는다."

잃어버린 아이(迷兒) 또는 나를 잃어버림(迷我)

엄마 손을 놓치고
길마저 잃어버린 아이가

다시 엄마를 만나기 위해서는
무서워 울며 앞으로만 나가지 말고

제자리에 멈춰 서서
목 놓아 엄마를 불러야 한다.

애타게, 애타게 부르고 부르다 보면
엄마는 반드시 아이를 찾아낼 터이니.

구도자여, 그대도 또한 그래야 한다.
참나를 만나려 하거든 제자리에 멈춰 서라.

생각이 이끄는 대로 나서지 말고 멈춰라.
멈추고 목 놓아 울어라.

엄마 손을 놓친 어린아이와 같은 심정으로
온몸, 온 마음을 다해 간절히 갈구하라.

그대가 참나를 찾아내는 것이 아니라,
참나가 그대를 찾아낼 때까지.

구도자여, 날은 어둡고 길마저 잃었다.
제자리에 다리 뻗고 목 놓아 울어라.

그대의 간절한 부름에
참나는 반드시 응답하리니.

사람을 만나라

깨달음은 한순간 갑작스럽게 일어나는 사건이자 오랜 세월에 걸쳐 성숙되는 과정입니다. 이치는 비록 문득 깨닫지만, 현상의 문제들은 갑작스럽게 제거되지 않기 때문입니다. 따라서 갑작스러운 인식의 전환 이후에 진정한 공부, 수행의 여정이 시작되는 것입니다.

거칠게 이를 정리하면, 생각을 빌고 의지하며 사는 삶의 조건화된 패턴에서 벗어나 생각보다 더 광대하고 자유로운 자각으로서 새롭게 삶과 관계를 맺는 것이라 할 수 있습니다. 스스로를 생각과 동일시하던 습관에서 벗어나 그 생각의 근원인 자각이 자신의 참된 정체성임에 익숙해져 가는 과정이 공부입니다.

한순간 생각에서 벗어나는 경험을 통해 자각의 존재를 확인했다 하더라도 십중팔구 다시 생각의 구속을 받게 됩니다. 그러나 자각의 존재에 대한 강렬한 인상이 더이상 생각으로 하여금 습관적이고 자동반사적으로 작동하지 못하게 만듭니다. 그래서 한동안은 익숙했던 삶의 패턴에 혼란이 온 것 같은 느낌을 받기도 합니다.

이 깨달음의 초입에서 명심해야 할 사항들이 있습니다. 갑작스러운 인식의 전환이 오는 순간 경험했던 현상적인 경험들을 깨달음의 본질로 오해하고 그것으로 그 이후의 경험을 비교하여 판단하면 안 됩니다. '그때는 분명했는데 지금은 그렇지 않구나' 하는 체험 이후의 혼란은 그러한 비교에서 비롯됩니다.

또 인식의 전환이 올 때 잠시 경험하는 편안함, 의문의 소멸, 더이상 할 것 없다는 느낌이 자기도 모르게 '공부가 끝났다'라는 잘못된 판단을 내리게 할 위험이 있습니다. 그때는 공부를 지도해 주는 사람의 충고나 경고도 귀에 들어오지 않고 자신도 깨달았다는 미세한 망상에 따라 공부 길에서 멀어질 위험이 있습니다.

이때부터 오히려 이 과정을 먼저 경험한 사람들과 자주 접하면서 아직 남아 있는 습관적인 생각의 패턴이나 미묘한 망상들을 절차탁마하는 과정을 겪어야 합니다. 금광석도 제련을 거쳐야 쓸모가 있고 옥돌도 다듬어야 보배가 됩니다. 너무 일찍 혼자 공부하게 되면 다시 생각을 믿고 의지하는 익숙한 패턴으로 돌아가 시간이 지나면 또 다른 생각의 구조물 안에 갇혀 있게 됩니다.

그래서 이 공부는 사람과 사람의 인연을 통해서 이어지는 것입니다. 사람과 사람의 직접적인 만남에서 말과 생각 너머의 무언가가 현상적으로 전해지는 바 없이 전해지는 것입니다. 무언의 소통과 공명, 공감이 이 공부의 핵심입니다. '호랑이 눈에 소걸음(虎視牛步)'으로 매 순간 자각을 놓치지 않고 꾸준히 정진해야 합니다.

의식이 의도적으로 개발되고 발전되는 것이 아니라 자연스럽게 성장하고 성숙해야 합니다. 정리하고 분석하고 소유하고 제거하는 것이 아니라, 알아차리고 내려놓고 내맡기고 받아들여야 합니다. 그러므로 함께 공부하는 사람들은 서로를 비추어 주는 좋은 거울이 되어야 합니다. 그것이 착한 벗, 도반(道伴)입니다.

길 없는 길 1

> 진리는 길이 없는 곳이다.
> _크리슈나무르티

그대는 다시 그대가 될 수 없습니다. 그대는 다시 그대를 얻을 수 없습니다. 그대가 이미 도달해 있는 곳에 이를 수 있는 길은 없습니다.

무언가 된다는 것은 그대와 그대가 되려는 그것이 서로 분리되어 있다는 생각을 전제로 하고 있습니다.

무언가 얻는다는 것은 그대와 그대가 얻으려는 그것이 서로 별개라는 생각을 전제로 하고 있습니다.

어딘가에 도달한다는 것은 그대와 그대가 도달하려는 그곳 사이에 거리가 있다는 생각을 전제로 하고 있습니다.

결국, 생각이 모든 이원성을, 갈등을 일으킨 주범입니다. 그 생각을 믿지 않고 놓아 버린다면, 바로 지금 여기 무엇이 남아 있습니까?

단 한 순간도 떨어진 적 없는, 진정한 그대의 본질, 지각과 인식의 근본적인 바탕, 시공을 초월한 영원한 지금 여기 이것만 있습니다.

너무나 단순하고 당연한 것, 너무나 자연스럽고 편안한 것, 생각하면 할수록 점점 멀어지지만, 생각을 쉬면 쉴수록 더욱더 분명합니다.

그대의 모든 헛된 망상과 노력이 어느 순간 멈출 때, 이미 완전하게 드러나 있는 것을 비로소 한 번 발견하게 됩니다.

그 짧은 한순간, 그대는 아무것도 될 필요가 없고, 어떤 것도 얻을 필요가 없으며, 어디로도 갈 필요가 없다는 사실을 깨닫습니다.

첫 발견의 기쁨과 놀람이 지난 뒤 다시 생각의 미혹에 잠시 빠지기도 하겠지만, 결국 그대는 침묵 속에서 고개를 끄덕이게 됩니다.

내면의 분열이 통합될수록 외부 세계와의 전쟁도 종식됩니다. 마침내 본연의 평화와 사랑 속으로 그대의 자아는 서서히 녹아듭니다.

그대는 어제도 이러했고, 지금도 이러하며, 내일도 이러할 것입니다. 바로 이러함이 진정한 그대의 본래 모습, 둘이 없는 그대 자신입니다.

이러합니다. 바로 이것입니다.

길 없는 길 2

지금 여기에 이르는 길은 없습니다. 있는 그대로의 자기 자신이 되는 방법은 없습니다. 지금 여기는 목적지가 아니라 출발점입니다. 있는 그대로의 자기 자신은 얻거나 잃어버릴 수 있는 대상이 아닙니다. 언제나 바로 지금, 어디서나 바로 여기, 이미 있는 그대로 자기 자신이기 때문입니다.

어디로도 갈 수 없고, 어떤 것도 될 수 없습니다. 그대는 언제나 바로 지금 여기 있습니다. 바로 지금 여기가 바로 그대 자신입니다. 그대는 항상 그것이었고, 그것이며, 그것일 것입니다. 지금 여기는 시작도 없고 끝도 없습니다. 그대 자신이 시작이자 끝입니다.

지금 여기는 길 없는 길이요, 있는 그대로의 자기 자신은 나 아닌 나입니다. 지금 여기에서 모든 길은 비롯되고, 있는 그대로의 자기 자신에게서 모든 현상은 출현합니다. 모든 길이 바로 지금 여기요, 모든 현상이 있는 그대로의 자기 자신입니다. 지금 여기는 영원하고, 그대 자신은 무한합니다.

우리는 탐험을 멈추지 않을 것이다.
그리고 우리의 모든 탐험은
출발한 곳에 이르러서 끝날 것이다.

그리고 비로소 우리는

그곳이 어디인지 알게 될 것이다.

_T. S. 엘리어트

칼날 위의 길

시퍼렇게 날이 선 칼날 위에 한 길이 있습니다. 그리고 그 길 위에 위태롭게 그대가 서 있습니다. 한 발자국도 차마 내디딜 수 없습니다. 자칫 성급하게 한 걸음 내디뎠다가는 몸과 목숨을 잃는 길입니다. 그렇다고 이 위험한 길 위에 무작정 머물러 있을 수도 없습니다. 자, 어떻게 해야 이 길을 걸어갈 수 있을까요?

싹둑!

숨도 쉬지 마십시오! 눈동자도 움직이지 마십시오! 입술도 달싹거리지 마십시오! 손가락 하나도 까딱이지 마십시오! 앞으로도 갈 수 없습니다! 뒤로 물러설 수도 없습니다! 멈추십시오! 완전히 멈추십시오! 산다, 죽는다, 한 생각만 일으켜도 온몸이 반쪽으로 갈라집니다! 자, 바로 이러할 때 그대는 어떻게 하겠습니까?

싹둑!

지금 새파랗게 날이 선 날카로운 칼날 위에 그대가 서 있습니다. 어떤 재주를 부려도 이 길을 피할 수 없습니다. 한 걸음 나아가도 온몸이 반 토막 날 것이고, 가만히 머물러 있어도 면도날 위의 두부처럼 쪼개질 것입니다. 이럴 수도 없고, 저럴 수도 없습니다. 자, 어떻게 해야 이 칼날 위의 길에서 벗어날 수 있겠습니까?

싹둑!

직접적인 길

　직접적인 길은 길이 없습니다. 직접적인 길은 출발지도 없고 도착지도 없습니다. 출발하려는 그 지점이 도달하려는 바로 그 지점입니다. 언제나 바로 지금 여기 이 자리, 이것입니다. 이러한 말조차 군더더기에 불과합니다.

　자기가 자기로 돌아가는 데는 방법이 필요 없습니다. 오히려 모든 수단과 방법이 자기로 돌아가는 길을 방해할 뿐입니다. 자기가 자기로 돌아가려 하는 노력이 모두 망상임을 깨달으면 이미 자기는 그냥 자기였을 뿐입니다.

　잘못된 동일시로 자기가 아닌 대상들을 자기로 여기는 것이 망상입니다. 자기가 하나의 몸과 마음이라고 여기는 것이 잘못된 동일시입니다. 자기는 그러한 분별, 인식과 지각 이전에 있는 순수한 자각입니다.

　어두운 밤 모든 대상을 비추고 있는 손전등의 불빛을 보기 위해 다른 손전등의 불빛이 필요하지는 않습니다. 대상을 비추는 그 자리에 손전등의 불빛 자체가 이미 드러나 있습니다. 비추는 불빛과 비추어지는 대상은 둘이 아닙니다.

　몸과 마음을 비롯하여 모든 대상 경계를 알아차리는 그 자리에 순수한 자각, 그대의 본래 모습 또한 완전히 드러나 있습니다. 그 순수한 자각, 자기 자신을 알아차리기 위해 다시 한 생각을 일으킬 필요가 없습니다.

보고 있는 자기 눈을 보이는 대상 사물 가운데서 찾으려 해서는 안 됩니다. 그러나 보이는 대상 사물을 벗어나서 다시 따로 보고 있는 자기 눈을 찾으려 해서도 안 됩니다. 보이는 대상 사물 전체가 그대로 보고 있는 자기 눈입니다.

직접적인 길은 알 것도 없고, 체험할 것도 없고, 심지어 깨달을 것도 없습니다. 아는 것 없는 이대로 다 안 것이고, 체험할 것 없는 그대로가 체험한 것이며, 깨달을 것 없다는 그것이 완전히 깨달은 것이기 때문입니다.

이런 말에도 속지 마십시오!

당장의 이것!

바로 지금 당장의 이것입니다.

어떤 것도 알아야 할 것이 없습니다. 어떤 것도 느껴야 할 것이 없습니다. 어떤 것도 얻어야 할 것이 없습니다.

어디로 가야 하는 것도 아닙니다. 어딘가에 도달해야 하는 것도 아닙니다. 어느 곳에 머물러 있어야 하는 것도 아닙니다.

그 모든 헤아림, 그 모든 움직임, 그 모든 조작을 당장 멈추십시오. 바로 지금 당장 이대로일 뿐입니다.

무엇을 생각하거나 말거나, 무엇을 느끼거나 말거나, 무엇을 얻거나 말거나, 어딘가 도달하거나 말거나, 어느 곳에 머물러 있거나 말거나 언제 어디서나 그냥 이대로일 뿐입니다.

완전히 멈추십시오. 완전히 쉬십시오. 이것을 믿지 못하고 흔들리는 그 마음조차 이것을 벗어나 있지 않습니다. 모든 것이 이것입니다. 이것 밖에 다른 것은 없습니다. 믿고 맡기십시오. 자기를 떠나지 마십시오.

하나의 느낌이 일어나기 이전에, 하나의 생각이 일어나기 이전에 있는 그것이 진정한 자기입니다. 그 자기는 아무 노력 없이 언제 어디서나 바로 지금 여기 이렇게 있습니다. 다시 얻을 수 없고, 다시 잃어버릴 수 없습니다.

특별한 생각도 없고 특별한 느낌도 없을 때, 그것은 무엇입니까? 아무것도 없는 것 같지만, 뭔가가 거기 살아 있습니다. 생각으로 헤아리지 말고, 느낌으로 더듬지 마십시오. 그대가 이미 그것이기 때문입니다.

⊙ 방편: 아니다, 아니다

다음은 우파니샤드의 네띠 네띠(neti neti; 이것도 아니고 저것도 아니다)를 응
용한 방편입니다. 시간이 날 때마다 진지하게 탐구해 보시기 바랍니다.

(1) 우선 어떤 것이든 좋으니 한 손에 물건을 쥐어라. 예를 들어, 머그잔을
손에 쥐고 그것을 바라본다.

(2) 나는 머그잔을 볼 수 있다. 그러므로 나는 머그잔이 아니다.

(3) 나는 내 몸을 볼 수 있다. 그러므로 나는 내 몸이 아니다.

(4) 나는 감각 기관을 통해 오감을 느낀다. 그러므로 나는 오감이 아니다.

(5) 나는 신체 안에 흐르는 미묘한 에너지(氣)를 느낀다. 그러므로 나는 에
너지(氣)가 아니다.

(6) 나는 여러 감정을 느낀다. 그러므로 나는 감정이 아니다.

(7) 나는 온갖 생각을 한다. 그러므로 나는 생각이 아니다.

(8) 나는 나를 의식한다. 그러므로 나는 나가 아니다.

(9) 그렇다면 무엇이 남아 있는가? 어떤 것이든 인식되고 알아차려지고 의식되는 것은 모두 대상이다. 모조리 부정하면 뭐가 남는가? 이 부정의 절벽에서 과감하게 몸을 던져라.

7장
은산철벽

깨닫기 이전에도 은산철벽(銀山鐵壁) 같지만
깨달은 뒤에도 본래의 자기는 그대로 원래 은산철벽이다.

_원오 극근

⊙ 화두

수산 화상이 죽비를 들고 여러 스님에게 보이며 말했다. "너희가 만일 이 것을 죽비라고 부른다면 이름에 집착하는 것이고, 그렇다고 죽비라고 부 르지 않는다면 사실에 위배되는 것이다. 이제 바로 너희가 말해 보라! 이 것을 무엇이라고 부르겠는가!"

잠이 덜 깬 아침의 잠꼬대

바로 지금 당장 너무나 자명해서 어떠한 확인이나 증명도 필요 없는 사실은 무엇일까요?

쯧쯧쯧, 화살이 이미 대마도를 지나갔습니다!

당신은 지금 이 글을 보고 있을 것입니다. 이 글을 보고 있다는 그 사실을 되돌려 보십시오. 억지로 말로 하자면 '보고–있음'을 자각해 보란 말입니다. 이 '보고–있음', 이 '듣고–있음', 이 '느끼고–있음', 이 '알고–있음', 이 '살아–있음'…….

이 영원하고 무한한 '있음'의 느낌을 맛보십시오. 이 '있음'을 맛보려는 그대와 그대가 맛보려 하는 이 '있음'은 둘이 아닙니다. 이 '있음'이 주체로서의 그대 자신으로, 그 주체가 마주하고 있는 하나의 객체로 스스로를 드러내고 있을 뿐입니다. 그 둘은 모두 이 '있음'을 기반으로 드러나고 있습니다.

이 '있음'은 바로 '지금'의 감각입니다. 이 '있음'이 바로 '여기'라는 느낌입니다. 이 '있음'이야말로 시간을 벗어나 있고, 공간에 구속되어 있지 않습니다. 언제나 지금이요, 어디서나 여기라는 느낌, 바로 결코 변하지 않는 '나–있음'의 감각입니다.

이 단순한 감각, 이 당연한 감각, 이 자연스러운 감각이 바로 '이것'입니다. 알겠습니까?

알아도 '이것'입니다. 모른다 해도 결국 '이것'입니다. '이것'은 알고 모름과 상관없습니다. '이것'은 어떤 특별한 경험과도 무관합니다. 모든 경험이 '이것'이므로, '이것'을 달리 경험할 필요는 없습니다. 다만 그러한 무의미한 노력을 그치기만 하면 저절로 분명해질 것입니다.

모든 대상을 잡는 손 그 자체를 잡을 수는 없습니다. 모든 대상을 놓아 버리는 손 그 자체를 놓아 버릴 수도 없습니다. 대상을 잡거나 놓아 버릴 수 있지만, 대상을 잡고 놓는 손 그 자체를 다시 잡거나 놓아 버리는 일은 불가능합니다. 손이 먼저 있어야 잡는다/놓아 버린다는 분별이 가능합니다.

어떤 경험 대상들을 지각하고 인식하기 이전에 이미 '그것'이 있습니다. 어떤 경험 대상들을 지각하고 인식할 때도 '그것'이 있습니다. 어떤 경험 대상들이 더이상 지각되고 인식되지 않아도 '그것'은 변함없이 남아 있습니다. 경험 대상들은 나타났다 사라지지만, 그 경험 대상들의 출몰에 대한 지각과 인식 그 자체, '그것'은 변함없이 그대로 거기에 있습니다.

이것이야말로 더이상 확인과 증명이 필요 없는 자명한 사실입니다. 이 사실이 의심스러운가요? 그 의심은 어디에서 일어나고 있는지 돌아보십시오. 그 의심이 일어나는 그 자리가 그 의심에 대한 가장 명확한 해답이 있는 자리입니다.

신비 혹은 미스터리: 모름, 알 수 없음, 경험되지 않음

삶이란, 거칠게 말하자면, 끝없는 경험의 흐름입니다.

깨어 있을 때 우리는 수많은 색깔과 모양, 온갖 소리와 냄새, 맛, 다양한 느낌과 감정, 생각을 경험합니다. 심지어 그러한 대상들을 경험하고 있다고 여겨지는 자기 자신마저 경험합니다. 모든 것은 경험되는 것들뿐 그 모든 것을 경험하는 자, 주체는 경험되지 않습니다. 만약 그것이 경험된다면 그것은 경험하는 자가 아닙니다.

꿈속에서도 깨어 있을 때와 대비하면 선명하지 않지만 비슷한 경험을 합니다. 다양한 꿈속의 대상뿐만 아니라 꿈속 세상의 주체, 자기 자신 역시 경험됩니다.

꿈도 없는 깊은 잠 속에서는 어떤가요? 숙면을 하고 깨어난 이튿날, 어젯밤에는 꿈도 꾸지 않고 잘 잤다는 진술을 해 본 적이 있습니까? 깨어 있을 때나 꿈속까지는 주관과 객관의 상대성, 분별의식이 있습니다. 그런데 꿈도 없는 깊은 잠 속, 주관과 객관 같은 상대적 의식이 사라진 상태에서 아무 경험도 하지 않았다는 경험을 한 것은 무엇인가요?

경험의 내용물이 있다(깸과 꿈: 안다)는 경험이나 경험의 내용물이 없다(깊은 잠: 모른다)는 경험, 이 두 경험에 동일한 바탕, 배경은 무엇인가요?

경험의 근원은 무엇인가요?

여기서 조심할 점은 어떠한 미묘한 느낌이나 감각, 정교한 이해나 앎도 경험되는 것들이라는 사실입니다. 진정한 의미에서 잠과 꿈과 깸의 동일한 바탕, 배경, 경험의 근원은 아닙니다.

보는 자는 보고 있지만, 보이지 않습니다.
듣는 자는 듣고 있지만, 들리지 않습니다.
냄새 맡는 자는 냄새 맡고 있지만, 냄새 맡아지지 않습니다.
맛보는 자는 맛보고 있지만, 맛보아지지 않습니다.
느끼는 자는 느끼고 있지만, 느껴지지 않습니다.
아는 자는 알고 있지만, 알려지지 않습니다.

이 모름, 이 알 수 없음, 이 경험되지 않음은 정녕 무엇인가요?

다시 한 번 상기시키지만, 모름, 알 수 없음, 경험되지 않음은 하나의 대상으로 경험할 수는 없습니다.

바로 거기에 신비의 문, 가장 거대한 미스터리가 있습니다. 바로 지금, 바로 여기, 바로 이것이라는 신비, 진정한 자기 자신이라는 미스터리가 있습니다.

이뭣고?
여기서 허공의 **뼈**를 발라 내야 합니다.

알 수 있는 '나'와 알 수 없는 '나'

지금 이 글을 보는 그대의 '나'는 어디에 있습니까? 그대는 '나'의 존재를 아십니까? 느끼십니까? 의식하십니까?

도대체 그대는 무엇을 '나'로 알고, 느끼고, 의식하시나요?

아마 그대에게 익숙한 그대의 신체와 그 신체에서 느껴지는 감각 내지는 감정과 생각 등을 '나'로 동일시하고 있을 것입니다.

그러한 '나'들의 특징은 알 수 있다는 것이고, 눈앞의 공간 가운데 한 지점에 위치하고 있다는 사실입니다.

그런데 그러한 '나'들(신체와 감각, 감정, 생각)을 어떻게 아십니까? 다시 말해, 그것을 아는 그것은 무엇인가요?

그 아는 것을 그대의 신체나 감각, 감정, 생각과 같이 하나의 대상으로 다시 알 수 있습니까? 그렇다고 모를 수 있나요?

그 알 수도 없고 모를 수도 없는 '나'는 어디에 있습니까?

알 수 있는 나처럼 어느 한 지점에 있습니까? 그렇다면 어떻게 모를 수 있나요?

이 알 수 없는 '나'는 어디에 있다고 할 수도 없지만, 아예 없다고도 할 수 없지 않은가요? 없는 줄 아는 그것은 무엇이고 어디에 있단 말인가요?

이 알 수 없는 '나', 어디에 있는지 모르는 '나'는 늘 알 수 있는 '나', 어디에 있는지 아는 '나'와 함께 있습니다.

알 수 있는 '나'는 이 알 수 없는 '나' 속에 있습니다. 어디에 있는지 아는 '나'는 어디에 있는시 모르는 '나' 가운데 있습니다.

알 수 있는 '나', 보통 그대의 신체가 있는 위치에 있는 '나'는 알 수 없는 '나', 그대 신체 외부의 현상 세계에 가득 차 있는 '나'와 마주하고 있습니다.

알 수 있는 '나'는 알 수 없는 '나'를 보고 있습니다. 동시에 알 수 없는 '나' 역시 알 수 있는 '나'를 보고 있습니다. 하나의 보고 있음인데 두 방향에서 일어나는 것처럼 느껴집니다.

위치가 있는 '나'는 위치가 따로 없는 전체로서의 '나'에 의해 그 위치가 한정됩니다.

모름 속에 앎이, 무한 가운데 유한이 경험됩니다.

알 수 없는 '나'는 알 수 없음으로서 알려집니다. 위치 없는 '나'는 위치 없음으로서 위치 지어집니다.

모름과 없음의 감각을 느껴 보십시오.

어떤 모양도, 어떤 느낌도 없음이 무엇인지 깨달으십시오. 그것은 결코 체험할 수 없음의 체험입니다.

이미 그것임의 감각을 자각하십시오.

대상이 없는 순수한 앎, 스스로 빛나고 있는 무한한 의식의 빛, 나는 그저 나라는 이 단순함, 그리고 이 자연스러운 당연함.

이 신비 아닌 신비를, 이 비밀 아닌 비밀을 깨닫는 순간, 그대는 너무나 어이가 없어 웃을지도 모릅니다. 아니, 어쩌면 너무나 억울해서 울지도 모를 일입니다. 어쩌면 이 터무니없는 진실 앞에서 한동안 어찌할 바를 모를 수도 있습니다.

하지만 그 모든 것이 다 괜찮습니다. 그대는 도달했고, 단 한 순간도 지금 여기를 떠난 적이 없었습니다. 그대는 이미 그대 자신이었습니다. 그대는 이미 완벽한 그대 자신으로 본래 완성되어 있었습니다.

이것

이것은 바로 지금 당장의 전체 경험입니다. 이것은 그 전체 경험 가운데의 특정한 경험이 아니라, 전체로서의 모든 경험입니다. 어떤 경험도 이것은 아니지만, 어떤 경험도 이것 바깥에 있지는 않습니다. 전체성을 경험하는 자가 경험되는 전체성 바깥에 있다면 그것은 전체성의 경험이 아닙니다.

이것은 경험하는 자와 경험하는 대상이 없는 절대적 경험입니다. 아니, 경험하는 자와 경험하는 대상까지 모두 포함하면서 초월하는 경험입니다. 그래서 경험이 없는 경험, 경험되지 않는 것처럼 경험되는 경험입니다. 경험의 내용이 텅 빈 경험은 마치 아무것도 경험한 것이 없는 것 같은 경험, 아무것도 없음 또는 아무것도 모름의 경험입니다.

아무것도 없고 아무것도 모른다는 경험을 다른 말로 표현하자면 본래 순수하고 본래 청정한 경험이라 할 수 있습니다. 어떤 것도 첨가되지 않고, 어떤 것도 제거되지 않습니다. 있는 이대로 있는 그대로입니다. 그래서 변함이 없습니다. 언제나 바로 지금, 바로 여기, 바로 나라는 경험입니다. 하나의 대상으로서 몸과 마음이 아닌, 나는 그냥 나라는 둘이 없는 존재의 경험입니다.

나는 나를 느끼거나 알 수 없습니다. 그래서 나입니다. 내가 나를 느끼거나 알 수 있다면, 주체인 나도 객체인 나도 절대로 나일 리 없습니다. 객체는 주체로 말미암아 지각되고, 주체는 객체의 지각을 통해 성립하는 허깨비이기 때문입니다. 진정한 나는 알 수도 없고 모를 수도 없습니다. 아는 것과 모르는 것은 모두 이분법적이고 상대적입니다. 진정한 나는 그 둘을 모두 포함하면서 초월합니다.

이것은 느낌이 없습니다. 다만 이것 안에서 모든 느낌이 일어날 뿐입니다. 이것은 감정이 없습니다. 단지 이것 안에서 모든 감정이 나타날 뿐입니다. 이것은 생각이 없습니다. 그저 이것 안에서 생각이 드러날 뿐입니다. 이것은 느낌이 없다는 느낌, 어떤 감정에도 물들지 않는 절대적 평정, 아무 생각 없는 무념무심입니다.

이것은 살아 있습니다. 이것은 모든 존재의 현실성의 근거입니다. 이것은 모든 변화의 변함없는 근거입니다. 이것은 시작도 없고 끝도 없습니다. 이것은 모든 대상을 의식하지만, 이것은 하나의 대상으로 의식되지 않습니다. 이것은 살아서 모든 것을 의식합니다. 심지어 의식되지 않는다는 것마저 의식합니다. 이것은 영원한 생명, 전체인 생명입니다.

이것은, '이것은……'이라고 말할 것이 없습니다. 우리의 언어 구조 탓에 이런 식으로 말할 수밖에 없습니다. 따라서 이것은 절대적 침묵입니다. 소음의 반대 개념으로서의 고요가 아니라, 모든 소리의 절대적 배경으로서의 침묵입니다. 언제나 들리고 있는 침묵입니다. 침묵은 천둥 번개보다 더 큰 소리로 울리고 있습니다. 진정한 소리의 본질인 침묵은 오히려 들리지 않는 것처럼 들립니다.

이것을 찾고 구하고 알려고 하고 경험하려고 하면 찾을 수도 구할 수도 알 수도 경험할 수도 없지만, 문득 멈추고 쉬면 언제나 지금 여기 이렇게 있습니다. 이것은 자기 자신이라는 존재의 감각보다 더 근원적입니다. 이것과 나 사이에는 거리가 없습니다. 이것이 바로 진정한 나 자신입니다. 나는 그냥 나라는 이 근원적 느낌은 너무나 일상적이고 평범하고 소박합니다.

그래서 사람들은 이것을 알고 있으면서도 알지 못합니다. 언제나 경험하면서도 경험하는 줄 모릅니다. 그것이 모든 종교 전통에서 말하는 무지, 무명, 미혹, 마야, 어리석음입니다. 착한 사람, 마음이 가난한 사람, 모든 것을 내려놓은 사람은 이것을 봅니다. 이것을 맛봅니다. 이것을 경험합니다. 이것을 압니다. 이것을 깨닫습니다. 자기 자신이 바로 이것임을. 이것이 바로 자기 자신임을.

바로 지금 이것일 뿐입니다.

선심초심

선심초심(禪心初心). 미국에 일본의 선(禪)을 전한 스즈키 순류 선사의 유명한 책 제목입니다. 영어 제목은 『Zen Mind, Beginner's Mind』, 우리 말로 옮기면, '선의 마음은 초심자의 마음'이라는 정도의 뜻일 것입니다.

흔히들 선을 어렵다고 합니다. 잘 모르겠다고 합니다. 그것은 초심자의 마음이 아니기 때문입니다. 알려고 하기 때문에 어렵고 모릅니다.

초심자는 아무것도 모릅니다. 무엇을 모르는지조차 모릅니다. 완전히 비어 있기 때문에 다른 이들처럼 이미 들어차 있는 것을 비워 낼 필요가 없습니다. 텅 빈 공간처럼 비어 있는 그 마음이 선의 마음, 우리 본래 마음, 처음 마음입니다.

진실로 현명한 사람들은 알 수 없는 의문으로 가득 차 있습니다. 헛똑 똑이들은 여기저기서 주워 모은 대답들로 가득 차 있습니다. 아는 것이 아무것도 없지만 알고 싶어 또렷이 깨어 있는 마음이 초심자의 마음, 선의 마음입니다.

초심을 지키십시오. 모든 알음알이를 텅 비우고 도무지 알지 못하는 그 마음으로 귀를 기울이십시오. 그럴 때 문득 초심자의 행운을 경험할 것입니다.

성도재일을 맞아

오늘은 흔히 성도재일(成道齋日)로 알려진 음력 12월 8일, 납월(臘月) 8일입니다. 선문(禪門)에서는 이날 새벽 샛별이 떠오르는 것을 보고 세존께서 정각(正覺)을 이루셨다고 합니다. 그래서 『선문염송』에 다음과 같은 고칙(古則) 공안이 있습니다.

세존께서 샛별을 보시고 노를 깨치셨다.

별을 원인으로 도를 깨쳤으나
깨닫고 나니 별이 아니로다.
사물을 따르지도 않거니와
무정(無情)하지도 않다네.

샛별이 떠오르는 것과 같은 시절인연으로 도를 깨달았으나, 깨닫고 보니 깨달음은 별과 같은 인연에 의지해 있지 않습니다.

향엄 스님은 기왓장이 대나무에 부딪히는 소리를 듣고 깨닫고, 영운 스님은 복숭아꽃이 피어 있는 것을 보고 깨달았습니다.

그러나 향엄 스님과 영운 스님의 깨달음은 기왓장이 대나무를 때리는 데에, 복숭아꽃이 피어 있는 곳에 있지 않습니다. 그럼 어느 곳에 그 깨달음이 있을까요?

위 공안에 대해 운문 스님의 다음과 같은 법문이 있습니다.

운문 스님이 말했다.
"여래께서 샛별이 나타났을 때 도를 이루셨다."
어떤 스님이 물었다.
"어떤 것이 샛별이 나타났을 때 도를 이룬 것입니까?"
운문이 말했다.
"가까이 오너라. 가까이 오너라."
스님이 다가가니 운문이 주장자로 때려서 내쫓았다.

또 보림이란 화상은 다음과 같이 말했습니다.

"온 누리의 중생들과 함께 정각을 이루었다고 하는데 저 늙은 오랑캐
는 제쳐 두고 여러분이 이룬 것을 기억하는가?"

여러분에게 여러분보다 더 가까이 있는 것이 여래가 샛별을 보고 깨달
은 깨달음입니다. 너무 가까워서 도리어 보지 못하고, 너무 분명해서 오
히려 알지 못할 뿐입니다.

운문은 노파심절하여 질문하는 승려를 가까이 불러 불법의 명확한 뜻
을 바로 가리켰습니다. 보림은 무한한 자비심으로 중생들이 세존에게 속
지 않고 제정신을 차리게 하였습니다.

아시겠습니까? 알았다 하더라도 벌써 허물이 적지 않습니다. 모르시겠습니까? 모른다고 한다면 염치가 없어도 너무 없는 것입니다.

어제 먹다 남은 식은 떡국이나 마저 드십시오.

이 경험

바로 지금 이 경험입니다.

바로 지금 무엇이 보이십니까? 보이는 '무엇'에 신경 쓰지 마십시오. 보이는 '무엇'은 끊임없이 바뀌기 때문입니다. 그러나 '본다'는 사실은 변하지 않지 않습니까?

'본다'는 경험을 있는 그대로 느껴 보십시오. '본다'라는 생각, 판단이 아니라 '본다'라는 경험이 진정 무엇인지 자각해 보십시오. 그 경험, 그 느낌, 그 자각에 주목하십시오.

그것은 특별한 경험, 느낌, 자각이 아닙니다. 언제나 변함없는 경험, 느낌, 자각입니다. 어떤 의도나 노력이 필요 없는 자연스러운 경험, 느낌, 자각입니다. 이것이야말로 언제나 바로 지금 여기 이렇게 있는 것입니다.

바로 지금 무엇이 들리십니까? 들리는 '무엇'에 신경 쓰지 마십시오. 그 '무엇' 역시 끊임없이 변하기 때문입니다. 그러나 '듣는다'는 사실은 변하지 않지 않습니까?

그 '듣는다'는 경험을 있는 그대로 느껴 보십시오. 그것에 대해 생각하는 게 아니라 지금 경험하고 있는 경험을 그냥 허용해 보십시오. '무엇'이

들리건 '듣는다'는 사실은 언제나 바로 지금 여기 이렇게 작용하고 있습니다.

'본다'는 경험, 느낌, 자각과 '듣는다'는 경험, 느낌, 자각이 서로 다른가요? '본다'는 경험이 곧 '듣는다'는 경험이고, '듣는다'는 느낌이 바로 '본다'는 느낌과 다르지 않지 않습니까?

바로 지금 이 경험일 뿐이지 않습니까?

이것이야말로 진정한 존재함, 바로 지금 여기에 있음, 현존의 느낌이자 변함없는 자각의 성품이 아닌가요? 새롭게 나타난 것도 아니고 결코 다시 사라지지도 않는 당연한 성품, 이것이 아무 차별 없는 순수한 의식, 근본 마음 아닌가요?

바로 지금 이 경험!

만법귀일

　당신은 지금 존재하고 있습니까? 당신이 존재하고 있다면 그 근거는 무엇입니까? 무엇을 가지고 당신이 존재한다고 주장하는 것입니까? 행여나 당신이 존재하지 않는다고 주장한다 할지라도, 당신의 부재를 주장하는 그 근거는 무엇입니까?

　어떤 느낌, 어떤 감정, 어떤 생각, 어떤 경험보다 먼저 존재하는 무엇이 있지 않습니까? 너무나 당연하고 자연스러운, 그저 여기 이렇게 있음, 현존의 감각이 있지 않습니까? 또는 그러한 현존에 대한 순수한 인식, 앎이 있지 않습니까?

　언제나 우리의 육체가 공간 가운데 존재하듯, 아무런 내용물이 없는, 어떠한 한계가 없는, 텅 비고 투명하고 순수하고 자연스러운 의식이자 존재, 존재이자 자각, 자각이자 생명이라 할 수 있는 무엇이 바로 지금 여기 이렇게 있지 않습니까?

　온갖 느낌, 감정, 생각, 경험이 여기에서 지각되고 인식되고 분별되지만, 정작 그러한 현상을 지각하고 인식하고 분별하는 그것 자체는 또 다른 하나의 대상으로서 지각되고 인식되고 분별되지 않지 않습니까? 그냥 저절로 있고 저절로 알고 있지 않습니까?

이것이 어떤 경우에라도 달라질 수 있을까요? 온갖 다양한 경험의 밑바탕에는 전혀 변함이 없는 순수한 의식 – 존재 – 자각 – 생명이 있지 않습니까? 이것에 의해서 우리는 온갖 다양한 변화를 경험할 수 있지 않습니까? 결국, 모든 변화는 변함없는 이것의 변형일 뿐이 아닌가요?

이것을 알기 위해서 생각하거나 노력할 필요가 있을까요? 이것이야말로 진정한 우리 자신의 정체성, 참나이기 때문에 하나의 객관 대상으로 알거나 경험하거나 소유할 수 없지 않습니까? 이미 우리가 바로 그것 자체이므로 생각할 것도, 행할 것도 없지 않습니까?

이 사실에 대한 분명하고 확고한 자각이 일어날 때, 스스로가 고립되고 불충분하고 불완전한 개체가 아니라 애초부터 분리감 없이 온전하고 완전한 전체임을 깨닫게 됩니다. 인간 존재의 근원적인 불안과 공포에서 벗어나 본래 있던 안심과 평화를 맛보기 시작합니다.

옛사람이 물었습니다.
"만법이 하나로 돌아가는데, 그 하나는 어디로 돌아가는가?"

아시겠습니까?

이 소식

그들이 부르기 전에 내가 대답하고 말을 마치기 전에 들어주리라.
_이사야 65장 24절

보는 자를 다시 볼 수는 없습니다. 듣는 자를 다시 들을 수는 없습니다. 냄새 맡는 자를 다시 냄새 맡을 수는 없습니다. 맛보는 자를 다시 맛볼 수는 없습니다. 느끼는 자를 다시 느낄 수는 없습니다. 아는 자를 다시 알 수는 없습니다.

이것은 완전한 정지, 완벽한 침묵, 순수한 무지, 텅 비었음, 이와 같이 있음, 이러함, 만물과 연결되어 있음, 내면의 고요함, 맑게 깨어 있음, 평화와 사랑, 천진한 즐거움, 더이상 바랄 것이 없는 자유, 그리고 무조건적인 행복입니다.

형상 없음을 보고, 소리 없음을 듣습니다. 냄새를 맡는 그것은 아무 냄새가 없고, 맛을 보는 그것은 아무 맛이 없습니다. 모든 느낌의 근원에는 느낌이 없는 느낌이 있습니다. 앎의 순수한 바탕에는 아무런 앎의 내용물이 없습니다.

이것은 찾아야 할 것, 구해야 할 것, 얻어야 할 것, 성취해야 할 것, 달성해야 할 것, 도달해야 할 것, 소유해야 할 것이 아닙니다. 이것이야말로 단 한 순간도 떨어진 적 없는 진정한 자기 자신, 자신의 본래 모습, 영원한 생명입니다.

보기 이전에 이미 다 보았고, 듣기 이전에 다 들었습니다. 냄새 맡기 이전에 다 냄새 맡았고, 맛보기 이전에 이미 다 맛보았습니다. 느끼기 이전에 이미 다 느꼈고, 알기 이전에 이미 다 알았습니다. 이미 완전히 드러나 있었습니다.

시작하기도 전에 벌써 끝이 났고, 출발하기도 전에 이미 도착하였습니다.

내가 누구인지 말할 수 있는 자는 누구인가

"당신은 지금 여기 있습니까?"

이 질문에 당신은 어떻게 대답하시겠습니까? 아마 처음엔 그렇게 묻고 있는 상대를 놀란 눈으로 쳐다볼 것입니다. 그런데 상대가 너무나 진지한 표정으로 묻고 있다는 사실을 깨닫고는 조금 생뚱맞은 느낌을 느끼면서도 이렇게 대답할 것입니다.

"물론이죠. 나는 지금 여기 이렇게 있습니다."

"당신은 지금 여기 있습니까?"라는 질문에 황당한 반응을 보이는 이유는 무엇일까요? 그것은 애초에 질문이 될 수 없는 것을 묻고 있기 때문이 아닐까요? 당신이 지금 여기 있다는 사실은 전혀 생각할 필요가 없는, 자명한 사실이 아닌가요? 그래서 "물론이죠. 나는 지금 여기 이렇게 있습니다."라고 대답하는 것이 아니겠습니까?

그런데 말입니다. "내가 지금 여기 있다."라고 말하는 그것은 누구 혹은 무엇입니까? '나'입니까? 그것은 순환논리입니다. '나'는 대명사에 불과합니다. 그 '나'는 누구, 무엇입니까? 내가 누구인지, 내가 무엇인지 아는 그것은 참말로 무엇입니까? 당신은 무엇을 확인했기에 "나는 지금 여기 이렇게 있습니다."라고 대답했습니까?

당신이 처음에 황당한 반응을 보인 까닭은 "나는 지금 여기 있습니다."라고 말하기 이전에, 그러한 생각을 일으키기 이전에, 이미 스스로 '나'라는 말로 가리키려는 그것 자체였기 때문입니다. 나는 '나'라는 말이 나오기 이전, '나'라는 생각이 일어나기 이전입니다. 언제나 간단없이 경험되는 근본적인 경험, 온갖 경험의 바탕입니다.

입을 벌렸다 하면 벌써 어긋났고, 생각만 움직여도 이미 틀렸다는 말이 이 사실을 가리킵니다. 입 벌리기 이전, 생각을 일으키기 이전 자리가 바로 참된 나 자신입니다. 나는 결코 하나의 대상이 될 수 없습니다. 따라서 하나의 대상으로 관찰되고 파악되는 나의 몸과 마음은 진정한 나 자신일 수 없습니다. 나는 그것을 시각하고 인식하는 자입니다.

심지어 잠이 들거나 졸도하거나 술에 취해서 자기를 상실했을 때마저도 '나'의 부재, '나'라는 경험의 공백을 자각하고 있는 것이 그것입니다. 나가 나임을 아는 것, 나라는 느낌, 나 있음의 감각이 그것입니다. 아는 자와 알려지는 대상으로 나뉘지 않은 절대적인 앎, 대상이 없는 순수한 자각, 느낌의 내용이 없는 텅 비어 있는 느낌이 그것입니다.

"나는 지금 여기 이렇게 있습니다."라고 입 벌려 말하지 않아도 스스로 자명한 사실이 바로 나의 존재입니다. 모든 상대적인 느낌, 분별의 맨 밑바탕에 있는 것이 그것입니다. '나는 모른다'는 생각을 치우면 예전 그대로 그 자리에 있는 그것입니다. 말이 나오고 생각이 일어나는 바탕이기에, 말과 생각으로 파악하는 것을 멈추면 이미 그것입니다.

다시 묻겠습니다.

"당신은 지금 여기 있습니까?"

이 질문에 당신이 빙긋이 미소 지을 수 있다면 이 어리석은 질문은 제 몫을 다한 셈입니다.

외통수

그대는 지금 아무 어려움 없이 온갖 것을 보고 있습니다. 보이는 온갖 것은 대상입니다. 그런데 그것을 보고 있는 그대 자신을 볼 수 있습니까? 그대의 시야 안에 드러나 있는 그대 신체의 일부나 거울에 비친 그대는 보이는 대상이지 '진정' 보고 있는 자, 그대 자신은 아닙니다.

보고 있는 자, 보고 있는 것, 보고 있는 주체로서의 '무엇(?)'은 우리의 언어 관습과 사고 습관이 창조한 허상일 뿐, 그러한 실체는 사실 없습니다. 그러나 분명 모든 대상을 보고 있습니다. 작용은 하고 있는데 실체는 없습니다. 아니, 어쩌면 작용이 실체인지도 모릅니다.

보이는 대상을 떠나서 따로 보고 있는 '무엇'은 있을 수 없습니다. 그러나 보고 있는 '무엇'은 결코 보이는 대상일 수 없습니다. 보고 있는 '무엇'은 분명 있지만 따로 없습니다. 보고 있는 '무엇'은 따로 없지만 분명 있습니다. 그것은 보이는 대상과 상관없는 보고 있음 자체입니다.

그대는 지금 보고 있습니다. 그대가 바로 보고 있음입니다. 그대와 보고 있음은 둘이 아닙니다. 보고 있음을 다시 볼 수는 없습니다. 그렇다고 보지 않을 수도 없습니다. 그대는 이미 보고 있습니다. 그대는 이미 보고 있음입니다. 이 단순함, 이 당연함, 이 평범함 속으로 녹아드십시오.

그것을 보십시오. 그것을 느끼십시오. 그것을 맛보십시오. 그것이 보고 있는 것입니다. 그것이 느끼는 것입니다. 그것이 맛보는 것입니다. 보고 있는 그것을 다시 볼 수는 없습니다. 느끼는 그것을 다시 느낄 수는 없습니다. 맛보는 그것을 다시 맛볼 수는 없습니다.

그대가 그것입니다. 그대와 그것은 떨어져 있지 않습니다. 그저 그대 자신으로 있는 것이 바로 그것으로 있는 것입니다. 그저 보고 있음으로, 그저 느끼고 있음으로, 그저 맛보고 있음으로 있는 것입니다. 아무 경험의 내용이 없는 경험, 아무 의식의 내용이 없는 의식, 바로 이것입니다.

체크메이트![10]

---

10 checkmate. 체스에서 킹을 잡겠다는 경고를 담은 구호. 장기에서 외통 장군에 해당.

⊙ 방편: 소거(消去) 명상

이 방편도 이 사실에 대한 분명한 자각이 있는 사람의 인도로 묻고 답하는 방식으로 실행할 때 더욱 강력한 효과를 가져올 수 있습니다.

⑴ 아무도 없는 방 안에 편안히 앉는다. 무심히 방 안을 살펴본다.

⑵ 바로 지금 자신이 있는 방 안에서 본래 있지 않았던 모든 깃을 없애 본다.

⑶ 예를 들어, 방 안의 소파나 탁자 같은 사물들을 소거한다. 무엇이 남아 있는가?

⑷ 위의 질문에 사방의 벽이 남아 있다는 생각이 든다면 그 사방의 벽마저 없애 본다. 무엇이 남아 있는가?

⑸ 위의 질문에 아무것도 없다는 생각이 든다면 그 아무것도 없다는 생각도 본래 있던 것이 아니므로 없애 본다. 무엇이 남아 있는가?

⑹ 이쯤에서도 소식이 없다면 지금 그렇게 헤아리고 있는 자기 자신마저 없애 보라. 결국 무엇이 남아 있는가?

행운을 빕니다.

8장
깨달음

내가 나를 찾는데 뭐가 복잡할 게 있느냐 이 말이야.
법문도 필요 없고 다른 방편도 필요가 없어.
원래 내가 가지고 다니는 것, 이거 알아보기 위한 거야.

_원담 진성

⊙ 화두

물었다.
"부처를 깨달음이라는 이치로 일컫는데, 어떠한 법을 깨닫는다는 말입니까?"

답한다.
"법이 없는 법을 참된 법이라 하고, 깨달음이 없는 깨달음을 참된 깨달음이라 하나니, 곧 미묘한 성품은 붙은 데가 없어서 천진(天眞)이며 밝고 환하다. 따라서 『화엄경』게송에 다음과 같이 이른다.

'불법'은 깨달을 수 없나니
이것을 알면 '깨달음의 법'이라 하고,
한 법도 얻을 수 없나니
모든 부처는 이렇게 수행하네.

『무자보협경(無字寶篋經)』에서 승사유 보살이 부처님께 아뢰었다.
'어떤 법이 바로 여래께서 증득하여 깨달아 알 바입니까?'
이에 부처님께서 대답하셨다.
'선남자여, 한 법도 여래의 깨달을 바가 없느니라. 선남자여, 법에서 깨달음이 없는 이것이 여래의 깨달음이니라. 선남자여, 온갖 법이 나지 않으면서 여래는 증득하여 깨달으며, 온갖 법이 없어지지 않으면서 여래는 증득하여 깨닫느니라.'

그러므로 만약 깨달음이 있으면 중생이요, 깨달음이 없으면 목석과 같으리니 (깨달음 있음과 깨달음 없음이) 모두 '참 성품'이 아니다. 그러나 계합(契合)하는 데는 인연이 없지 않아서, '깨달음이 없는 깨달음'이라야 큰 종지(宗旨)가 같다.

깨달음이 없으므로 중생과 같지 않고, 깨닫지 않음이 없으므로 목석과 같지 않아서, 곧 '하나의 깨달음'이 '온갖 깨달음'이다.

깨달음이 없되 깨닫지 않음이 없나니, 깨달음이 없으므로 지혜로 아는 것이 항상 고요하고, 깨닫지 않음이 없으므로 '텅 빈 마음'이 항상 환히 비춘다.

또한 마음이 '항상 머물러 있음(常住)'을 보면 이것을 '깨달음'이라 한다. 그러므로 '하나'가 이루어지면 '온갖 것'이 이루어지고, '하나'가 깨달으면 '온갖 것'이 깨닫는다. 곧 말이 다하고 생각이 끊어졌으면서도 거짓 이름을 무너뜨리지 않기 때문에 비로소 '정각(正覺)'을 이루었다고 한다."

초원의 집

어릴 때 즐겨 보던 미국 드라마 가운데 '초원의 집'이라는 드라마가 있었습니다. 미 서부 개척시기 척박한 땅에서 살아가는 한 가족의 에피소드를 담은 드라마로 기억됩니다. 세세한 내용은 다 잊어버렸지만, 매 회마다 낯선 환경에서 살아가는 가족들이 새로운 상황, 인물, 사건들과 연관되면서 벌어지는 이야기였던 것 같습니다.

모든 것이 어려운 상황에서는 헛간 같은 오두막일망정 보호받을 수 있고 편히 쉴 수 있는 집, 가족, 가정의 가치는 무엇과도 바꿀 수 없는 것입니다. 광막한 초원 위의 집 한 채. 폭풍우가 몰아치고 낯선 사람이나 위험한 상황에서 피신할 수 있는 피난처. 우리 마음 가운데도 그와 같은 초원의 집 한 채가 있습니다.

무지라는 어둠이 가시지 않고, 불안과 공포라는 안개 속에 갇힌 채, 우울과 짜증, 권태의 서리가 내리고, 가끔 분노와 공격성의 천둥 번개가 몰아치는 저녁일지라도 벽난로에 자각의 불꽃이 지펴지고 자애와 연민의 스프가 끓고 있으며 평정과 안심의 잠자리가 있다면 무엇이 걱정이겠습니까? 홈 마이 스위트 홈!

우리 마음 가운데 초원의 집이 서 있는 근원적인 토대가 있습니다. 자연스러운 알아차림의 성품, 존재의 고갱이인 살아 있음의 감각, 영원한 생명 그 자체가 있습니다. 그것이야말로 인연 따로 오가는 상황, 대상, 사건에 훼손되지 않는 우리의 본질입니다. 거기에는 어떤 결핍감도, 불안감도 있을 수 없습니다. 그것은 본래 온전하고 완전합니다.

아무리 강력한 허리케인, 토네이도도 이 근원적인 토대를 허물 수 없습니다. 우리는 언제든지 이 토대, 이 대지에 피신할 수 있습니다. 어떤 상황에서도 그 상황의 배경에 변함없이 있는 자연스러운 알아차림의 성품을 자각할 수 있습니다. 모든 상황은 그 자연스러운 알아차림의 성품 안에서 일어났다 사라집니다. 그러나 그 자각은 일어나지도 사라지지도 않습니다.

이 자연스러운 알아차림의 성품 위에 자각의 불꽃을 지펴야 합니다. 무지와 망각이라는 어둠 속에 이 토대가 가려지지 않도록 알아차림에 대한 알아차림, 자각의 빛이 밝아져야 합니다. 이 자각의 빛만이 어둠은 실체가 아니라 빛의 부재에 불과하다는 사실을 알려 줄 수 있습니다. 이 빛은 어둠 속의 모든 존재에 대한 자애와 연민을 불러일으키고, 그 자애와 연민 가운데 자타 모두 평정과 안심을 얻습니다.

비바람 치는 광야에서 헤매던 모든 존재가 한 줄기 불빛을 등대 삼아 오두막을 찾아와, 자각의 불꽃에 얼어붙은 몸을 녹이고, 자애와 연민의 수프로 허기진 마음을 달래며, 평정과 안심의 잠자리 가운데서 휴식을 취할 수 있는 것입니다. 컴백 홈, 집에 돌아온 것입니다. 아무 보잘것없는 집이지만 집에 돌아와야만 비로소 안식을 얻는 것입니다.

의식의 발달과 성장

인간의 의식은 성장 과정의 초기 단계에 자아 형성 이전의 무의식에서 자아의식으로 분화됩니다. '나'라는 자아의식은 육체의 탄생 이후 한참 뒤에 형성되는 것입니다. 육체와 분리된 '나'라는 자아의식은 자아 그 자체에 집착하고 몰두합니다. 따라서 모든 인간은 기본적으로 자아 중심적입니다. 생애 어느 시기에 자아의식은 자기 자신에 대한 집착에서 벗어나 무한한 의식으로 초월을 꿈꾸게 됩니다. 대개 고통스러운 사건이나 경험, 중년 이후의 무상감 등이 자아의식 진화의 촉매 역할을 합니다. 자아 초월의 의식 상태는 애초 자아의식이 분화되어 나온 근본적인 무의식과 다르지 않습니다.

무의식에서 자아의식으로, 그리고 자아의식에서 초월의식으로 의식의 발달, 진화, 상승 운동은 어떤 의미에서 순수한 의식의 자기회귀 운동 과정이라 할 수 있습니다. 의식은 무의식에서 자아의식으로 분열되었다가 다시 초월의식으로 통합되며, 무의식에서 자아의식으로 상승하였다가 초월의식으로 하강하며, 무의식에서 자아의식으로 확산되었다가 초월의식으로 수렴됩니다. 분열―통합, 상승―하강, 확산―수렴과 같이 의식은 살아 있는 생명으로서 운동합니다. 그 운동 과정에서 인생의 다양한 경험과 사건들이 발생하는데, 그것은 어떤 의미에서 꿈과 같은 의식의 자기 운동입니다.

그리고 한 개인 의식의 성장과 발달은 전(全) 인류 의식의 성장과 발달을 반복합니다. 개체 발달[11]은 계통 발달[12]을 되풀이한다는 말입니다. 한 개인이 잉태되어 출산과 양육 과정을 통해 성장하면서 보이는 발달 수준은 전 인류 의식의 역사적 발달 과정을 그대로 보여 줍니다. 단순 세포의 물질적 수준에서 동물적 수준의 본능적 감각 운동으로, 마법적이고 환상적 사고 수준을 거쳐서 형식적이고 반성적 사고 수준으로, 그리고 정밀한 이성과 논리를 넘어 초월적이며 비이원적 순수 의식으로 성장, 발달합니다. 부분적인 의식에서 전체적인 의식으로, 분열된 의식에서 통합된 의식으로, 단층적인 의식에서 중층적인 의식으로 성장, 발달하는 것입니다.

인간 의식의 발달, 성장, 진화는 결국 의식이 의식 자신을 의식해 나가는 과정이라 할 수 있을 것입니다. 자아는 의식의 자기 목격자입니다. 의식이 의식 자신을 목격하기 위해 의식에서 분화시킨 또 다른 의식이 자아의식입니다. 개인적 삶이란 무한한 의식이 꾸는 꿈이며, 자아의식은 그 꿈속의 주체이면서 또 다른 객체입니다. 자아의식은 모든 것을 목격하면서 동시에 스스로도 목격됩니다. 마이스터 에크하르트는 이런 말을 남겼습니다. "내가 하나님을 보는 바로 그 눈으로 하나님은 나를 본다. 나의 눈과 하나님의 눈은 하나다." 자아의식과 초월(무)의식은 하나이면서 둘이고, 둘이면서 동시에 하나입니다. 여기에 아무런 모순이 없습니다.

---

11 생물의 개체가 수정란이나 포자에서 완전한 성체가 되기까지의 과정.
12 어떤 생물의 무리가 원시 상태에서 현재까지 발전해 온 과정.

자기 집 안의 보물

흔히 불가(佛家)에서 말하는 불성(佛性), 본성(本性), 자성(自性)이라는 것을 쉽게 이해할 수 있는 표현으로 바꾼다면, '외부 요인에 의존하지 않는 무조건적인 만족과 온전함의 감각'이라 할 수 있을 것입니다. 그것은 우리에게 본래 갖추어져 있는, 그리하여 따로 외부에서, 하나의 대상이나 목표로 구할 필요가 없는, 우리의 진정한 정체성, 참 면목입니다.

우리가 외부적인 요인들, 물질적, 정신적 대상·느낌·감정·생각 따위에 지나치게 주의가 쏠리는 순간, 우리에게 본래 갖추어져 있는 이 성품, 이 감각을 망각(妄覺)하게 됩니다. 이 망각으로 인해 이 성품, 이 감각에 대한 무지(無知)가 발생하고, 이 무지가 다시 본래 갖추어져 있는 이 성품, 이 감각에 대한 추구를 촉발시킵니다. 그리고 그 추구는 다시 망각과 무지를 강화하고, 망각과 무지의 강화는 추구를 강화시키는 무한의 악순환을 불러옵니다.

깨달음이란 이 망각에서 벗어나는 경험입니다. 회심(回心), 회개(悔改), 깨어남이라는 말로 그 순간의 경험을 표현하듯, 잠시 잊(忘)어버렸지만 너무나 친밀하고 익숙한 자기 존재, 자기 정체성, 자기 본래 모습을 갑작스레 기억하고 자각하는 것이 깨달음입니다. 본래부터 온전하고 완전하게 갖추어져 있는 것에 대한 발견, 확인의 경험입니다.

그 발견과 확인, 상기(想起)가 일어날 때까지 얼마의 시간이 걸릴지라도 그 발견과 확인, 상기의 순간은 시간을 벗어나 있습니다. 그래서 돈오(頓悟), 갑작스러운 깨달음이라 합니다. 그 전과 후가 완전하고 절대적으로 변화하는 것입니다. 물이 섭씨 100도에 이르는 순간, 액체 상태에서 기체 상태로 완전한 질적 변화가 이루어지는 것과 같습니다.

그렇다면 '외부 요인에 의존하지 않는 무조건적인 만족과 온전함의 감각', 불성·본성·자성이란 어떤 것인가요?

바로 지금 당장 이 글을 읽고 있는 자신의 의식 상태를 되비추어 보십시오. 이 글도 의식되고, 이 글을 읽고 있는 자기 자신도 의식되고, 그것들을 모두 의식하고 있는 의식 자체도 의식됩니다. 의식되는 것들은 미묘하지만 어떤 느낌, 변화하는 의식의 대상, 내용물로서의 감각이 있습니다. 그러나 그 모든 의식되는 것들을 포용하고 있는 의식 그 자체는 어떤 느낌, 어떤 대상이나 내용물로서의 감각이 없습니다. 그 '없다'는 느낌, 감각이 바로 의식 그 자체입니다.

이것을 생각으로 이해하려 하지 마십시오. 그저 활짝 열려 있는 의식 그 자체로 머물러 있으십시오. 이것을 옛사람들은 '알지 못함' 또는 '오직 모를 뿐'이라고 하였습니다. 가장 자연스럽고 중립적인 의식 상태가 의식의 본래 상태, 자연스러운 의식 그 자체입니다. 괴로움도 아니고 즐거움도 아니면서 그 무엇도 아니지만 또렷하게 깨어 있는 상태입니다. 이것이 '바깥에서 들어오지 않은 자기 집 안의 보배'입니다.

깨달음, 가장 직접적인 체험

　많은 사람이 깨달음을 어떤 특별한 체험, 그것이 영적인 것이든 신체 감각적인 것이든 뭔가 색다른 체험과 동일시합니다.

　그러한 체험을 통해 어떤 상태, 대부분 긍정적인 요소로 채워진 상태(고요함과 명료함, 흔들림 없는 마음의 상태 혹은 평화로움, 세상의 모든 고통에서 벗어난 지복 또는 행복한 상태)를 획득하고자 합니다.

　즉, 뭔가를 찾고 구하고 얻으려 합니다. 그러나 바로 그렇게 찾고 구하고 얻으려 하는 것이야말로 모든 불만족, 모든 불행, 모든 고통의 근원입니다.

　여기 그러한 추구, 여기에서 저기로, 이것 아닌 저것으로의 움직임이 아니라, 바로 지금 여기 있는 그대로의 자기 자신에 대한 직접적인 체험, 모든 추구의 정지를 통해 곧장 찾고 구하고 얻으려 하는 마음의 소멸, 곧 모든 불만족과 불행, 고통에서 벗어나는 길이 있습니다.

　그 길은 바로 지금 당장 가장 직접적인 체험 속으로 뛰어드는 것입니다. 바로 지금 여기 당장 당신의 가장 직접적인 체험은 무엇입니까?

　예를 들어, 지금 당신은 이 문장들을 경험하고 있습니다. 그러나 이 문

358

장들의 경험보다 훨씬 더 직접적이고 근원적이고 절대적인 경험, 체험이 있습니다. 어떤 경험들보다 먼저 선행하는 경험, 가장 직접적인 경험이 있습니다.

바로 지금 여기 이렇게 당신이 있다는 경험, 그것이야말로 가장 직접적인 체험입니다. 엄밀히 살펴보면 당신이라는 존재 자체와 바로 지금 여기 이렇게 있다는 현존의 경험은 동일한 것입니다. 이 가장 직접적인 체험이 바로 당신 자신, '나' 자체입니다.

이 순수한 존재하고 있음의 경험, 이 '나'의 체험이야말로 누구도 부정할 수 없으며 누구에게나 평등하며 언제 어디서나 어떤 상황에서도 변함없는 경험, 끊어짐이 없는 체험입니다.

모든 상대적인 경험, 나타났다 사라지는 체험들은 이 균일하고 평등하고 항상한, 가장 직접적인 경험, 이 절대적인 체험 위에서, 또는 안에서 가능할 따름입니다.

이 직접적이고 절대적인 체험이야말로 모든 경험의 유일한 목격자, 진정한 경험의 주체입니다. 어떤 경험에서도 따로 분리시킬 수 없는 필수불가결한 경험의 근본 요소입니다.

모든 상대적인 경험의 내용은 사라져도 그러한 경험에 대한 앎, 인식, 자각, 알아차림은 언제나 바로 지금 여기 이렇게 있습니다. 이 가장 직접적이고 절대적인 체험이 바로 그 앎, 인식, 자각, 알아차림 그 자체입니다.

바로 지금 당신이 이 문장들을 경험하고 있는 이 순간에도 그 경험을 뒷받침하는 것, 그 경험을 드러내는 것이 바로 이 가장 직접적이면서도 절대적인 체험, 바로 지금 여기 이렇게 있다는 이 단순하면서도 당연한 존재의 감각입니다.

이것이 바로 무수한 개별적 존재자들에게 공통된 1인칭 단수 '나'라는 느낌입니다. 남녀노소를 막론하고 불변하는 자기 정체성의 근거가 바로 이 가장 직접적이고 절대적인 경험, '나'의 경험입니다.

이것은 따로 증명할 필요가 없이 자명한 경험입니다. 스스로를 의심한다는 그 행위 자체가 그 존재를 증명하기 때문입니다. 아무런 경험의 내용물이 없는 이 순수하고 단순한 존재, 이 가장 직접적인 체험은 그래서 너무나 쉽게 간과되거나 무시됩니다.

너무나 특별하지 않은 경험, 너무나 당연하고 자연스러운 체험이기 때문입니다. 어리석은 사람들은 이것을 내버려 두고, 나타났다 사라지고 얻었다가 다시 잃어버리는 상대적인 경험, 무상한 체험에 집착하겠지만, 영리한 사람이라면 이 가장 직접적이고 절대적인 체험 가운데서 모든 추구와 바람에서 벗어나 자유로워집니다.

이것은 시간이 걸리지 않을뿐더러 어떤 특별한 노력도 필요하지 않습니다. 이러한 사실에 대한 자각을 일러 깨달음이라 할 뿐입니다.

새벽 명상

이것은 바로 지금 이렇게
당신이 가장 직접 맞닥뜨리고 있는 이것입니다.

당신이 이것을 맞닥뜨리고 있듯이
이것도 당신을 맞닥뜨리고 있습니다.

사실 당신과 이것,
이것과 당신은 둘이 아닙니다.

이것은 내가 여기 이렇게 있음에 대한
가장 평범하고 자연스러운 자각,

세상이 이렇게 펼쳐져 있음에 대한
너무나 당연하고 단순한 인식입니다.

그 자각이 바로 나라는 존재이고
그 인식이 바로 세상이라는 존재입니다.

결국, 이 자각, 인식이 존재 그 자체입니다.
이 자각과 인식이 살아 있음,

지금 여기 이렇게 있음의 근원입니다.

시작을 알 수 없는 과거로부터 아무 변함이 없는 것은
바로 이 자각, 이 인식입니다.

나는 그저 나라는 자기 동일성의 원천이
바로 이 자각, 이 인식입니다.

이 텅 빈 자각, 순수한 인식의
다채로운 변형과 변주가 삶이라는 경험들입니다.

삶의 다양한 사건들은
이 자각 안에서,
이 인식의 공간에서 나타났다 사라집니다.

그러나 이 자각, 이 인식은 지금도 여기 이렇게 있습니다.
당신은 이것을 목격합니다.
이것에 의해 당신이 목격되듯이.

이것이 이미 이렇게 있는 것이고,
이미 알고 있는 것이었음에도

다른 모든 사람이 그랬듯
당신 역시 이 사실을 망각하고 알아보지 못했을 뿐입니다.

깨달음이란 이 사소하지만 치명적인 실수에 대한 재인식,
이미 명백한 사실에 대한 어이없는 수긍입니다.

그것은 마치 나는 이미 나였고,
지금도 나이며,
언제나 나일 것이라는

신앙 고백과 같은 것입니다.

이렇게 단순하고,
이렇게 소박하고,
이렇게 평범하고,
이렇게 당연한 사실에 대한 인정이 그리 어려웠다니!

이 신성한 어이없음 가운데 오래 머물러 있으십시오.
당신 가운데서 일어나는 모든 의심의 파도가 저절로 가라앉을 때까지.

그 모든 느낌과 생각과 감정들이
텅 비었지만 명징한 이 자각,
이 인식의 공간이 쉬는 호흡임을 깨달을 때까지.

바로 이 체험

바로 지금 당장 당신은 무엇을 체험하고 있습니까?

이 황당한 질문 앞에서 일상적인 의식은 특정한 체험의 내용물을 찾으려 잠시 분주할 것입니다.

그런데 말입니다.

그렇게 의식이 작동하기 이전에 의식 자체는 바로 그 자리에 아무 문제 없이 존재하고 있지 않았나요?

아니, 존재가 의식이고, 의식이 존재 자체가 아닌가요? 존재가 존재로서 존재했고, 의식이 의식 스스로를 의식하고 있지 않았나요?

체험의 내용물이 없는 텅 빈 체험, 의식의 대상이 없는 순수한 의식, 다른 대상과 분리된 개별적 존재자의 존재가 아닌 그저 존재함의 감각이 있지 않은가요?

바로 지금 당장 그것을 체험하고 있지 않은가요? 체험하고 있는 주체와 체험을 하려는 객체가 모두 그것이어서 아무 특별한 체험의 내용물이 없는 체험 말입니다.

어떠한 의도나 노력, 수행과 개발이 필요 없는 당연함, 언제나 그러함이 바로 이 체험이 아닌가요?

무슨 말인지 도통 모르겠다고요?

바로 그렇게 작용하고 있는 그것 말입니다. 바로 지금 눈앞에 대상들이 보이죠? 저절로 주변의 소리가 들리죠? 자연스럽게 호흡이 이루어지죠?

생각으로 이해하고 판단하려 하지 않는다면, 우리 모두는 언제나 이 체험을 하고 있습니다. 오직 이 체험만 경험할 뿐입니다.

우리가 생각으로 분별할 수 있는 상대적인 체험의 내용물들은 물 위에 비친 그림자와 같습니다.

체험의 내용물은 나타났다 사라지지만, 그러한 체험을 가능하게 하는 바탕, 이 텅 빈 체험, 의식, 존재는 언제나 있는 그대로입니다.

깨닫기는 쉬우나 믿기는 어렵다

지금 깨어 있는 상태에서는 특별한 노력이 없어도 눈앞의 대상이 잘 보이고 잘 들립니다. 대상의 촉감이 잘 느껴지고 온갖 생각을 잘 분별합니다.

분명 바로 지금 여기 보고 듣고 느끼고 아는 무엇이 있습니다. 그리고 그것이야말로 신성한 그대, 진정한 경험의 주체일 것입니다.

그런데 말입니다. 여기서 정신을 차리고 이 일련의 사고 과정을 잘 살펴봐야 합니다. 보고 듣고 느끼고 아는 무엇, 경험의 주체라는 것이 정말 있습니까?

만약 있다고 한다면 그것 또한 경험의 대상이 아닌가요? 무슨 말이냐 하면, 무엇이 있다고 한다면 그것은 보이거나 들리거나 느껴지거나 알아지는 경험의 대상이라는 말입니다.

모든 존재는 다 경험의 대상입니다. 즉 대상들만이 있다고 할 수 있습니다. 그런데 경험의 주체 없이 대상들이 경험되는 일이 있을 수 있을까요?

경험의 대상들이 경험되니 분명 그것을 경험하고 있는 주체가 있어야 하는데, 정작 경험의 주체는 경험의 대상으로 경험되지 않습니다.

그렇다면 경험의 주체가 없는데 경험의 대상을 경험하는 일이 스스로 있을 수 있을까요? 경험의 주체가 없다면 경험의 대상과 그것이 경험되는 일 역시 없는 것입니다.

그런데 우리는 분명 경험의 주체가 있고 경험의 대상이 있어 경험하는 일이 객관적으로 있는 것 같습니다. 이 경험되지만 실체 없는 경험의 현상을 전통적으로는 마야, 환(幻)이라고 합니다.

경험 현상들은 그 본질이 아무런 실체 없음, 곧 공(空)입니다. 그런데 그 공이라는 개념 역시 아무런 실체 없는 공, 공공(空空: 공도 공함), 필경공(畢竟空: 현상에 대한 분별이 완전히 끊어짐)입니다.

경험의 주체와 대상, 경험하는 일 모두가 꿈 같고 환상 같고 물거품 같습니다. 모든 존재는 없으면서 있고, 있으면서 없습니다.

이 사실을 눈앞의 일, 바로 지금 여기, 이것, 이 자리, 자각, 알아차림, 마음 챙김 등등의 언어로 표현합니다만, 그 모든 언어가 지시하는 대상, 의미는 아무 실체 없이 텅 비어 있습니다.

이것이 아무것도 붙잡을 것 없음, 얻을 수 없음, 알 수 없음, 있는 그대로, 여여(如如)함입니다. 언제나 이와 같음, 본래 이러함입니다.

이 사실을 문득 깨닫기는 쉬우나 완전히 믿기는 어렵습니다. 느낌과 감정, 생각이 일으키는 방해와 간섭 때문에 모든 추구를 쉬기는 어렵습니다.

본래 성불, 본래 완성, 본래 무아(無我), 본래 아무런 부족함 없음, 이미 도달해 있음, 내가 바로 그것임에 한 치의 의혹 없이 머물기는 쉽지 않습니다.

그리하여 옛사람이 노래하기를, "나뭇가지를 붙잡고 있는 것은 귀한 일이 못 되니 낭떠러지에 매달린 손을 놓아야 대장부라 하리라!"라고 하였으며, "백척간두에서 한 걸음 나아가야, 시방세계가 온몸을 드러낸다."리고 하였던 것입니다.

부디 잘 살펴보시기 바랍니다.

차라리 모르는 게 나을지도 몰라

마음공부를 하는 사람들에게 1999년에 개봉된 〈매트릭스〉라는 영화는 흥미로운 텍스트 가운데 하나입니다.

이 영화는 인공지능 컴퓨터가 만든 매트릭스라는 가상현실의 환각에서 깨어나 기계에 저항하는 인간들의 모험을 그리고 있습니다.

이 영화에서 매트릭스에서 깨어난 자, 각자(覺者)들이 마주하게 되는 진짜 현실은 매트릭스가 제공하는 화려하고 모던한 가상현실에 비해 누추하고 남루하고 초라하기 그지없습니다. 끝없이 그들을 쫓는 기계들과 요원들로부터 (제대로 저항하지도 못하며) 도망치고 숨는 것이 일상입니다.

그래서 그 각자들 가운데 한 사람인 사이퍼(Cypher)는 다시 매트릭스 속 가상현실로 돌아가기 위해 스미스 요원에게 자신의 동료를 팔게 됩니다. 깨어난 지 9년 만에 깨달은 것은 '모르는 게 약(Ignorance is bliss)'이라는 사실이라면서.

진실에 깨어남은 깨어나기 이전에 상상했던 것과는 전혀 다릅니다. 깨어나기 이전에 가졌던 깨어남과 깨달음에 대한 희망은 모두 망상을 근거로 한 것이기에 막상 진실 앞에 깨어났을 때, 이전의 모든 선입견과 추측은 현실과 맞지 않습니다.

깨어남 이후의 지리한 공부 과정은 자신이 직접 목격한 진실과 아직 남아 있는 깨어나기 이전의 사고방식, 습관 사이에서 갈등과 방황의 과정입니다. 완전히 진실과 하나가 되기 이전까지는 과거의 경향성, 그 끌어당김의 힘에 언제나 굴복하기 십상입니다.

영화의 주인공 네오는 성서 속 예수처럼 자기가 죽었다가 다시 살아나고 나서야 비로소 매트릭스의 실상을 완전하게 꿰뚫어 보고 그로부터 자유로워집니다.

영적 체험의 두 가지 부작용

인간의 의식이 한 단계 진화, 각성하는 순간, 기존의 일상적 경험과는 다른 심신의 변화를 경험하게 됩니다. 이른바 신비체험, 영적 체험이라고 하는 것으로, 흔히 쿤달리니나 기(氣)와 같은 육체적 에너지 차원의 경험을 비롯하여 물아일체의 합일감 내지 무아 체험, 한없는 만족과 평화, 성성한 알아차림의 성품이 눈앞에 나타나는 감각적, 정서적 차원의 체험 및 갑작스럽게 모든 의문이 해소되면서 명쾌한 이해가 찾아오는 인지적 차원의 경험 등이 있습니다.

많은 구도자의 예상과 달리 그러한 특별한 체험은 깨달음이 아니며, 영원히 지속하지 않고 어느 시점이 되면 사라집니다. 그래서 기존에 영적 체험이나 깨달음에 대한 잘못된 선입견을 가지고 있는 구도자들의 경우, 그러한 체험이 일어났을 때, 그리고 그러한 체험이 사라졌을 때 미혹 속에서 실수를 저지르거나 당혹과 혼란 속에 떨어지기도 합니다. 깨달음은 하나의 특별한 체험과 사건이 아니라, 어찌 보면 끝없는 성숙과 진화의 과정 아닌 과정입니다.

체험 초기의 부작용 가운데 일반적인 현상은 영적 체험의 희열로 인한 산란함, 들뜸입니다. 꽉 막혀 있던 의식이 어느 순간 통렬하게 돌파되는 체험을 하는 경우, 구도자는 어마어마한 희열을 경험하게 되는데, 그때 사방으로 발산되는 기운을 타고 잠재되어 있던 에고적 속성이 드러납니다. 이른바 '깨달은 에고'의 출현으로, 특별한 경험을 한 특별한 '나'는 그 순간 무서울 것이 없는 자신만만함을 느끼게 되는데, 보통 객기(客氣)라 표현되는 깨달음 병입니다.

그 체험이 어느 정도 지속하는 동안은 일상생활에 전혀 문제가 없고, 많은 경우 그동안 알고 있던 영적인 지식이 논리정연하게 이해되기 때문에 본인 스스로는 자신의 깨달음을 믿어 의심치 않습니다. 그래서 간혹 다른 사람들을 가르치려 하거나 법을 휘두르는 도인(道人) 병, 구루(guru) 병에 빠지기도 합니다. 이 경우의 무서운 점은 시간이 지남에 따라 다른 사람들은 그의 문제점을 알아보기 시작하는데 정작 본인만 모를 수 있다는 것입니다.

한때 사람들에게 주목받았던 영적 지도자나 단체들을 살펴보면 그러한 문제점이 있었음을 잘 알 수 있습니다. 안타까운 점은 체험의 여운이 사라지고 본인 스스로 자신의 착각을 돌아보게 되었을 때, 제대로 가르침을 받지 못하고 다시 구도의 방황을 하게 되거나, 최악의 경우 자신의 실수를 깨닫지 못하고 자신의 부족한 점을 복잡하고 해괴한 논리나 궤변으로 포장하고 자신의 체험, 자신만의 깨달음 속에 갇혀 차라리 체험을 하지 아니함만 못하게 되기도 합니다.

체험의 희열로 인한 산란과 들뜸의 반대편에는 오히려 체험으로 인한 허무감, 허탈감, 영적 침체의 부작용이 있습니다. 희열로 인한 산란과 들뜸이 일종의 영적 우월감이라면, 체험으로 인한 허무감, 허탈감, 침체의 느낌은 일종의 영적 우울감이라 할 수 있을 것입니다. 그런데 상반되는 두 가지 부작용 모두 에고가 벌이는 또 다른 게임입니다. 우리의 자아, 에고는 영적 체험의 불길 속에 사라지지 않고 살아남아 다양한 가면 바꾸기 게임을 합니다.

영적 체험으로 우울감에 빠지는 경우는 앞의 경우와 반대로 체험의 에너지가 자기 자신에게로 수렴되면서 모든 것이 텅 빈 우주에 자기만 외로이 있는 것 같다는 망상에서 비롯됩니다. 어디에도 의지할 만한 대상이 없다는 느낌, 어떤 것도 붙잡을 것이 없다는 막막함과 두려움, 믿었던 모든 것이 일시에 사라진 것 같은 허탈감과 허무함에 마음이 아득하게 가라앉아, 차라리 체험 이전의 구도 과정이 더 나았다는 생각이 들 정도입니다.

또한 체험 순간의 경계(특별한 경험)가 너무나 빨리 사라진 경우, 또는 그 경계가 오락가락하는 경우 십중팔구 이러한 미혹에 쉽게 빠지게 됩니다. 사라진 체험, 잃어버린 상태에 더욱 집착하게 되지만, 그러면 그럴수록 아무것도 손에 잡히지 않아 마음은 더욱 초조해지고 불안해집니다. 흔히 '얻었다/잃었다 게임'이라고 불리는 이 상태에서 많은 구도자가 추진력을 잃고 좌절하거나, 다시 이전의 상태로 퇴보하거나, 아니면 완전히 엉뚱한 길로 접어들게 됩니다.

이 두 가지 부작용은 결국 체험이라는 경계를 깨달음으로 오인한 데서 오는 착각입니다. 이전에는 없다가 새롭게 나타나는 체험은 진정한 의미의 깨달음이 아닙니다. 진정한 깨달음의 체험은 온 적도 없고 가지도 않는, 언제나 바로 지금 여기 이대로의 체험, 체험이라 할 수도 없는 체험, 절대적이고 근본적인 체험을 가리킵니다. 수많은 시행착오 끝에 비로소 자기 자신, 이 에고가 벌이는 게임의 법칙을 꿰뚫어 보고 더이상 속지 않게 되는 것이 깨달음입니다.

영적 체험 이후의 미혹 1

'이것이구나!' 하는 일견(一見), 그리고 거기에 수반되는 모종의 영적 체험은 축복이자 어떤 면에서는 저주입니다. 그와 같은 인식의 전환과 의식의 변성 상태(합일감, 지복감)에 대한 체험 그 자체로는 축복일 수 있습니다. 하지만 그 전환과 체험 이후 뒤따르는 미혹은 차라리 그러한 전환과 체험 이전만 못한 삶의 고통의 원인이 됩니다.

왜냐하면 여전히 이른바 분별심이라고 하는 것, 에고라고 하는 것이 모든 경험과 그 경험을 판단하는 주체로 남아 있기 때문입니다. 많은 사람의 기대와 달리 그러한 전환, 체험, 깨달음으로 영원히 분별심이 사라지고 에고가 소멸하지는 않습니다. 그것이야말로 끝없는 분별심의 추구 대상이고 에고가 바라는 바입니다. 그래야 분별심과 에고는 계속 살아남을 수 있습니다.

마치 부패하고 타락한 정권이 자신들의 적폐를 그 허물의 장본인인 자신들이 조사하겠다고 나서는 꼴입니다. 그럴 경우 사실을 왜곡하고 은폐하려는 물타기와 꼬리 자르기, 회유, 협박, 시간 끌기 등의 수법들이 등장합니다. 마찬가지로, 이른바 인식의 전환과 영적 체험 이후에 그것을 방해하고 있던 분별심과 에고가 나서서 그 사건을 정리하고 판단하려 합니다.

대부분의 전환과 체험은 섬광처럼, 느닷없이, 문득, 갑자기, 돌연 일어납니다. 끊임없이 이어지던 생각의 흐름이 잠시 끊어지며, '아하!' 하는 순간이 찾아옵니다. 우리의 주목을 끌던 생각, 분별심과 에고의 간섭 없이 난생처음 있는 그대로의 진실, 바로 지금 여기의 현존 그 자체를 경험하게 됩니다. 한순간에 자아와 세계의 모든 비밀을 엿봅니다. 그래서 일견입니다.

문제는 바로 그 이후에 시작됩니다. 잠시 자리를 비웠던 분별심과 에고가 황급히 돌아오자마자 이렇게 생각합니다. '내가 깨달았구나!', '이것이 그것이구나!' 하면서 그 형언할 수 없는 전환과 체험의 순간을 '나'와 '그것'의 관계로 나누어 버리는 야바위를 벌입니다. 분별심과 에고의 오래되었지만 언제나 효과 있는 전략인, 생각하고 이해하고 정리하기를 펼칩니다.

그 전환과 체험이 생각으로 이해되고 정리되는 순간, 그것은 죽어 버린 과거의 기억으로 전락하고 맙니다. 그리고 그 분별을 한 점 의심 없이 믿는 순간, '그때는 이랬는데 지금은 아니구나!'라는 망상에 속아 넘어가지 않을 수 없습니다. '나'와 '그것'으로 벌어진 그 간극을 메우기 위해 또다시 생각, 분별심과 에고에 의지하는 어처구니없는 일이 벌어지게 됩니다.

이런 이야기를 들은 적이 있을 것입니다.

하루는 악마가 친구와 산책을 하는데, 앞에 가던 한 남자가 길에서 무엇을 주워 주머니에 넣었습니다. 악마의 친구가 악마에게 물었습니다.

"저 남자가 무얼 주웠지?" "진리의 한 조각을 주웠다네." "그건 자네에게 좋은 일이 아니잖은가?" 그러자 악마가 씩 웃으며 말했습니다. "아냐, 전혀 그렇지 않네. 나는 저 남자가 진리를 체계화하는 것을 도와줄 생각이네."

악마, 분별심과 에고가 벌이는 책략은 여러 가지가 있을 수 있는데, 그 가운데 대표적인 것은 알음알이, 지견에 대한 집착입니다. 주로 지적 욕구나 지적 능력이 뛰어난 부류의 사람들이 잘 빠지는 미혹입니다. 일견의 순간은 칠흑 같은 어둠 속에서 번쩍 하고 섬광이 비친 것과 같습니다. 아주 짧은 순간 모든 것을 다 본 것 같은 느낌, 모든 것을 다 안 것 같은 느낌이 뒤따릅니다.

그런 경험 뒤에 영성과 관련된 말이나 글을 읽으면 그 경험 이전과는 전혀 다른 느낌과 이해가 있습니다. 스스로 말과 글에 막힘이 없고 모르는 것이 없다는 통쾌한 느낌, 자기 자신도 놀랄 만한 생각들이 마구 머릿속에서 떠오릅니다. 이럴 때 자칫하면 옛사람들이 식광(識狂), 혹은 법광(法狂)이라 부른, 알음알이와 지견의 미혹에 떨어질 수 있습니다.

진리는 한순간도 머물지 않고 살아 움직이는 것이라면, 그것에 대한 이해, 지식은 기껏해야 그것에 대한 스냅 사진, 더 나아가 살아 있는 것을 죽여서 만든 박제에 불과합니다. 진리를 이해함으로써 관념화, 상대화하려는 욕구는 일종의 소유욕, 통제욕, 지배욕입니다. 자기 자신의 존재 근거가 빈약한 분별심과 에고는 그 대상을 가리지 않고 소유하고 통제하고 지배하려 합니다.

분별심과 에고는 자기 스스로 존재하지 못합니다. 항상 대상과 짝을 이뤄야만 겨우 존재하는 척할 수 있습니다. 예를 들어, 생각과 생각하는 자는 독자적으로 존재할 수 없습니다. 생각이 없다면 생각하는 자는 없습니다. 생각하는 자가 있어서 생각하는 게 아니라, 생각이 있으니까 생각하는 자가 있는 것 같을 뿐입니다. 생각하는 자는 생각이 있을 때만 존재합니다.

알음알이, 지견의 미혹, 식광에 빠진 사람들은 생각을 통해서만 자신이 체험한, 깨달은 진리를 확인할 수 있습니다. 즉, 미묘한 생각을 진리로 착각하고 있는 것입니다. 진주를 한 번 흘낏 보긴 보았는데 실제로 손에 쥔 것은 죽은 생선 눈알인 경우와 같습니다. 비슷하기는 하지만 전혀 다른 것입니다. 그래서 그 부족함을 끊임없이 책 속에서, 생각 속에서 구하느라 쉬지 못합니다.

그래서 자신이 의지하고 있던 미묘한 알음알이와 지견을 부정당하거나 빼앗기게 되면 다시 혼란에 빠지고 흔들리게 됩니다. 하지만 진정한 깨달음의 길로 나아가기 위해서는 반드시 자신의 발 딛고 서 있는 자리가 와르르 무너져야만 합니다. 어떠한 견해에도 머물지 못할 때, 분별심과 에고의 실체가 드러납니다. 생각의 근본이 텅 비었음을 깨달아야 두 번 다시 속지 않게 됩니다.

여기서 명심할 점은 그러한 알음알이와 지견의 미혹, 식광과 법광이 이 공부의 실패를 말하는 것은 아니라는 점입니다. 이 공부에는 성공도 없고 실패도 없습니다. 다만 스스로 만들어 놓고도 알아차리지 못하는 미혹과 함정이 있을 뿐입니다. 그래서 순수한 마음, 판단을 유보하고 지금 여기 이 순간에 충실한 마음을 강조하는 것입니다. 그렇게 자신의 실수를 깨닫는 것이 깨달음입니다.

영적 체험 이후의 미혹 2

갑작스러운 인식의 전환과 영적 체험 이후 사람들을 혼란에 빠뜨리는 가장 강력한 미혹은 의식의 특별한 변성(變性) 상태에 대한 갈망과 집착입니다.

많은 사람이 깨달음을 특이한 체험, 특별한 감각 경험인 것으로 착각합니다. 이른바 '한 소식'이라는 말로 표현되는 갑작스러운 사건, 이벤트를 통해 이전과 다른 의식 상태, 예를 들어 번뇌와 괴로움의 의식 상태가 고요하고 평화롭고 행복한 의식 상태로 바뀌는 것으로 예상합니다. 뭘 모르고 부족하고 모자란 자아가 모든 것을 다 알고 충만하고 사랑과 자비로 넘치는 존재로 변할 것으로 기대합니다.

그러나 그러한 생각이야말로 분별심과 에고의 가장 교묘한 책략, 벗어나기 힘든 미혹입니다. 그러한 체험, 의식 상태를 경험하지 못했을 때는 그것을 얻기 위해서 추구하느라 괴롭고, 막상 그러한 체험과 의식 상태를 경험하고 나서는 그것에 대한 집착으로 괴롭습니다. 특별한 경험, 사건에 대한 갈망과 집착은 반드시 어떤 대상이 있어야만 존재할 수 있는 분별심과 에고의 뿌리 깊은 미혹입니다.

체험 또는 의식의 변성 상태의 본질을 올바르게 통찰해야만 합니다. 체험, 의식의 특별한 상태는 결국 무엇입니까? 그것은 그것과 그것 아닌 것이 구별되는 경험, 의식 위에 드러난 표상일 뿐입니다. 경험이나 표상은 필연적으로 과거의 것, 기억입니다. 항상 부분적인 대상만, 지나간 사건만 경험할 수 있고 의식할 수 있습니다. 언제나 바로 지금 여기서 경험 중인 것은 경험하고는 있지만 현재 진행 중이기에 경험하는 줄 모릅니다.

체험이 일어나는 자리, 의식의 변화, 표상이 드러나는 의식 자체는 하나의 체험이나 의식의 표상으로 경험되지 않습니다. 그것은 부분이 아닌 전체이고, 영원히 바로 지금 여기의 현재이기 때문입니다. 마치 모든 것을 보고 있는 눈을 하나의 보이는 대상으로 볼 수 없고, 아직 지나가지 않은 일은 기억할 수 없는 것과 같습니다. 실제로 전환과 체험의 순간에는 앞뒤가 문득 낳어집니다. 그리고 잠시 뒤 '아하!' 하게 됩니다.

인식의 전환과 영적 체험의 본질은 끊임없이 이어지던 생각의 흐름이 문득 멈추고 내면의 소음이 갑자기 사라지는 공백과 정적의 순간입니다. 갑작스러운 정전이나 프로그램 셧다운과 같습니다. 그러나 재빨리 전원이 다시 들어오고 프로그램이 원상복구 되듯이 분별심과 에고, 곧 생각이 방금 일어난 일을 해석하기 시작합니다. 제 눈에 긍정적인 것은 집착하고, 부정적인 것은 거부하는 아주 오래된 게임을 하는 겁니다.

그래서 전환과 체험의 본질인 알맹이 없는 무엇보다 그 순간에 동반된 심신의 변화 가운데 인상적인 것들만 스냅 사진처럼 포착하게 됩니다. 주로 우주 만물과 하나된 듯한 합일감, 평화로움, 고요함, 텅 비어 있음 따위가 주된 테마입니다. 전환과 체험은 그 본질상 비의도적이고 완전히 수동적이며 매우 일시적인데, 그것을 '나의 것'(기억)으로 치환한 분별심과 에고는 다시 한 번 그것을 재현하기 위해 능동적으로 노력하게 됩니다.

그러나 아무리 애를 써도 동일한 체험은 반복되지 않습니다. 오히려 그럴수록 전환과 체험의 본질은 놓치고 혼란과 불만족만 가중됩니다. 특정한 경계(합일감, 고요함, 평화로움 등)를 본질로 착각함으로써 경계의 변화에 따라 '얻었다/잃었다' 게임, 안정과 불안정을 오락가락하게 됩니다. 그렇게 시간을 지내다 보면 희미했던 체험의 기억, 여운마저 사라지고 완전한 좌절과 불안, 혼돈의 나락에 떨어지게 됩니다.

물론, 끊임없이 이어지던 생각의 흐름이 문득 멈춘 자리, 내면의 소음이 갑자기 사라지고 찾아온 갑작스러운 정적이 전하는 소식을 그 순간 단박에 완전하게 알아차릴 수도 있을 것입니다. 생각, 분별심과 에고의 근원이 본래 텅 비어 있다는 이 소식을 그 순간 완전히 자각했다면 진정으로 인식의 완전한 변화가 가능할 것입니다. 그러나 대부분은 전환과 체험의 여운이 잠시 머물다 사라지거나 부분적인 변화의 과정이 시작됩니다.

전통적으로 깨달음을 일회적이고 비일상적인 특이한 체험이 아니라 일련의 단계를 거치는 점진적인 과정으로 표현하는 이유가 바로 여기 있습니다. 여기서 조심해야 할 점은 그 단계와 과정을 수행해 가는 주체는 분별심과 에고가 아니라는 점입니다. 분별 가능한 명백함으로 나아가는 것이 아니라 오히려 전환과 체험의 본질인 분별심과 에고의 공백, 어떻게도 규정할 수 없고 알 수 없는 모호함 속에 머무르는 것입니다. 그것이 무위(無爲)의 비밀입니다.

결국 일련의 단계, 과정은 분별심과 에고의 착각과 오류가 밝혀지는 과정일 뿐입니다. 보통 '쉬고 또 쉰다', '덜고 또 던다', '모두 내려놓는다', '그 마음을 항복받는다', '진리에 순복한다'는 전통적 표현이 가리키는 바가 바로 그것입니다. 분명 살아 있는 사람이라 믿어 의심치 않았던 주인공이 마지막에 가서는 자기 자신이 유령이었음을 깨닫는, 소름 돋는 반전의 영화처럼, 분별심과 에고는 본래 애초부터 존재한 적이 없었음을 깨닫게 될 것입니다.

더, 더, 더

어느 분이 이렇게 말했습니다.

"이것을 더 확실하게 느낄 수 있는 체험을 원해요."

많은 사람이 깨달음의 체험, 섬광 같은 영적 체험에 대한 갈망을 가지고 있습니다. 그리고 종종 그러한 체험에 대한 환상적인 경험담을 책을 통해 읽기도 하고, 누군가에게서 듣기도 하면서 그러한 갈망이 증폭되기도 합니다.

그런데 말입니다. 우리는 왜 그러한 신비한 체험을 갈망하는 것일까요? 그러한 체험을 바라는 밑바탕에는 어떤 심리가 있을까요? 혹시 그러한 체험을 애타게 기다리다가 더욱 소중한 것을 놓치고 있지는 않을까요?

깨달음의 체험, 영적 체험이라는 것들의 실체는 무엇일까요?

어떤 사람들은 눈부신 빛을 보거나 미묘한 소리를 듣기도 합니다. 육체적 진동과 에너지의 폭발, 상승을 느끼는 경우도 있습니다. 문득 자신과 대상 사이의 경계가 사라지면서 온 우주와 하나가 된 듯한 합일감을 느끼거나 자기 자신이 사라진 듯한 체험을 하기도 합니다. 때로는 눈앞의 의식이 또렷하게 자각되고, 이전까지 자신을 짓누르던 번뇌가 일시에 사라지며, 한없는 평화와 희열의 감정이 밀려오기도 합니다.

이 대단한 체험들의 공통된 본질은 감각적이고 정서적이고 인지적인 경험들이면서, 그 이전까지는 없다가 새롭게 나타나서는 잠시 머물다가 언젠가는 반드시 사라진다는 것입니다. 하지만 우리의 평범한 일상적 경험들도 그 본질에 있어서는 하나도 다른 것이 없습니다.

척추가 녹아내릴 것 같은 영적인 황홀의 체험이든, 우울과 권태, 짜증의 체험이든 모두 동일한 감각적, 정서적, 인지적 경험들입니다. 그 모양과 내용이 다를 뿐 본질은 다르지 않습니다. 그리고 두 체험 모두 일시적이거나 산헐석일 뿐 영원히 지속되지 않습니다.

그런데도 사람들은 왜 이러한 체험에 집착하는 것일까요? 그것은 그러한 체험들을 평범한 일상적 체험보다 더 '훌륭하다'거나 더 '멋있다'거나 더 '가치 있다'거나 더 '영적이다'라고 판단하고 분별하기 때문 아닐까요? 누가 그런 판단과 분별을 하는 걸까요?

누가 '더' 훌륭하고, '더' 멋있고, '더' 가치 있고, '더' 영적인 체험을 바랄까요? '더, 더, 더'를 바라고 원하는 누군가가 있는 한, 어떤 만족, 충만, 평화, 고요도 불가능하지 않을까요? 어쩌면 그러한 깨달음 체험, 영적 체험이 없어서 괴로운 것이 아니라, 그러한 체험을 바라기 때문에 괴로운 것 아닐까요?

어쩌면 진정한 깨달음의 체험, 영적 체험이란 그러한 허망한 감각적, 정서적. 인지적 경험 대상, 나타났다 사라지고, 영원히 지속하지 않고 무상한 경험들의 속성을 꿰뚫어 보고 더이상 그것에 속지 않는 것이 아닐까요? 오히려 그러한 체험들처럼 오지도 가지도 않는 경험의 근본을 깨달 아야 하지 않을까요?

　바로 지금 여기 자기에게 없는 허망한 체험을 바라지 말고, 언제나 바로 지금 여기 있는 자기 자신을 깨달아야 하지 않을까요? 어떤 감각적, 정서적, 인지적 경험이든 그 경험이 나타나기 이전에 아무 경험의 내용이 없는 텅 빈 자각이 먼저 있어야 하지 않을까요? 그 자각이 바로 변함없는 참나 아닐까요?

　그것은 바로 지금 이 글을 경험하고 있는 이것이 아닐까요?

　이 단순하고 평범한 진실을 허망한 생각, 관념, 분별 때문에 놓치고 있는 것은 아닐까요? 순간순간 체험하고 있는 이 근본적인 체험은 놓아두고 지금 여기 있지도 않은 허망한 생각, 관념, 분별을 좇고 있는 것은 아닐까요? 아아, 이것은 찾고 구하지 이전에 이미 이렇게 주어져 있던 것이 아닐까요?

깨달음의 7가지 요소와 그 적용

너무나 당연한 말이지만, 결국 중요한 것은 깨달음, 깨어남, 깨어 있음, 알아차림의 지혜입니다. 이것이 '알아차림이라는 깨달음의 요소'입니다.

이 깨어 있음, 알아차림으로 모든 현상의 참과 거짓, 진실과 허구를 꿰뚫어 보는 것이 '현상의 탐구라는 깨달음의 요소'입니다.

이 현상의 탐구가 꾸준히 이어질 때 '정진이라는 깨달음의 요소'가 구족되고, 올바른 깨어 있음, 알아차림에 의한 현상의 탐구가 꾸준히 이어질 때, '진리의 발견을 통한 기쁨이라는 깨달음의 요소'가 일어납니다.

이 깨어 있음, 알아차림 가운데서의 기쁨을 통해 '몸과 마음의 편안함이라는 깨달음의 요소'가 생겨나고, 이 편안함 가운데 자연스러운 '마음의 집중, 마음의 안정이라는 깨달음의 요소'가 성취됩니다.

그리고 이 마음의 안정, 자연스러운 집중에서 '집착 없는 마음의 평정이라는 깨달음의 요소'가 완성됩니다.

이것을 육체적, 정신적 괴로움이라는 문제 해결 과정에 대입해 봅시다. 사고나 질병, 여러 가지 상황에 의해 육체적, 정신적 괴로움이 발생했다고 합시다.

먼저 깨어 있음, 알아차림이 있어야 합니다. 바로 지금 여기 당장의 눈앞에 성성하게 깨어 있는 이 자리, 이것에 대한 자각, 그것이 곧 깨어 있음, 알아차림이라는 요소입니다.

이 깨어 있음, 알아차림 속에서 육체적, 정신적 괴로움이라는 현상을 탐구합니다. 육체적인 통증이라는 현상의 본질, 정신적 고통이라는 현상의 본질을 깨어 있음과 알아차림으로 통찰해야 합니다.

여기 몸이 있습니다. 몸은 알아차림의 대상입니다. 여기 느낌이 있습니다. 느낌 역시 알아차림의 대상입니다. 여기 마음이 있습니다. 마음 또한 알아차림의 대상입니다. 여기 몸과 마음에서 일어나는 통증과 고통이라는 현상이 있습니다. 그 모든 현상 역시 알아차림의 대상입니다.

그것들은 모두 무상하고, 괴로우며, 나 혹은 나의 것이 아닙니다. 그것들을 나 혹은 나의 것이라고 여기고 집착하거나 저항할 때 발생하는 것이 괴로움입니다. 통증은 있지만, 그 통증을 받는 나는 없습니다. 고통은 있지만, 고통을 받는 나는 없습니다. 통증과 고통은 나의 것이 아닙니다.

통증과 고통으로 인해 연기적으로 발생하는 비탄, 상실감, 절망, 두려움, 공황 등의 괴로움 역시 무상하고, 괴롭고, 나 혹은 나의 것은 아닙니다. 내가 통증과 고통을 받는다는 어리석음, 그 통증과 고통이 나의 것이라는 어리석음이 연기적으로 여러 괴로움을 일으킵니다.

그러나 몸과 마음이 나 혹은 나의 것이 아니듯, 그 몸과 마음을 인연으로 수반되는 통증과 고통의 감각도 나 혹은 나의 것은 아닙니다. 그리고 그 통증과 고통을 조건으로 일어나는 여러 심리적 괴로움 역시 나 혹은 나의 것이 아닙니다.

이와 같은 현상의 탐구로 정진해 나아가야 합니다. 몸과 마음에 대한 동일시, 느낌과 생각을 나 혹은 나의 것으로 삼는 잘못된 동일시에서 벗어나야 합니다. 한결같은 깨어 있음을 피난처, 귀의처, 섬으로 삼고 알아차림의 등불을 밝혀야 합니다.

그러할 때 괴로움에서 벗어나는 기쁨을 경험할 수 있습니다. 괴로움은 있지만 괴로운 나는 없습니다. 괴로움이 없는 자리에서 괴로움이라는 현상의 무상함을 바라볼 수 있습니다. 그러할 때 몸과 마음의 편안함, 경안(輕安)[13]이 찾아오고 괴로움이라는 현상에 흔들리지 않는 마음의 안정, 선정을 이루며, 그 안정 속에서 집착 없는 마음의 평정, 열반이 실현됩니다.

결국, 문제는 깨달음, 깨어남, 깨어 있음, 알아차림입니다. 선은 이 깨달음, 깨어남, 깨어 있음, 알아차림의 확립으로 가는 가장 단순하고 직접적인 길입니다.

---

13 가볍고 평온한 마음의 상태.

말후구, 최후의 비밀

예전 어느 선사가 한 신도에게 다음과 같은 묵적(墨蹟)을 남겨 주었습니다.

○

要識末後句
只這是

풀어 말하기를 "○, 일원상은 원만무애(圓滿無碍)한 내 자성(自性) 자리를 드러내 보인 것이고, '요식말후구(要識末後句)', 말후구, 최후의 한마디, 곧 진리를 알고자 하는가? '지저시(只這是)', 다만 이것일 뿐이다."라고 하였습니다. 그리고 친절하게 덧붙이기를, "'이것' 하는 바로 이것이다. 삼세 제불과 역대 조사가 '이' 하는 여기에 다 들어 있다."라고 하였습니다.

알겠습니까?

알았다 하여도 틀렸고, 몰랐다 하여도 역시 틀렸습니다.

이 말후구, 이것은 알고 모르고에 속하는 물건이 아닙니다. 그저 다만 이것일 뿐입니다. 바로 지금 여기 이 순간 당당하게 드러나 있는 이 물건, 전체로서의 자기, 전체로서 작용하고 있는 자기야말로 마지막 비밀, 뚫기 어려운 공안입니다.

어리석은 사람들은 남들과 구별되는 특정한 몸과 마음을 자기라고 여깁니다. 애석합니다! 어찌 그것만을 자기라 하겠습니까? 바로 지금 여기 이 순간에 완전하게 드러나 있는 이 시공간, 이 우주 전체가 있는 그대로 자기 자신이 아닐까요?

알 것도 없고 모를 것도 없는, 지금 여기 이렇게 보고 있고 듣고 있는, 느끼고 있고 알고 있는 이 의식 작용 전체야말로 진실한 자기 자신이 아닐까요? 텅 비어 고요하지만 신령스럽게 모든 것을 알고 있는 이것이 바로 '그것'이 아닐까요?

일찍이 생겨난 적이 없고 따라서 다시 사라질 일이 없는 '이것'이야말로 영원한 자기, 이름도 모양도 없이 일체의 사량 분별이 끊어진 청정한 마음자리가 아닐까요? 단 한 순간도 잃어버린 적 없고 떠난 적이 없어 다시 얻었다 해도 얻은 바 없고 돌아왔다 해도 돌아온 바가 없는 것이야말로 바로 이것이 아닐까요?

이 자기야말로 마지막 비밀, 최후의 관문, 다만 이것, 바로 이것이 아닐까요?

뜨락의 노란 가을 국화 향기가 코를 찌릅니다.

⊙ 방편: 깨달음을 위한 질문들[14]

다음 일련의 질문들에 대해 당신의 즉각적인 경험을 살펴보고, 당신 자신의 직접적이고 비개념적인 앎에서 응답해 보십시오. 이 질문들에 스스로 답함으로써 당신의 참된 본성의 다양한 양상을 이론이나 추측에 근거한 것이 아닌, 직접적이고 체험적인 앎을 통해 보게 될 것입니다.

(1) 당신은 자신이 현존하고 있다는, 자신이 있다는 감각을 인식할 수 있는가? 그리고 나아가 당신은 자각하고 있다는 사실을 인식할 수 있는가?

(2) 당신은 존재하고 있으면서 자각한다는 사실을 알아차리기 위해서 생각할 필요가 있는가?

(3) 현존하면서 자각하고 있다는 사실을 주목하라. 또한 다양한 생각들, 느낌들, 감각들과 경험들이 이 자각하는 현존 안에서 일어났다가 사라진다는 것을 주목하라. 당신이 변화하는 경험들을 주목할 때, 현존하면서 자각하고 있다는 감각이 조금이라도 변하는가? 그것이 사라지는가? 그것이 동요하는가? 그것이 오고 가는가?

(4) 당신은 이것(현존과 자각의 감각)을 인식하기 위해서 미래까지 기다려야만 하는가?

---

14 John Wheeler, 『You Were Never Born』(non-duality press, 2007), pp.9~19. 발췌 요약.

⑸ 당신은 현존—자각을 인식하기 위해 어떤 수행이나 기법, 연습을 할 필요가 있는가?

⑹ 당신은 있음—자각을 인식하기 위해 영적인 책을 읽을 필요가 있는가?

⑺ 누군가가 와서 이것(현존—자각)을 당신에게 주는가, 아니면 그것은 이미 여기에 있는가?

⑻ 당신은 이것, 당신의 현존하는 존재와 자각을 보기 위해 특별한 '깨어남'이나 '깨달음'을 체험해야 할 필요가 있는가?

⑼ 당신은 현존하고 자각하기 위해 노력할 필요가 있는가?

⑽ 당신은 현존하면서 자각하고 있음을 멈출 수 있는가?

⑾ 당신의 직접적인 경험 속에서, 당신은 하나의 대상이고, 존재—자각은 당신과 떨어져 '저 너머'에 있는 다른 대상인가? 아니면, 당신 자신이 바로 현존하고 있으면서 자각하고 있는 그것인가?

⑿ 몸과 마음은 기쁨과 고통, 움직임과 고요함 등등과 같은 것을 겪는다. 그러나 현존—자각(당신의 참된 본성)이 이러한 경험들 가운데 어떤 것이라도 그와 같이 겪는가?

⒀ 어떠한 현상(생각, 느낌, 감각, 대상, 상태나 경험)이 현존—자각에서 독립되거나 분리되어 존재하는가?

우리의 참된 본성은 항상 현존할 뿐만 아니라, 추구할 필요가 없으며 잃어버릴 수도 없습니다. 그것은 기정사실입니다. 유일한 문제는 우리가 이미 여기에 있었던 것을 알아보지 못하는 것입니다.

9장
깨달음 뒤의 설거지

끝없이 버려야 한다.
깨달았다면 깨달은 걸 버려야 한다.
버리지 않으면 깨달음의 포로가 되기 일쑤다.
_명진 스님

⊙ 화두

화주의 개성 각 장로는 처음에 장로 부철각 스님에게 참학하였으나 오래
도록 얻은 바가 없었는데, 동산의 오조 선사의 법을 듣고는 그의 법석으
로 달려갔다.

하루는 입실하여 오조 선사의 질문을 받았다.

"석가와 미륵도 오히려 그의 노예라 하는데, 말해 보라, 그는 누구인가?"

각 장로가 말했다.

"장삼이사입니다."

오조 선사는 그의 말을 그럴듯하다고 여겼다. 그 당시 원오 스님이 수좌
였는데, 오조 선사가 이 이야기를 말해 주자 원오 스님이 말했다.

"좋기는 좋지만 실제가 아닐지 모르니 그냥 놓아두어서는 안 됩니다. 다
시 말끝에서 샅샅이 따져 봐야 합니다."

다음 날 입실하여 어제와 같은 질문을 받자 각 장로가 말했다.

"어제 스님께 말씀드렸습니다."

오조 선사가 말했다.

"뭐라고 말했느냐?"

각 장로가 말했다.

"장삼이사입니다."

오조 선사가 말했다.

"아니다, 아니야."

각 장로가 말했다.

"스님께선 어째서 어제는 옳다고 하셨습니까?"

오조 선사가 말했다.

"어제는 옳았지만, 오늘은 틀렸다."

각 장로가 말끝에 크게 깨달았다.

깨어 있음 - 알아차림, 놓아 버림 - 받아들임

마음이 어떠한 대상에도 가 있지 않을 때, 마음은 저절로 '깨어 있음'의 상태에 있습니다. 마음이 어떠한 대상에 쏠려 자기 자신을 망각한 상태가 '무지(無知)'와 '무명(無明)', '미혹(迷惑)'의 상태입니다.

마음이 어떠한 대상에도 휩쓸리지 않고 평정을 찾은 '깨어 있음'이 곧 '알아차림'입니다.

마음이 자기 자신으로 '깨어 있음'으로써 다른 대상을 '알아차림' 할 수 있습니다. 다른 대상을 '알아차림' 할수록 스스로 더욱 '깨어 있음'의 상태에 있게 됩니다. 따라서 '깨어 있음'과 '알아차림'은 한 마음의 속성입니다.

'깨어서 알아차리고', '알아차리면서 깨어' 있을 때 우리는 우리가 원하는 대상에 대한 집착을 '놓아 버림' 할 수 있습니다. 또한 원하지 않는 대상에 대한 저항을 멈추고 '받아들임' 할 수 있습니다.

대상을 '놓아 버리지' 못하고 끝없이 추구하는 것은 불만족, 고통으로 이어집니다. 대상을 '받아들이지' 못하고 끝없이 저항하는 것 역시 불만족, 고통으로 귀결됩니다.

이렇게 '깨어서 알아차림'으로써, '알아차리면서 깨어 있음'으로써 우리는 대상을 '놓아 버리면서도 받아들이고', '받아들이면서도 놓아 버릴' 수 있습니다. 그것이 자유, 해탈입니다.

　그러니 깨어 있으십시오. 그리고 알아차리십시오. 모든 것을 놓아 버리시고, 그다음 모든 것을 받아들이십시오.

깨어남(자각) – 놓아 버림(정화) – 받아들임(성숙)

이 공부는 그동안 익숙했던 사고방식에서 어느 날 문득 깨어남으로써 시작됩니다. 본래 있던 무엇을, 찾고 구하기 이전에 스스로가 이미 그 무엇 안에, 그 무엇으로서 존재하고 있다는 사실을 자각하는 것입니다.

그 깨어남, 자각이 과거의 왜곡된 사고방식과 잘못된 습관의 폐해를 깨닫게 만듭니다. 괴로움과 불만족으로 이어지는 조건화된 관념과 행위를 내려놓고 놓아 버리게 만듭니다. 너무나 익숙했던 행동 양식이 점점 낯설어지는 과정에서 잠시 혼란을 겪을 수 있습니다.

과거 습관의 정화가 어느 정도 이루어지면 이제 과거의 조건화, 자아에 대한 집착으로 말미암아 부정되거나 배제되었던 것들을 받아들이고 허용할 여유가 생깁니다. 집착 없는 마음으로 삶의 다양성을 맛봅니다. 의식의 진화, 성숙, 자각의 심화가 이루어지는 것입니다.

깨어난 지혜가 과거 습관으로부터의 자유를 가져오고, 그 자유가 새로운 삶의 가능성에 눈 뜨게 만듭니다. 이성과 감성, 행위가 변화하면서 차츰 원만해집니다. 바로 지금 여기 눈앞의 평범한 현실이 언제나 변함없는 진리임을 사무쳐 깨닫게 됩니다.

내면의 갈등은 종식되고, 외부로의 추구는 끝이 나게 됩니다. 분명할

수록 더욱 자연스러워지고, 자연스러울수록 더욱 분명해집니다. 깨어나고, 놓아 버리고, 받아들입니다. 또 깨어나고, 놓아 버리고, 받아들입니다. 다시 깨어나고, 놓아 버리고, 받아들입니다.

전(全) 인격적 변화로서의 깨달음

인간의 변화는 하나의 사건, 한 번의 특별한 체험으로 이루어지지 않습니다. 인간의 물리적, 심리적 조건은 항상 일정한 상태를 유지하려는 경향성이 있기 때문입니다. 일시적인 변화, 인지와 정서, 행동의 갑작스러운 변화가 한동안 기존의 상태에서 벗어나 다른 상태를 경험하게 하지만, 얼마 지나지 않아 다시 과거의 조건화로 복귀하고 맙니다. 인간은 변하기가 매우 어렵습니다.

갑작스러운 인식의 전환을 통해 기존의 이분법적 인지 상태에서 벗어나 전일적 관점의 인지 상태로 변하는 것은 그리 어렵지 않은 일입니다. 그러나 그러한 인지적 변화는 인간의 전 인격적 변화로 이어지지 못하고 아주 쉽게 기존의 것을 대체하는 새로운 견해, 지식, 관념으로 변질되곤 합니다. 그래서 결국 새롭게 얻은 인식의 전환은 한낱 과거의 기억일 뿐이게 됩니다.

그 인식의 전환, 인지의 변화가 인간 존재의 전 영역으로 자연스럽게 확대 심화되어야 합니다. 새롭게 얻은 시야, 관점을 통해 자신의 부정적 반응 양식과 행동 양식의 조건화를 통찰할 수 있어야 합니다. 감정과 성격 등 정서적 영역에서 점진적이면서도 지속적인 변화가 수반되어야 합니다. 일상의 모든 부분에서 왜곡된 인지로 인한 부정적 반응에서 벗어날 수 있어야 합니다.

새롭게 볼 수 있어야 새롭게 느낄 수 있고 새롭게 행동할 수 있습니다. 삶이란 결국 행위입니다. 삶이 바뀐다는 것은 행위가 바뀌는 것입니다. 행위가 바뀌기 위해서는 보고 느끼는 것이 달라져야 합니다. 다르게 볼 수 있어야 다르게 느낄 수 있습니다. 보고 느끼는 게 달라졌다면 인간의 행위 역시 달라질 수밖에 없습니다. 그러한 의미에서 불교의 삼학(三學)과 팔정도(八正道)는 인간의 전 인격적 변화에 대한 교설이라 할 수 있습니다.

적절한 행위[계(戒)]는 안정된 정서 반응[정(定)]에 영향을 주고, 안정된 정서 반응은 자아와 세계에 대한 올바른 안목, 지혜[혜(慧)]를 갖게 합니다. 물론, 올바른 안목과 지혜가 안정된 정서 반응을 돕고, 안정된 정서 반응에서 적절한 행위가 나올 수 있습니다. 또, 안정된 정서 반응이 적절한 행위를 가능하게 하고, 적절한 행위를 통해 올바른 안목과 지혜를 얻을 수도 있습니다.

팔정도에서도 바른 견해[정견(正見)]를 통해 바른 생각[정사(正思)]을, 바른 생각을 통해 바른 언어[정어(正語)]를, 바른 언어에서 바른 행위[정업(正業)]를, 바른 행위에서 바른 삶[정명(正命)]을, 바른 삶에서 바른 수행[정정진(正精進)]을, 바른 수행을 통해 바른 알아차림[정념(正念)]을, 그리고 바른 알아차림을 통해 바른 선정[정정(正定)]을 성취하게 됩니다.

인지의 변화가 정서의 변화를, 정서의 변화가 행동의 변화를 가져옵니다. 또는 정서의 변화가 행동의 변화를, 행동의 변화가 인지의 변화를 가져올 수도 있습니다. 또는 행동의 변화가 정서의 변화를, 정서의 변화가 인지의 변화를 가져오는 것 역시 가능합니다. 어쨌든 인간의 전 인격적 변화는 인지와 정서, 행동 전 영역에서 이루어지지 않으면 안 됩니다.

　그러기 위해서는 인내와 끈기, 방일함 없이 늘 깨어서 자신의 몸과 마음에서 일어나는 반응과 행위를 자각해야만 합니다. 그러한 자각이 정서적 반응과 행동을 변화시킬 때까지 확대 심화되어야 합니다. 결국, 깨달음의 완성, 인간의 전 인격적 변화는 과거의 조건화, 훈습(薰習)에서 벗어나 새로운 인지, 정서, 행동 양식의 훈습 과정이라 할 수 있습니다.

깨어남 뒤의 혼란과 정체

구도의 길을 가는 많은 사람을 가장 당혹스럽게 만드는 사건이 하나 있습니다. 그것은 문득 깨달음을, 깨어남을 체험하고 난 후 얼마 지나지 않아 찾아오는 혼란과 정체(停滯)의 시기입니다.

많은 사람이 깨달음 혹은 깨어남이라는 일회적인 사건을 통해 이전의 모든 문제가 일시에 해결되고 더이상 어떤 문제도 일어나지 않는 절대 평정의 상태를 얻게 될 것이라는 기대를 합니다.

하지만 사실은 그렇지 않습니다. 깨달음 혹은 깨어남 이후부터 진정한 의식의 성숙과 진화의 과정이 더디게 펼쳐집니다. 전 생애에 걸쳐 의식의 분리를 통합해 가는 지난한 과정이 기다리고 있기 때문입니다.

깨달음 혹은 깨어남의 체험은 일시적인 의식 통합, 전체성 곧 하나임(Oneness)의 체험입니다. 그 순간 현상적으로 경험되는 분리감 너머의 실재를 일견하게 되지만, 그것으로 모든 문제가 해결되고 안정되는 것은 아닙니다.

우리 의식의 근본적인 분열, '나' 곧 자아의 분리감은 단박에 해소되지 않습니다. 뿌리 깊은 조건화로 인한 개인적 경향성, 오랜 세월 동안 저절로 익고 굳어진 업습(業習)은 아주 오랫동안 남아 영향을 끼치기 때문입니다.

깨달음과 깨어남을 체험한 구도자도 얼마간의 영적인 밀월 시기가 지나면 다시 예전의 문제들 속에서 동요하게 됩니다. 예전의 낡은 습관적 반응은 치성한데 새로운 의식 차원은 아직 발현되지 않고 있기 때문입니다.

이때 십중팔구는 다시 익숙한 사고 패턴, 외부 대상에 대한 추구와 획득을 통해 문제를 해결하려고 노력하게 됩니다. 하지만 그러면 그럴수록 혼란은 가중되고 열정과 방향 감각을 상실한 듯한 정체감이 찾아듭니다.

이것이 여러 전통에서 깨어난 뒤의 죽을 고비, 죽기만 하고 살아나지 못한 상태, 영혼의 어두운 밤이라는 말들로 표현하는 상태입니다. 아직 통합되지 못한 자아의식이 스스로 미혹에 빠져 헤매는 시기입니다.

이 시기를 지나는 경험은 때로는 몹시 고통스러울 수도 있습니다. 성서에 그려진 예수의 수난, 곧 대중들 앞에서의 재판, 온갖 모욕과 채찍질, 그리고 십자가형은 이 시기를 지나는 구도자의 내면 풍경이라 할 수 있습니다.

진정한 깨달음 혹은 깨어남은 분리가 아니라 완전한 통합입니다. 깨달은 자가 되어 현상을 통제하는 것이 아니라, 자기를 비우고 현상과 하나가 되는 것입니다. 내려놓음과 받아들임을 통해 우리 내면의 굳은 부분이 용해되어야 합니다.

비교와 대조, 판단이라는 자아의 방어기제를 내려놓고 미지의 현실을 있는 그대로 받아들여야 합니다. 바로 지금 여기에 있는 진실 앞에 순복해야 합니다. 완전한 통합에 유일한 장애물은 바로 특별한 '나'일 뿐입니다.

문제를 만든 자아가 그 문제를 해결하려고 하는 이 우스꽝스러운 상황에 확실하게 눈 떠야 합니다. 자아 곧 이 분별의식의 속임수를 눈치채지 못하는 한, 우리는 끝없는 윤회, 조건화의 수레바퀴에서 벗어날 수 없습니다.

일견 이후 쉽게 빠지는 오류

공부하는 가운데 어떤 인연으로 문득 현상 너머의 진실을 얼핏 보는 경험을 흔히 견성 체험, 한 소식, 일견(一見)이라 합니다.

그러한 경험은 각고의 노력 끝에 일어나기도 하지만, 그러한 노력이 전혀 없이도 자연스럽게 이루어지기도 합니다.

그러나 모든 경우에 공통되는 경험은 갑작스러운 인식의 전환, 이제껏 알아차리지 못했던 어떤 실재에 대한 인식입니다.

그러한 인식의 전환, 깨침이 있을 때 보통 다음과 같은 부수적인 경험들이 따라 일어납니다.

- 합일감 또는 전체성의 경험(갑작스럽게 나와 세계 사이의 분리감이 사라짐)
- 경안(輕安), 몸과 마음의 짐을 내려놓은 듯한 가벼움과 편안함
- 모든 문제가 사라진 듯한 환희, 희열, 은은한 기쁨
- 생각이 사라지거나 아주 줄어듦
- 고요함과 평화로움
- 육체적 에너지 현상(전율, 기운의 움직임, 신비한 빛과 소리를 보고 들음 등)

이러한 경험들을 하게 되면 사람들은 자연스럽게 그러한 느낌이나 상태를 붙잡고 집착하게 됩니다. 그리고 한동안 그러한 경험들을 즐기게 되는데 그것을 일러 '영적 밀월(honeymoon) 기간'이라 합니다.

이때 아직 이 공부에 익숙하지 못한 사람들은 흔히 다음과 같은 실수를 저지르게 됩니다.

- '이제 공부가 끝났다', '나는 깨달았다'는 생각이 들어 공부를 등한시 한다.
- 자신의 경험이나 상태에 대해 다른 사람들에게 얘기하고 싶어 한다.
- 이미 지나간 자신의 경험을 환기하며 그러한 경험이나 상태를 반복하고자 한다.
- 자신은 깨달은 사람이라는 우월감이나 특권의식을 갖는다.
- 다른 사람들을 깨닫게 해 준다는 명목으로 남을 가르치려 든다.

이러한 오류는 여전히 주관과 객관이라는 이분법적 사고방식에서 벗어나지 못한 까닭에 '깨달음'과 그것을 '깨달은 사람'이 존재한다는 망상에서 비롯되는 것입니다. 이러한 이분법적 사고방식이 자연스럽게 해소되기까지는 적지 않은 시간이 필요합니다.

그리고 갑작스러운 인식 전환, 일견의 순간에 부수적으로 따라왔던 특별한 경험들은 시간이 지나면 반드시 사라지게 되어 있습니다. 그러한 특별한 경험을 공부, 깨달음으로 여겨 왔던 사람들은 그 상실의 순간에 이전보다 더한 혼란 속에 빠지게 됩니다.

깨달음을 '얻었다'는 미세한 망상이 다시 깨달음을 '잃었다'는 또 다른 망상으로 이어지며 다시 뭔가를 추구하는 오류에 빠져 공부의 길을 잃게 되기도 합니다. '밀월 기간'이 끝난 다음 이어지는 상실과 절망, 혼동과 혼란이야말로 진정한 공부인을 위한 시험대입니다.

어떠한 집착도 무상함이라는 진실을 이길 수는 없습니다. 모든 부수적인 것들이 사라지고 난 뒤에도 여전히 변함없이 남아 있는 것만이 진정한 것입니다. 모든 것이 떨어져 나갈 때 여전히 남아 있는 집착심이 비로소 드러납니다. 버릴 수 없는 것마저 버려야만 하는 순간이 옵니다.

복마전(伏魔殿)과 같은 공부 길을 가기 위해서는 무엇보다 참된 구도심, 성실하고 진실한 마음가짐이 중요합니다. 그리고 공부 인연이 있어야 합니다. 먼저 이 길을 걸어간 선배 공부인, 스승의 도움과 안내를 받을 수 있는 사람은 복이 많은 사람입니다.

세월의 단련을 받은 공부, 무상을 견뎌 낸 공부만이 참된 공부입니다. 아무 특별할 것도 없고 색다를 것 없는 것만이 시공을 초월하여 바로 지금 여기 있습니다. 새롭게 얻은 적이 없기에 결코 잃어버릴 수 없는 것, 그것이야말로 진리라는 이름에 부합하는 것입니다.

다시 한 번 말씀드리지만, 이것은 어떠한 특별한 느낌이 아닙니다. 남다른 의식 상태도 아닙니다. 뭔가 더 알아야 할 것이 있는 것도 아닙니다. 지극히 평범하고 당연한 것입니다. 그것 이외에 다른 것이 전혀 없는 것입니다. 그러므로 나라 할 것도, 내 것이라 할 것도 없는 것입니다.
아무것도 아닌 것, 그것이 모든 것입니다.

어째서 일견 이후에 혼란이 오는가?

이른바 일견(一見), 견성(見性)의 순간이 있습니다. 문득 자신의 본래 모습, 본래 언제나 바로 지금 여기 있는 마음을 스스로 확인하는 순간이 있습니다. 이제까지 익숙했던 생각의 흐름이 갑자기 멈추고 모든 것이 한 덩어리로 느껴지는 순간, 전체가 드러나는 순간이 있습니다. 이 극히 짧은 순간에 '이것이구나!' 하는, 말로 표현할 수 없지만 너무나 강렬한 느낌, 확신이 듭니다.

그러나 잠시 후 다시 생각이 의식의 수면 위에 나타나 그 체험을 하나의 기억으로 대상화합니다. '내가 성품을 보았다', '내가 체험했다', '내가 깨달았다'는 미세한 생각이 의식적으로 또는 무의식적으로 형성됩니다. 그리고 갑작스러운 인식의 전환으로 인한 심신의 미묘한 변화가 찾아옵니다. 무거운 짐을 내려놓은 듯한 안도감, 가슴 벅찬 환희와 전율, 이른바 깨달음의 '뒷맛', 여운을 느낍니다.

이 '뒷맛', 여운은 일상적인 감각, 의식과 다른 그 배후의 일 없는 자리, 모든 것을 목격하는 의식, 알아차림에 대한 감각으로 자리 잡습니다. 그래서 한동안, 꽤 오랫동안, 여전히 존재하는 상대적인 세계와 새롭게 확인한 절대적인 세계가 따로 있는 듯한 느낌이 지속됩니다. 그러면서 이전의 관심사나 습관이 서서히 낯설어지면서 자연스럽게 본성에만 의식의 초점이 가 있게 됩니다.

이 과정에서 많은 혼란이 일어납니다. 비유하자면, 컴퓨터의 운영체제가 옛날 버전에서 새로운 버전으로 업데이트되었는데, 응용프로그램은 여전히 옛날 운영체제에서 사용하던 프로그램이 남아 있는 경우와 같습니다. 상대적 세계를 살아가는 데 사용하던 낡은 사고방식과 습관으로는 새롭게 확인한 전일적 의식을 이해하고 운용할 수 없습니다. 낡은 프로그램은 삭제하거나 운영체제에 맞춰 업데이트해야 합니다.

이 부조화의 상태에서 여전히 우리가 의지하는 프로그램은 낡은 것입니다. 새로운 운영체제에서는 낡은 프로그램이 제대로 작동하지 않습니다. 그런 상황에서 일종의 조급함, 답답함, 의심과 불안, 의지할 것이 없는 것 같은 느낌, 한없이 낯선 느낌과 같은 혼동과 혼란이 일어납니다. 그때 다시 이전의 프로그램이 잘 돌아가던 낡은 운영체제로 회귀하고자 하는 반작용이 일어나기도 합니다.

해 보신 분은 알겠지만, 프로그램의 삭제와 재설치, 업데이트는 익숙지 않은 사람에게는 꽤나 귀찮고 어려운 일인 것 같습니다. 업데이트를 기다리는 동안은 아무 작업도 할 수 없으므로 무력감과 지루함을 느낄 수밖에 없습니다. 일견 이후의 과정, 깨달음이 성숙하는 과정 또한 이와 같습니다. 사고방식과 습관의 모든 영역에서 업데이트가 이루어져야만 다시 조화를 찾을 수 있습니다.

이 재설치, 업데이트 과정에서 요구되는 것은 인내와 끈기, 시스템 향상에 대한 강한 의지입니다. 프로그램을 재설치하거나 업데이트하는 과정에서 발견되는 수많은 오류를 하나하나 조정해 나가야 합니다. 때로는 프로그램 매뉴얼과 실제 과정이 다를 수도 있습니다. 하나의 오류를 바로 잡는 데 오랜 시간을 허비할 수도 있습니다. 그렇더라도 포기하거나 멈추지 말고 계속 나아가야 합니다.

일단 새로운 프로그램 재설치, 업데이트가 완료되면 이전의 낡은 운영 체제에서 구동되던 프로그램보다 훨씬 더 단순하지만 더욱 강력해진 기능을 경험할 수 있습니다. 처음에는 익숙지 않겠지만 시간이 지날수록 이전 체제의 프로그램 사용법은 점점 잊게 되고 새로운 프로그램에 친숙해집니다. 그럴수록 작업 속도는 빨라지고 작업 결과는 더욱 만족스러워집니다. 자동 업데이트가 수시로 이루어집니다.

깨달음의 성숙 과정도 그렇습니다. 꽤 오랫동안 이전의 낡은 사고방식과 습관을 재조정하는 시간을 통과해야 합니다. 자신의 착각과 허물, 망상과 번뇌를 스스로 깨닫고 치유하는 소소한 깨달음들이 계속 이어지게 됩니다. 끝없는 향상(向上)의 일로(一路)에서 자신을 둘러싼 경계들이 점점 사라지면서, 자기 자신이 모든 것이자 모든 것이 자기 자신임이 분명해집니다. 모든 의문과 갈등은 해소됩니다.

깨달음 뒤의 깨달음

　깨달음이라는 말에 덧붙어 있는 여러 가지 신화 가운데 가장 대표적인 것은, 한 번 완전하게 깨닫고 나면 그 이후로 영원한 지복 속에서 아무런 문제 없이 행복하고 평화롭게 살아갈 것이라는 기대입니다. 그런데 말입니다. 그러한 기대와 희망 뒤에 과연 누가, 무엇이 있느냐 하는 점을 많은 사람이 간과합니다.

　세계 속의 다른 대상들과 분리되어 독립적으로 존재하는 개체로서의 자아는 언제나 누군가를, 무엇을 갈망합니다. 자기 자신이 유한하고 부족하고 불충분한, 전체의 일부분이라 믿기 때문에 언제나 자신의 불완전함을 보충해 줄 어떤 대상을 그리워합니다. 그러한 그리움을 불교에서는 '갈애(渴愛)'라고 표현합니다.

　목이 타는 듯한 그리움, 애착으로 육체, 감각, 감정, 생각, 기억, 신념, 부, 명예 등등 거의 모든 대상에 집착하고 의지하고자 합니다. 세속적인 가치에 대한 갈망의 충족이 이루어지지 않으면 결국 최종적으로 출세간적, 영적인 가치에도 동일한 반응을 보입니다. 그것을 흔히 영적 물질주의라고 합니다.

　그 대상이 세속적인 것이든, 출세간, 영적인 것이든 그 집착, 갈망, 갈애의 뒤편에는 스스로를 무가치하다고, 무상하다고, 불완전하다고, 부족

414

하다고 울부짖는 작은 자아가 있습니다. 결코 채울 수 없는 욕망의 저주에 걸린 자아는 진보와 성취, 발전과 개발, 증강과 확대의 논리, 끝없는 추구에서 빠져나오지 못합니다.

많은 구도자가 영적 체험, 첫 깨달음 이후 혼란과 정체, 무기력을 경험하는 까닭은 완전히 해소되지 않은 자아의 낡은 전략, 반응 양식에 의지하여 깨달음을 얻은 자아와 자아가 얻은 깨달음의 이원적 구조에서 벗어나지 못했기 때문입니다. 아직은 자아가 얻을 깨달음도, 그러한 깨달음을 얻을 자아마저도 없다는 사실을 납득할 수 없기 때문입니다.

우로보로스의 뱀[15]이라는 상징이 보여 주듯, 영적 여정이란 완전한 전일성(全一性), 둘도 아니지만 하나마저도 아닌 전체성, 본래 온전한 참된 자기 자신으로의 회귀입니다. 참된 자기 자신은 완전한 부재로 현존합니다. 나는 완전히 없으므로 온전히 있습니다. 모든 있음은 이 완전한 없음의 자기 현현일 뿐입니다. 없지만 있고, 있지만 없습니다.

작은 자아가 허무 가운데 사라지는 순간, 놀라운 신비가 깨어납니다. 집착과 추구, 갈애와 갈망이 사라지자 본래 거기 온전히 놓여 있는 충만함과 평화, 완전함과 행복이 드러납니다. 얻을 것도, 얻을 자도 본래 없었음을 납득하게 됩니다. 내가 본래 아무것도 아니었음을 철저히 사무치게 되자, 참된 나는 모든 것임을 깨닫습니다.

어떤 것도 나는 아니지만, 나 아닌 것도 아닙니다.

---

15 그리스어 우로보로스는 '꼬리를 삼키는 자'라는 뜻이다. 고대의 상징으로 커다란 뱀 또는 용이 자신의 꼬리를 물고 삼키는 형상으로 원형을 이루고 있는 모습으로 주로 나타난다. 수 세기에 걸쳐서 여러 문화권에서 나타나는 이 상징은 시작이 곧 끝이라는 의미를 지녀 윤회 사상 또는 영원성의 상징으로 인식되어 왔다.

아직도 가야 할 길

오랜 기다림, 아득한 방황 끝에 어느 날 문득 눈앞에 온전하게 드러나 있는 이 사실을 자각하는 순간이 찾아옵니다. 온몸에 전율이 흐르고, 명치 끝에서 쑤욱 뭔가가 내려가는 느낌이 느껴지고, 자신을 짓누르고 있던 무거운 짐에서 벗어난 듯한 가벼움과 희열이 차오릅니다. 뭐라고 말할 수는 없지만, '이것이구나! 이것이었어!'라는 발견의 기쁨과 함께 그동안 자신이 애타게 구하고 찾던 것을 비로소 얻었다는 안심이 찾아옵니다.

잠시 지복의 순간이 흐르고, 다시 생각이 작동되면서 이렇게도 단순하고 간단한 것을 어찌 그동안 깨닫지 못했던가 하는 회한이 느껴지기도 합니다. 이전까지 얽히고설켜 있던 알음알이가 일목요연하게 정리가 되면서, 인식의 지평이 무한히 확장되면서 환희심에 휩싸이기도 합니다. 그와 동시에 '이것이 깨달음이구나! 내가 드디어 깨달았구나!' 하는 내면의 목소리가 터져 나오기도 합니다. 드디어 해야 할 일을 마친 것 같습니다.

한동안 구름 위를 밟고 사는 듯한 기분으로 살아가게 됩니다. 인생의 모든 의문이나 번민은 완전히 사라진 것 같습니다. 긴 장마 후에 맑게 갠 하늘처럼 마음이 활짝 열리고 아무것도 걸리는 것이 없는 듯합니다. 그러나 흥겨웠던 잔치가 끝난 다음 날 무거운 숙취와 함께 잠에서 깨어나듯, 다시 어느 날 문득 예전과 다름없이 감정과 생각의 움직임에 흔들리는 자신을 발견하게 됩니다. 그러고는 뭔가를 다시 잃어버린 듯한 느낌에 사로

잡힙니다.

깨달음의 문이 열린 듯싶더니 매정하게 닫힌 것만 같습니다. 영원한 깨달음의 광휘 속에서 흔들림 없는 삶을 살 것만 같았는데, 여전히 자신은 구질구질한 현실을 벗어나지 못합니다. 마치 왕위에 오르자마자 그 자리에서 쫓겨난 비운의 왕이 된 것만 같습니다. 자신을 둘러싸고 있던 지복과 각성이 사라진 자리에는 잃어버린 그 상태에 대한 그리움과 갈망이 예전보다 더 강하게 남아 있습니다. 천국의 입구에서 다시 지옥으로 떨어진 기분입니다.

그것에 대한 확실한 느낌은 잃어버렸지만 그것에 대한 통찰과 이해는 그대로 남아 있어 오히려 스스로를 더욱 혼란스럽게 만듭니다. '무엇이 잘못된 것일까? 내가 무엇을 놓친 것일까?' 마음은 다시 조급해지고 뭔가를 찾아야 하고, 구해야 하고, 알아야 할 것만 같습니다. 다시 구도의 길이 시작됩니다. 시간이 지날수록 머릿속은 더욱 복잡해지고 가슴은 더 타들어 갑니다. 차라리 그 환희의 순간을 경험하지 않았으면 더 좋았을 것 같습니다.

다시 책을 뒤지고, 이 문제를 해결했다는 사람들의 가르침을 담은 녹음을 듣거나 영상 강의를 듣고 직접 찾아가 이야기를 나눠 보기도 합니다. 머리로는 다 이해할 것만 같은데 가슴속은 전혀 시원해지지 않습니다. 자신이 발견한 것에 대한 확신이 점점 사라지면서 다른 가르침의 길을 기웃거리게 됩니다. 자칫 머리와 가슴 사이의 채워지지 않는 간극을 교묘한 알음알이로 합리화하고 싶은 유혹에 빠지기 쉽습니다.

그러나 미혹과 혼란 가운데서도 포기하지 않고 꾸준하고 성실하게 자기의 길을 가다 보면 반드시 또 다른 계기, 인연을 만나게 됩니다. 아직 해소되지 않은 사고 습관이 유발한 미혹과 혼란을 극복하기 위해서는 어떠한 결론도 유보한 채 불확실함과 모름 속에서 견디는 과정이 반드시 필요합니다. 생각, 이해와 분별에 기초한 공부, 이원적 사고방식의 습관에서 벗어나 완전한 비이원성, 통합에 이르기 위해서는 이러한 통과의례를 거쳐야 합니다.

　결론부터 말하자면, 깨달음을 추구하는 것도 미혹, 망상이었지만. 깨달음을 얻었다는 것 또한 동일한 미혹, 망상입니다. 스스로 깨닫지 못했다는 생각에 속았기 때문에 깨달음을 추구했던 것이고, 스스로 깨달았다는 생각에 속았기 때문에 깨달음을 잃어버린 줄 알았던 것입니다. 결국, 깨닫지 못했을 때나 깨달았을 때나 느낌, 감정, 생각에 의지해 있었기 때문에 그것의 변화에 속았던 것입니다. 완전한 깨달음에는 깨달음이 남아 있지 않습니다.

　깨닫지 못함과 깨달음이 동시에 사라지자, 본래 있는 이대로의 이것, 자기 자신, 이 현실뿐이었습니다. 어떤 느낌, 감정, 생각과 분별에 물들지 않는 텅 빈 실재, 무(無)만이 남아 있습니다. 자기 자신이 바로 이 무였습니다. 이 현실이 바로 이 무였습니다. 이 무, 이 없음이 온갖 있음, 나와 세계의 근본입니다. 모든 것은 무에서 나와 무로 돌아갑니다. 무에서 나와 무로 돌아가므로 나온 것도, 돌아간 것도 사실은 없습니다.

영혼의 어두운 밤

섬광과 같은 계시(啓示)의 순간, 갑작스러운 깨침, 감각과 의식의 돌연한 변성(變性)을 체험한 이후, 그 체험은 그것이 왔을 때와 마찬가지로 홀연, 문득, 갑자기 사라집니다. 그 망연한 부재(不在)의 감각 속에서 이전보다 더한 목마름, 안타까움, 불안과 의혹, 절망과 두려움을 경험합니다. 앞으로 나아가야 할 전망이 사라지고, 어디에도 의지할 데가 없는, 막막하고 암담한 심적 상태, 이른바 '영혼의 어두운 밤'이 찾아옵니다.

자아가 스스로를 지탱하기 위해 의지할 수 있는 손잡이는 더이상 없습니다. 찬란한 영광과 황홀이 머물던 자리에는 폐허처럼 공허감과 상실감이 남아 있을 뿐입니다. 육체적으로도 질병과 같은 부조화를 경험할 뿐아니라, 정신적, 영적으로도 극심한 불안과 우울감에 빠지기도 합니다. 일종의 공황 상태처럼 극심한 공포를 느낍니다. 선(禪)의 전통에서 "크게 한 번 죽는다."는 말 역시 이 과정을 가리킵니다.

아직 해소되지 않고 남아 있는 자아의 조건화, 경향성이 어느 정도이냐에 따라 이 과정을 경험하는 시간과 경험의 강도는 달라집니다. 물리법칙처럼 에너지가 한 방향의 극점에 이르면 자연스럽게 그 반대의 방향으로 전환됩니다. 마치 수면의 파동이나 진자의 운동처럼 상하좌우 서로 반대 방향의 진폭을 가지고 움직이던 사물은 시간이 지남에 따라 그 진폭이 점점 줄어들고 마침내 안정을 찾는 순간이 옵니다.

이 고통스러운 과정을 통과하면서 자아를 둘러싸고 있던 보호막들이 깨져 나갑니다. 가톨릭에서 죄 많은 영혼이 천국으로 가기 전에 잠시 머무르며 자신을 정화하는 연옥과 같고, 연금술에서 금속의 질적 변형을 위해 불의 단련을 받는 것과 같습니다. 주동성과 능동성을 잃어버린 자아는 완전한 피동성, 수동성 속에서 영적인 죽음을 맞이하고 다시 부활합니다. 선의 전통에서도 이를 "죽었다 다시 살아난다."고 합니다.

이 과정을 견디고 통과하게 해 주는 유일한 힘은 믿음 또는 발심과 같은 구도자 개인의 영적 태도입니다. 미지(未知)의 것을 위해 다른 모든 것을 내려놓고 돌아보지 않을 수 있는 용기입니다. 마지막까지 손에 쥐고 있던 것을, 그것이 자신의 목숨일지라도, 내버리는 결단입니다. 살려고 하면 오히려 죽고, 죽음을 두려워하지 않으면 도리어 살게 됩니다. 이것이 자아라고 하는 마지막 관문, 생명에 이르는 좁은 문을 넘어가는 길입니다.

영적 각성 이후 몸과 마음이 괴롭다면

　영적 각성, 깨어남 혹은 깨달음은 인간 의식의 성장 또는 진화의 과정이라 할 수 있습니다.

　사춘기 때 몸과 마음의 폭발적인 성장이 그 시기를 통과하는 청소년의 심신에 여러 가지 혼란과 통증을 가져오듯, 영적 각성이라는 갑작스러운 의식의 도약이 발생한 후 예상치 못했던 감정적 동요와 신체적 통증을 경험할 수도 있습니다.

　영적 각성 이전의 사고방식이나 심리적 상태는 영적 각성에 있어서는 일종의 장애물이었으나, 에고 의식의 입장에서는 그것이야말로 자신과 세계를 관계 맺고 경험을 이해하는 유일무이한 도구이자 에고 자신을 보호하는 방어막과 같은 것이었습니다.

　그런데 갑작스러운 각성으로 인해 그 사고방식과 심리적 상태가 전면적으로 또는 부분적으로 해체, 해소되어 버리면 상대적으로 상실감과 공허감, 황폐함이 그 빈자리에서 경험될 수 있습니다. (물론 해방감과 확장감, 통일감을 느끼는 경우가 더 많습니다.) 특히 몸과 마음에 내재해 있던 심신 상관적인 트라우마 등이 이 열린 공간으로 유출될 때 신체적 통증은 물론 심리적 괴로움을 겪는 사례가 많습니다.

흔히 영적 각성 이후의 혼란기, 영혼의 어두운 밤으로 일컬어지는 이 시기의 공부 방편을 간략히 소개해 보겠습니다.

제일 중요한 것은 영적 각성의 본질에 대한 철저한 통찰이 지속되어야 한다는 점입니다. 알아차림의 확립, 참나 안주(安住), 돈오 후 보임(保任) 등의 표현처럼, 각성 이후 다시 기존의 이분법적 사고방식, 분별망상에 의해 각성의 본질이 흐려지지 않도록 해야 합니다. 이때 필요한 것이 올바른 견해를 지속적으로 지도받을 수 있는 공부 모임(스승과 도반)입니다. 꾸준하고 성실하게 공부 모임(법회, 삿상)에 참여하고 소통함으로써 잔존해 있는 이분법적 사고방식과 분별 망상에서 점차 벗어나야 합니다. 보조적으로 혼자 공부할 때는 바른 안목을 담고 있는 동서고금의 영성 서적을 깊이 읽어 나가는 것도 필요합니다. 결국, 기존의 사고방식으로 회귀하지 않도록 하는 것이 관건입니다.

그다음, 사람에 따라 다르지만 각성 이후 신체적인 부조화나 질병 혹은 병적 징후와 유사한 반응이 나타나는 경우가 있습니다. 그리고 그 신체적 부조화와 불균형 상태가 심리적 문제를 동반하기도 합니다. 반대로 각성 이후 오히려 부정적 심리상태로 떨어져 그로 인해 신체적 부조화와 불균형 상태가 일어나기도 합니다. 어쨌든 심신의 통증이나 고통이 발생하는 경우가 있습니다. 이것은 주로 각성 이전의 삶, 가족관계, 트라우마, 지속적으로 노출된 부정적 경험 등에 대한 신체적, 심리적 반응이 신체 내부와 무의식 속에 얽히어 맺혀 있다가 각성을 통해 풀려서 유출되는 것입니다. 공부하는 사람들에게 제일 힘겨운 순간이 이러한 시기를 통과해야 할 때입니다.

신체적, 심리적 문제가 일상생활을 심각하게 방해할 경우에는 반드시 전문적인 의료기관을 방문해서 검진받아 보기를 추천합니다. 다만, 영적 각성에서 파생된 문제일 경우 의료전문가들은 그것을 제대로 이해하지 못할 가능성이 크다는 사실은 염두에 두어야 할 것입니다. 영적 각성 이후에 신체적 통증이 발현되는 것은 마치 우리가 오랫동안 힘든 일을 하다가 그 일을 끝내고 나면 몸살을 앓는 것과 비슷한 경우입니다. 힘든 일을 겪을 때는 심신이 비상사태를 견뎌 내기 위해 지나치게 활성화되어 있다가, 일이 끝나 이완되었을 때 그동안 심신에 끼쳤던 무리함이 발현되는 것입니다. 일종의 명현(冥顯)[16] 현상이라 할 수도 있을 것입니다.

우리의 몸과 마음은 서로 밀접하게 연관되어 있습니다. 몸은 마음에 영향을 주고, 마음 역시 몸에 영향을 끼칩니다. 몸의 부조화는 마음에 기록되고, 마음의 불균형은 몸에 흔적을 남깁니다. 신체적으로 특정 부위의 지나친 긴장감이나 숨이 막힐 것 같은 답답함, 통증이 있을 수 있습니다. 심리적으로는 불안감이나 우울감, 그리고 그로 인한 좌절감, 불면 등이 자주 나타납니다. 감정과 생각은 일종의 에너지인데, 억압된 감정이나 생각은 심신 어딘가에 응결되어 있다가 각성 이후의 열린 공간으로 유출됩니다. 그래서 어떤 사람들은 영적 각성 이후 기(氣) 체험이나 에너지 현상 등을 많이 경험하기도 합니다. 정체되어 있던 에너지 통로가 뚫리면서 그러한 현상들이 나타나는데, 그때 다소 심신에 부조화 현상을 일으키기도 합니다.

희열이나 행복감, 충만감처럼 긍정적인 심리상태뿐만 아니라, 불안이

---

16 한방에서 의사가 환자에게 투약하여 치유되어 가는 과정에서 예기치 않게 일시적인 격화 또는 전적으로 다른 증세가 유발되었다가 결과적으로 완쾌되는 것을 일컫는 말.

나 공포, 우울 또한 동일한 원인에서 유발되는 감정입니다. 이때 필요한 것은 무심한 관찰, 알아차림입니다. 몸과 마음의 불편한 감각, 감정에 주의와 의식을 기울이되 판단과 해석을 갖지 않아야 합니다. 그저 알아차리고 온전히 그 감각과 감정을 수용하면서 경험해 보는 것이 필요합니다. 이러한 관찰과 알아차림을 위한 보조적인 수단으로 간단한 신체 운동을 권하기도 합니다. 단순한 맨손 체조도 좋고, 요가나 태극권, 기공도 좋습니다. 몸과 마음이 이완된 상태에서 신체의 움직임을 가벼운 주의로 관찰하고 알아차리는 것입니다. 여기서 주의할 것은 집중하는 것이 아니라, 그저 바라보고 있다는 느낌의 주의, 관찰, 알아차림입니다. 감각과 감정의 생멸 변화를 단순하게 지켜보는 것입니다.

이러한 과정을 겪는 분들께는 자주 자연과 접촉할 것을 권합니다. 숲속을 산책하거나 가볍게 등산을 하는 것이 좋습니다. 자연스러운 주의, 깨어 있음 속에서 자연과 함께 있는 것이 좋습니다. 걷는 것은 척추와 내장의 건강에도 좋은 영향을 미칩니다. 규칙적인 움직임은 척추를 튼튼히 하고 내장을 마사지하여 자연스럽게 에너지를 발생시킵니다. 전신의 혈액 순환을 촉진시키고 인위적인 생활에서 날카로워진 신경을 안정시킵니다. 꽃과 나무와 새, 바위와 산등성이 등의 자연물들은 강력한 현존을 유발하게 하는 촉매입니다. 홀로 자연 속에서 지내면서 그동안 소홀했던 자신의 몸과 마음의 느낌에 귀를 기울이는 것이 좋습니다. 그저 들어 주기만 하는 것처럼 판단 없이 느끼기만 하면 됩니다. 그 열린 자각이 치유를 가져옵니다. 스스로가 스스로를 치유하기 시작합니다.

영적 각성은 분열되었던 의식을 통합합니다. 분열로 말미암아 부족하고 불완전했던 것을 통합함으로써 온전하고 완전하게 합니다. 몸과 마음이 통합되고, 주관과 객관이 통합되고, 남성성과 여성성이 통합되고, 이성과 감성이 통합됩니다. 이 통합은 분열로 인해 망각했던 본래의 온전함, 완전함을 회복하는 과정입니다. 육체의 성장처럼 의식의 성장, 진화 과정도 자연스럽게 진행됩니다.

조직화, 체계화의 위험

여러분은 아마 다음과 같은 이야기를 기억하실 것입니다. 어느 날 악마와 그의 친구가 거리를 걷고 있다가 그들 앞에서 어떤 사람이 허리를 구부리고 땅에서 무언가를 주워서 한 번 보고는 호주머니에 집어넣는 것을 보았습니다. 친구가 악마에게 물었습니다. "저 사람이 무엇을 주웠지?" 악마가 대답하기를, "진리의 한 조각을 주웠다네." "그러면 그것은 자네에게는 아주 나쁜 일일세." 그의 친구가 말했습니다. "아, 전혀 그렇지 않아. 나는 그 사람으로 하여금 그것을 소식화하도록 할 베니까."라고 악마가 대답했습니다.
_크리슈나무르티, 「별의 교단 해체 선언문」에서

간혹 길을 가다 바닥에 떨어진 동전을 발견하듯 진리를 발견하는 사람들이 있습니다. 현상 너머, 아니 현상 가운데 드러난 채로 숨겨져 있던 진실이 어떤 사람에게 스스로를 현시(顯示)하는 순간이 있습니다. 모든 것이 정지한 것 같은 '아!'의 순간, 영원과 전체를 경험하는 사람들이 하나둘 늘어가고 있습니다.

그러나 그 짧은 일별의 순간이 지나고 나면 다시 시야는 닫히고 어둠이 찾아옵니다. 한순간 광활한 공간처럼 열렸던 자아는 다시 자기 육신이라는 좁은 감옥에 갇히게 됩니다. 그리고 그 짧았지만 강렬한 경험에 대한 그리움이 '그것에 대해' 생각하게 만듭니다. 악마가 그를 방문하게 됩니다.

악마는 그가 경험한 사실을 하나의 기억, 하나의 대상으로 만들기를 원합니다. 재빨리 그가 가지고 있던 과거의 잡동사니, 퇴적물들 사이에서 그럴듯한 물건들을 꺼내와 그의 경험을 분석하고 정리하고 체계화해서 '이해'할 수 있도록 돕습니다. 예전의 습관대로 그것을 하나의 소유물로 만들도록 부추깁니다.

사막을 횡단한 다음에 마신 물맛을 '이해'하려고 물을 연구하는 순간, 물은 '상온에서는 색깔, 냄새, 맛이 없는 액체이며, 화학적으로는 수소 원자 2개와 산소 원자 1개가 결합된 것'이라는 지식으로 전락합니다. 거기엔 이미 그때 느꼈던 말로 표현할 수 없는 생의 기쁨과 안도감이 증발해버리고 없습니다.

진리는 생각의 범위를 넘어서 있습니다. 생각은 이해의 길, 앎의 길을 가려고 하지만, 진리는 모름의 길 끝에 있습니다. 진리는 이해할 수 있는 것이 아니며, 이해할 수 있다면 그것은 진리가 아닙니다. 오히려 생각을 통해 이해하려는 욕망에서 벗어날 때, 생각보다 훨씬 거대한 무엇을 체감하게 됩니다.

진리를 획득할 수는 없습니다. 진리는 그렇게 작은 것이 아니며, 그대와 분리되어 있는 무엇이 결코 아닙니다. 어떤 의미에서 진리가 바로 그대의 진정한 본질, 존재 자체이기에 그것은 결코 이해의 대상이 아닙니다. 그대는 자기 자신의 존재를 생각할 필요도, 이해하거나 체계화할 필요도 없습니다.

존재는 아무 목적도 이유도 없습니다. 존재만이 존재의 유일한 목적이며 이유입니다. 존재는 행위 또는 비(非)행위가 아닙니다. 존재는 이해 혹은 무지(無知)가 아닙니다. 존재는 그 모든 상대성 너머 스스로 그러함으로 이미 존재하고 있습니다. 그대의 본질이 무언지 전혀 몰라도 이미 그대는 존재합니다.

악마는 건축업자, 부동산 투자자입니다. 끝없이 행위하고 획득하고 소유하고 체계화하고 조직화합니다. 그러나 진리의 길을 가는 사람은 철거업자, 출가자와 같습니다. 익숙했던 과거라는 집을 해체하고 떠납니다. 멈추고 비우고 내려놓고 놓아 버립니다. 그 순간 건축물에 가려져 있던 공간이 드러납니다.

바로 지금 여기 눈앞에 무한한 가능성과 자유의 공간이 있습니다.

호들갑 떨지 말라

"아, 알겠습니다. 바로 '이것'이군요! 모든 것이 다 '이것'입니다. 오직 '이것'뿐입니다. 모두가 '이것'인 한바탕 가운데 벌어지는 연극일 뿐입니다."

호들갑 떨지 마십시오. 아는 것은 중요하지 않습니다. 당신과 '이것'이 모두 사라질 때까지 차분하게 공부해 보십시오.

"저는 확실히 체험하지 않은 모양입니다. 뭔가가 미진한 느낌이 자꾸 듭니다. 그때는 확실한 것 같았는데 지금은 그것이 희미해진 것 같습니다."

호들갑 떨지 마십시오. 체험도 잊어버리고, 느낌도 내려놓으십시오. 어떤 것도 잡으려 하지 마십시오. 그리고 그래도 남아 있는 것으로 머물러 있으십시오.

"선생님, 너무너무 불안해서 죽을 것만 같습니다. 잊을 만하면 우울과 불안이 밀려와서 견딜 수가 없습니다. 자살만이 유일한 탈출구인 것 같습니다. 어떻게 해야 여기에서 벗어날 수 있을까요?"

호들갑 떨지 마십시오. 차라리 우울과 불안에 자기 자신을 내주십시오. 그것에서 벗어나려는 바람이 오히려 그것들을 더욱 강력하게 만들고 있을 뿐입니다. 삶의 의지가 죽음의 공포를 만들어 내고 있습니다. 죽으려면 지금 당장 죽으십시오. 죽은 사람은 어떤 것에도 집착할 수 없습니다. 집착할 '나'가 없습니다. 지금 당장 산 채로 죽으십시오. 어떤 것에도 집착하지 마십시오. 어떤 것도 바라지 마십시오. 어떤 것도 피하지 마십시오.

"아무래도 깨달음을 성취하기 위해서는 수행이라는 것을 해야 하지 않을까요? 어떻게 아무런 수행도 없이 깨달음을 얻을 수 있단 말인지 도무지 이해가 되지 않습니다."

호들갑 떨지 마십시오. 가만히 있으십시오. 깨달음이니 수행이니 하는 따위의 말들은 모두 쓰레기통에 처박아 버리십시오. 그렇게 잘못 배운 명칭과 개념 때문에 그대는 깨닫지 못했던 겁니다. '깨달음'이라는 말을 책에서 누군가의 말을 통해서 듣고 배웠기 때문에 바로 지금 있는 그대로의 그대 자신은 저절로 '깨닫지 못함'이 되었습니다. '수행'이라는 개념이 머릿속에 박혀 있기 때문에 바로 지금 여기의 현실은 '모자라고 부족하고 완전하지 않고 깨닫지 못한 상황'이 되어 버렸습니다. 그 모든 똥 덩어리들을 비워 내십시오.

바로 지금 당장 여기 있는 그대로의 자기 자신이 아니라, 언젠가 각고의 노력과 수행을 통해 얻을 수 있는 것이 깨달음이라면, 그런 깨달음이 뭐가 대단한 물건이겠습니까? 그렇게 시간적으로 공간적으로 나와 분리되어 있는 것이 깨달음이라면, 그것은 일정한 경계선을 가지고 있는 한정된 물건에 불과합니다. 그것이 아무리 거대하더라도 나 바깥에 하나의 대상으로 있다면 언제나 그것보다 더 큰 허공 가운데 나타나야만 하니 얼마나 왜소한 것이겠습니까? 그런 깨달음을 어디에 쓰겠습니까?

그 모든 쓸모없는 생각들이 사라진다면 어떻게 될까요? 생각이란 실체를 가진 물건이 아니라 그림자나 신기루와 같은 환영입니다. 그 환영을 실체인 줄 아니까 없애려 하고 닦으려 하는 촌극을 벌이는 것입니다. 꿈이 현실인 줄 알다가 깨어나면 꿈에서 벗어나듯, 모든 생각이 망념인 줄 깨달으면 생각에서 벗어나게 됩니다. 어떻게 하면 생각에서 벗어날 수 있을까, 생각에서 벗어나는 10단계 수행 프로그램 따위가 모두 생각, 망념입니다. 생각이 망념인 줄 깨닫고 생각을 쉬십시오. 그것이 깨달음입니다.

제발 호들갑 떨지 마십시오.

깨달음 뒤에 숨지 말라

당신은 어쩌면 심오한 깨달음을 체험했을지 모릅니다. 자아와 세계에 대한 놀라운 비전과 통찰을 얻었을지 모릅니다. 그런데 그래서 어쨌단 말입니까? 당신이 진정 솔직한 사람이라면 당신의 깨달음이 현실적인 의미에서 아무런 변화도 가져다주지 않았다는 사실을 인정할 것입니다.

아무것도 달라진 것은 없습니다. 잠시 그 모든 것에서 벗어난 듯한 해방감을 맛보기도 했겠지만, 여전히 다니던 직장에 출근해야 하고 가족을 비롯한 인간관계는 물론, 신체적인 질병이나 심리적인 문제, 고질적인 습관이나 일상생활의 패턴은 그대로 남아 있습니다.

그제야 비로소 당신은 비몽사몽의 상태, 깨달음이라는 또 다른 미혹에서마저도 활짝 깨어날 준비가 된 것입니다. 더이상 깨달음이라는 방패 뒤에 자기 자신을 숨길 수 없다는 사실을 깨달은 것입니다. 깨달음이 현실 도피나 현실 왜곡의 수단이 될 수 없음을 이해하기 시작한 것입니다.

갑자기 마지막 의지처마저 사라진 듯한 이 상황에서 당황한 자아는 다시금 익숙한 습관, 패턴으로 돌아가려는 움직임을 보일 것입니다. 다시 뭔가를 추구하고 획득함으로써 잠시 위안과 안정을 얻고 다시 그것을 잃어버리는 낡은 게임을 반복하려 할지도 모릅니다.

이때 이 낡은 패턴, 조건화에서 벗어날 수 있는 유일한 탈출구는 그 당황스러운 사실을 있는 그대로 목격하고 경험하는 것뿐입니다. 깨달음이라 여겼던 것이 한낱 신기루나 환영처럼 사라지고 진실로 자기 자신에게는 아무것도 남아 있지 않다는 냉혹한 사실을 인정하는 것뿐입니다.

얻으려 하면 이미 가진 것마저 잃어버릴 것입니다. 살려고 하면 반드시 죽게 될 것입니다. 삶이라는 가혹한 스승은 현실이라는 진퇴양난의 문제로 우리를 시험할 것입니다. 가짜 깨달음은 이 문제 앞에서 산산이 무너져 내릴 것입니다. 당신은 끝내 마지막까지 쥐고 있던 것을 내놓아야만 합니다.

당신과 현실 사이에 가로놓여 있던 깨달음이라는 미세한 장벽을 스스로 무너뜨려야 합니다. 참된 깨달음은 벽이 아니라 문입니다. 현실로부터 자신을 보호하려고 쌓은 벽이 아니라 현실로 통하는 문입니다. 한 방울의 물이 마르지 않기 위해서는 끝없이 물결치는 바다로 돌아가야만 합니다.

깨달았다고요?

깨달았다고요?
이제는 아무런 의심이 없다고요?
'나'라는 것은 실제로 존재하지 않는다고요?
모든 것이 분리 없는 한바탕이라고요?

축하합니다.

그럼 그 깨달음을 버리세요.
의심이 없다는 생각도 잊으세요.

그래야 다시 자연스럽게 일어나는
의심을 억누르지 않을 수 있습니다.

'나'가 없음을 사무쳐 깨달았으면
'나'를 잘 돌봐주고 사랑해 주세요.

모든 것이 분리 없는 한바탕임이 분명하다면
온갖 인연에 집착하지도 말고 저항하지도 마세요.

깨달음에 머물지 마세요.

깨달음에 동일시되지 마세요.

깨달음을 '나'의 또 다른 정체성으로 만들지 마세요.

깨달음 속에 숨지 마세요.

깨달음은 있으면 없는 것이고, 없으면 진짜 있는 겁니다.

깨달음은 어떠한 상태나 경지, 대상이 아니에요.

매 순간순간이 바로 그것이에요.

그 이전에도 이러했고 그 이후에도 이러한 이 당연한 삶이에요.

아침에 해가 뜨고 저녁에 해가 집니다.

봄이 가면 여름이 오고 가을 지나면 겨울입니다.

태어나서 늙고 병들고 죽습니다.

그저 그럴 뿐이에요.

다만, 아무리 그래도 실제로는 그런 일이 없는 줄 알 뿐이에요.

그런 일이 다시는 일어나지 않는다는 뜻이 아니에요.

영원히 깨달을 뿐이에요.

깨달음 뒤의 설거지

밥을 다 먹었으면 설거지를 해야 합니다. 될 수 있으면 밥을 먹자마자 바로 하는 것이 시간과 노력을 절약할 수 있습니다. 그렇지 않으면 음식 찌꺼기들이 딱딱하게 굳어서 잘 닦이지 않습니다. 물에 불리고 수세미로 여러 번 닦느라 시간도 오래 걸리고 힘도 더 듭니다.

한 번 설거지를 했다고 그다음부터 안 해도 되는 것이 아닙니다. 밥을 먹을 때마다 귀찮지만 설거짓거리는 나오기 마련입니다. 미루지 말고 그때그때 설거지를 해야 합니다. 그렇다고 너무 서두르지 말고 느긋하게 해야 합니다. 자칫 너무 서두르다가는 귀한 그릇을 깰 수도 있습니다.

소박하고 맑게 음식을 먹었으면 설거짓거리가 그리 많지도 않고 힘들지 않지만, 거창하고 기름지게 음식을 먹게 되면 산더미처럼 쌓인 설거짓거리에 한숨부터 나오게 됩니다. 그래도 큰 그릇부터 차근차근 설거지해 나가야 합니다. 자꾸 하다 보면 어느새 요령이 생기는 법입니다.

밥 먹기 전에 미리 설거지할 것을 생각해서 불필요하게 이 그릇 저 그릇 꺼내는 일이 없도록 해야 합니다. 그리고 설거지를 편하게 하기 위해선 그릇에 음식 찌꺼기를 남겨서는 안 됩니다. 욕심부리지 말고 먹을 만큼만 그릇에 덜어도 남기지 않고 다 먹는 습관을 길러야 합니다.

세제를 쓸 때도 필요한 만큼만 적당히 써야 합니다. 무조건 거품만 많이 낸다고 해서 설거지를 잘하는 것이 아닙니다. 세제로 찌꺼기를 잘 닦아 냈으면 맑은 물에 여러 번 헹궈 그릇에 세제 잔류물이 남아 있지 않도록 해야 합니다. 그릇에 어떤 흔적도 남겨 두지 않아야 제대로 설거지를 한 것입니다.

밥을 다 드셨습니까? 그렇다면 설거지를 하십시오! 그릇을 썼으면 언제나 깨끗이 설거지를 해서 원래 상태로 두십시오. 음식 찌꺼기도 남겨 두지 말고, 세제 찌꺼기도 남겨 두지 마십시오. 물기까지 바짝 말려 두십시오. 그 그릇으로 배고픈 이에게 밥을 주고, 목마른 이에게 물을 주십시오.

⊙ 방편: RAIN 명상

타라 브랙(Tara Brach)[17]을 비롯한 세계적인 명상 지도자들이 공유하는 새로운 마음챙김 기법으로, 강렬하고 부정적인 감정이 일어날 때 즉석에서 다룰 수 있도록 도와줍니다. 네 단계로 구성되어 있는데 각 단계의 첫 글자를 따서 'RAIN'이라고 부릅니다.

(1) 첫 번째 단계는 R(Recognize): '알아차리기'다. 바로 지금 자기 안에서 경험하고 있는 사고, 감정, 감각에 주의를 기울이는 것이다. 선입견을 내려놓고 다정하고 너그럽게 자신의 몸과 마음에 귀를 기울인다.

(2) 두 번째 단계는 A(Allow): '허용하기'다. 알아차린 사고, 감정, 감각을 부정하거나 거부하지 않고 그대로 내버려 두는 것이다. 그저 그것이 거기에 존재하도록 인내심을 가지고 허용한다.

(3) 세 번째 단계는 I(Investigate): '살펴보기'다. 자신의 몸과 마음에서 내면의 경험이 어떻게 느껴지는지 관심을 두고 바라보는 것이다. 내면의 경험을 다정한 시선으로 조사한다.

(4) 네 번째 단계는 N(Non-identification/Nurture): '동일시하지 않기' 또는 '보살피기'다. 본래부터 갖추고 있는 자각, 현존의 감각 안에서 제한된 사

---

17 『받아들임』(불광출판사, 2012), 『자기돌봄』(생각정원, 2013), 『삶에서 깨어나기』(불광출판사, 2014), 『끌어안음』(불광출판사, 2020) 등을 참고하라.

고, 감정, 감각을 자기와 동일시하지 않음으로써 사로잡히지 않는 것이다. 그리고 사랑이 가득한 현존감으로 충분한 시간을 갖고 사고, 감정, 감각을 보살핀다.

10장
있는 그대로

하나의 물결은 궁극적으로 바다이지만
여전히 하나의 물결로 보인다는 점을 기억하세요.

물결의 겉모습을 무시하고 인정하지 않으면,
실제로는 바다 자체를 거부하는 것입니다.

_제프 포스터

승신 스님은 도오 화상에게 출가하여 몇 해 동안 시봉하였다. 그러던 어
느 날 승신이 물었다.

"제가 이곳에 온 이래 마음의 요체에 대한 가르침을 받지 못했습니다."

도오 화상이 말했다.

"그대가 이곳에 온 이래로 일찍이 내가 그대에게 마음의 요체를 가르치지
않은 적이 없었다."

승신이 다시 물었다.

"어느 곳에서 가르쳐 주셨습니까?"

도오 화상이 말했다.

"그대가 차를 가져오면 내가 그대를 위해 받아 마셨고, 그대가 밥을 가져
오면 내가 그대를 위해 받아먹었으며, 그대가 절을 하면 나 또한 머리를
숙였다. 어느 곳이 마음의 요체를 가르쳐 주지 않은 것이냐?"

승신이 그 뜻을 알지 못해 생각하면서 가만히 있자 도오 화상이 말했다.

"보려면 곧장 바로 봐야지, 머뭇거리며 생각하면 어긋난다."

승신은 그 말을 듣고 툭 트여 깨닫고 말했다.

"마치 떠돌던 자식이 집에 돌아온 것 같고, 가난한 사람이 보배를 얻은 것
같습니다."

도오 화상에게 절을 올리고 다시 물었다.

"어떻게 보임(保任)해야 합니까?"

도오 화상이 말했다. "성품에 맡겨 자유롭게 노닐며 인연 따라 걸림 없이
지내라. 범부의 마음이 다했을 뿐 달리 성인의 견해가 없다."

몸에 귀 기울이기 1

많은 사람이 몸을 하나의 수단, 도구로 봅니다.
어떤 일을 성취하기 위한 수단, 허영과 쾌락의 도구 등등.

마음공부 하는 사람들 가운데 몸을 공부의 장애물,
부정하고 극복해야 할 대상으로 보는 이가 많습니다.

몸에 대한 폄하 또는 비하는
마음 또는 정신을 우위에 두는 편협한 관점의 소산입니다.

이렇게 몸과 마음을 분리된 것으로 보고
몸보다 마음에 더 가치를 두는 태도는
여러 가지 부정적 결과를 낳습니다.

거식과 폭식, 조울과 불안, 불면과 만성 피로 등등
자율신경계의 부조화를 초래합니다.

엄밀한 의미에서 우리의 본질은 몸과 마음이 아니지만
몸과 마음을 벗어나 있는 것도 아닙니다.

우리는 몸과 정신, 그리고 온갖 현상을 통해

스스로를 경험하는 의식[18]입니다.

절대적인 의식이 상대적인 몸과 마음을 통해 세상을 경험합니다.
특히나 몸은 의식이 세상에 머무는 닻의 역할을 합니다.

그리고 우리의 마음, 정신, 감정과 사고는
그것이 몸에 영향을 주는 만큼
몸의 영향에서 자유롭지 못합니다.

결국 몸과 마음은 분리되어 있지 않습니다.
몸이란 모양을 취한 마음이며,
마음이란 모양이 없는 몸인 셈입니다.

우리는 매우 구체적인 몸이라는 현상을 통해
마음의 문제에 접근할 수 있습니다.
신기루 같고 안개처럼 모호한 마음이라는 현상은
몸을 통해 현실화되기 때문입니다.

_____

18 신, 불성, 깨달음, 존재라는 용어를 써도 좋다. 어차피 다 말일 뿐이니까.

몸에 귀 기울이기 2

자신의 몸을 자세히 본 적이 있습니까?

자아도취적인 관점이나 자기비판적이고 자기비하적인 관점이 아닌, 있는 그대로의 자신의 몸을 관찰한 적이 있습니까?

하나의 소유물로 애착하지도 않고, 하나의 장애물로 혐오하지도 않으며, 오랜 세월을 함께한 벗으로 바라본 적이 있습니까?

앨범을 꺼내 성장하면서 변해 간 자신의 얼굴을 보십시오.
몸 어딘가에 새겨진 자기 삶의 흔적을 찾아보십시오.
몸이 자신에게 들려주는 이야기에 귀 기울여 보십시오.

몸은 하나의 역사입니다.
예를 들어, 그대 몸의 흉터는 어린 시절의 어떤 사건과 연관되어 있습니다. 몸에 난 상처는 어느새 아물었겠지만, 그 사건이 자신에게 준 영향도 사라졌습니까?

어떤 모습, 어떤 소리, 어떤 냄새, 어떤 맛, 어떤 느낌, 어떤 상황이 불현듯 온몸에 소름이 돋거나, 덜덜 떨리거나, 옥죄는 듯한 느낌을 초래하지 않습니까?

그대의 기억, 마음은 까맣게 잊었지만, 몸은 결코 잊지 않고 있는 무엇이 있는 것은 아닌가요?

우리는 종일 몸을 움직여 목적한 곳에 도달하거나, 목적한 바를 이루는 것에는 신경을 쓰면서도, 그것을 성취하기 위해 수고한 몸을 제대로 돌아보지는 않습니다.

그대가 걷고 있다면, 조급한 생각에 이끌려, 자신의 걸음걸음을 느끼지도 못한 채 걷고 있지는 않은지 돌아보십시오.
골반의 움직임, 무릎과 발목에 전달되는 몸의 무게감, 땅을 밀어내는 발바닥의 느낌을 느껴 보십시오.

그대가 먹고 있다면, 허기를 채우려는 것인지 허한 마음을 채우려는 것인지도 알지 못한 채, 기계적으로 음식을 입에 넣어 씹고 있지는 않은지 돌아보십시오.
이빨에 부서지는 음식물의 질감, 씹을수록 변화하는 맛을 느껴 보십시오.

아픈 곳이 있다면, 생각 속에서 돌팔이 의사처럼 허무맹랑한 진단을 내리지 말고, 아픔이 느껴지는 몸의 부위를 자연스럽게 알아차려 보십시오.
통증이라는 것이 도대체 무엇인지 난생처럼 관찰하듯 그것을 있는 그대로 느껴 보십시오.

그대가 자연스럽게 몸을 의식할 때, 그대는 지금 여기에 있습니다.

과거도 아니고, 미래도 아닌, 바로 지금 여기 현존하고 있습니다.

그리고 그곳에서 그대는 몸을 통해 지금 여기 있는 평화와 안락을 경험할 수 있습니다.

몸에 귀 기울이기 3

몸은 거짓말을 하지 않습니다.
몸은 거짓말을 할 줄 모릅니다.

마음 또는 생각만이 거짓말을 합니다.
자신이 거짓말을 하는 줄도 모르고 거짓말을 합니다.

몸은 자기 나름의 지성을 갖추고 있습니다.
생각은 몸의 지성을 결코 이해할 수 없습니다.

그대가 뭘 좋아하고 뭘 싫어하는지 몸은 정확히 압니다.
마음은, 생각은 자신이 내린 판단마저 믿지 못하는 지독한 회의론자입니다.

그러나 몸은 단호하고 명확합니다.
몸은 좋은 것은 좋다고 하고 싫은 것은 싫다고 분명히 말합니다.

몸은 잠들어야 할 때와 깨어나야 할 때를 정확히 압니다.
마음만 더, 더, 더를 바랄 뿐입니다.

몸은 먹어야 할 때와 먹지 않아야 할 때를 분명히 압니다.

마음만 더, 더, 더를 바랄 뿐입니다.

몸은 해야 할 일과 하지 않아야 할 일을 똑똑히 압니다.
마음만 더, 더, 더를 바랄 뿐입니다.

몸이 있는 곳에 마음이 있어야 합니다.
마음이 있는 곳에 몸이 있어야 합니다.

몸은 마음을 따르고, 마음은 몸을 따라야 합니다.
몸이 가면 마음도 가고, 마음이 가면 몸도 가야 합니다.

몸과 마음이 가뿐하고 상쾌하면 더 바랄 것이 없습니다.

몸에 귀 기울이기 4

마음은 유령입니다.
마음은 몸에 기생합니다.

마음은 몸을 통해 말합니다.
온갖 신경성 증후군들은 마음이 몸을 통해 하는 절규입니다.

응어리진 마음, 상처받은 마음은 몸에 흔적을 남깁니다.
몸에 새겨진 마음은 쉽게 사라지지 않고 우리를 고통스럽게 합니다.

신경성 두통이 있습니까?
신경성 위염은 어떻습니까?

이유 없는 불면, 우울과 불안, 공황장애는 없는가요?
명치 끝이 답답하고 돌멩이가 얹혀 있는 것 같지는 않은가요?

손가락 하나 까딱하기 싫을 정도도 무력감을 느끼십니까?
방바닥으로 한없이 가라앉는 것 같은 느낌을 느끼는가요?

그대 몸에 귀를 기울이십시오.
마음이 몸을 통해 하는 이야기를 잘 들어 보십시오.

그대가 한동안 잊고 지낸 무언가를 마음은 몸을 통해 전달하고 있습니다.

그대의 마음이, 또는 무의식이 외면하고 억압하고 회피하기 위해 몸에 감춘 무언가가 있습니다.

자기 자신에게마저 결코 말할 수 없는 비밀은 몸에 감춰집니다.
그러나 영원한 비밀은 없습니다.

말해져야 할 것은 반드시 말해져야만 합니다.
속으로, 속으로 삼키기만 했던 말은 밖으로 내뱉어져야만 합니다.

두려워 말고 가만히 속삭여 보십시오.
절대 해서는 안 되었던 그 말을.

그리고 차츰 용기가 생기거든 큰 소리로 외치십시오.
온 세상이 다 들을 만큼 큰 소리로 외쳐도 됩니다.

용서하십시오.
그 사람을, 그리고 자기 자신을.

그 사람을 위해서가 아니라 그대 자신을 위해서 용서하십시오.
그대는 아무 잘못이 없었습니다. 그러므로 용서하십시오.

그대의 분노가 지금 여기 없는 과거의 그 사람을 해칠 수는 없습니다.

오직 지금 여기 있는 그대 자신만 해칠 뿐입니다.

몸에 맺힌 것들이 풀려 갈 때는 격렬한 감각이나 감정이 동반될 수 있습니다. 거대한 슬픔이 밀려올 수도 있고, 엄청난 공포가 몰려올 수도 있습니다.

이해할 수 없는 에너지의 분출, 진동, 순환이 수반될 수도 있습니다.
때로는 한동안 감정의 기복이 심해지거나 아무런 감정도 느껴지지 않는 상태에 있을 수도 있습니다.

모든 것은 지나갑니다.
이것을 명심하십시오.

몸 어딘가에 마음이 감춰 두었던 비밀이 사라지고 난 자리에
본래부터 거기 있던 공간이 드러나기 시작합니다.

찬란한 생명력, 순수한 알아차림의 의식, 본래 평화롭고 고요한 성품이 이제 아무 맺히고 얽힌 것 없는 그대의 몸을 통해 자연스럽게 흐르고 경험됩니다.

지심귀명례(至心歸命禮)

지극한 마음으로 목숨 바쳐 귀의하십시오.

바로 지금 여기
있는 그대로의 자기 자신,
그것이 바로 살아 있는 부처입니다.

자기 자신을 하나의 몸과 마음으로
동일시하는 미망과 착각에서 벗어나
영원하고 무한한 존재 그 자체임을 깨달으십시오.

그대는 바로 지금 여기 이러함, 이와 같음입니다.

이렇게 보고,
이렇게 듣고,
이렇게 냄새 맡고,
이렇게 맛보고,
이렇게 느끼고,
이렇게 압니다.

이렇게, 이와 같음이 바로 존재의 진실한 모습입니다.

이 진실에 지극한 마음으로 목숨 바쳐 귀의하십시오.

이렇게, 이와 같음에는
과거, 현재, 미래가 없습니다.
여기, 저기, 거기가 없습니다.
나, 너, 그가 없습니다.

언제나 바로 지금 여기
있는 그대로의 자기 자신,
이러함, 이와 같음일 뿐입니다.

지극한 마음으로 목숨 바쳐 귀의하십시오.

자신을 다른 대상들과 외떨어진 개체로 여기는
미망과 착각에서 벗어나
영원하고 무한한 존재의 바닷속으로 녹아드십시오.

그대의 진정한 모습은
바로 지금 여기 이러함, 이와 같음입니다.

이렇게 보고 있음,
이렇게 듣고 있음,
이렇게 냄새 맡고 있음,
이렇게 맛보고 있음,
이렇게 느끼고 있음,

이렇게 알고 있음,

이렇게 있음입니다.

그대라는 있음 위에서
모든 존재와 비존재가 나타났다 사라집니다.

하나의 경험 대상이 나타났다가 사라지고
그 뒤에 또 다른 경험 대상이 이어집니다.

경험 대상 즉 경계는 오고 가지만
오고 가는 경계에 대한 목격, 알아차림은
바로 지금 여기 이렇게 있습니다.
지극한 마음으로 목숨 바쳐 귀의하십시오.

자기는 본래 자기였습니다.
새롭게 자기가 될 수는 없습니다.

본래부터 있는 것은 특별한 것이 아닙니다.
지극히 평범하여 그 존재를 알아차리기 어려울 뿐입니다.

이렇게 단순하고,
이렇게 당연한 것이
그대라는 존재입니다.

그대의 육체, 감각, 감정, 생각, 의지, 충동, 욕망은
이 텅 빈 존재, 모양 없는 이러함, 이와 같음이
일시적으로 인연 조건 따라 형상을 취한 것일 뿐입니다.

모든 형상 있는 것은 무상합니다.
모든 형상 있는 것은 고정된 실체로서의 자아가 없습니다.
모든 형상 있는 것은 생겨나고 사라집니다.
모든 형상 있는 것은 꿈 같고 환상 같습니다.
모든 형상 있는 것의 본질이 형상 아님을 보십시오.
지극한 마음으로 목숨 바쳐 귀의하십시오.

영원한 지금,
무한한 여기,
변함없는 자기 자신.

그대는 이미 도달했습니다.
그대가 이미 그것입니다.
그대는 이미 그대입니다.

지극한 마음으로 목숨 바쳐 귀의하십시오.

'지금 – 여기'라는 피난처

과거라는 정신적 현상과 그에 대한 신체 감각적, 정서적 반응 없이,
미래라는 정신적 현상과 그에 대한 신체 감각적, 정서적 반응 없이,
괴로움이 존재할 수 있을까요?

지나간 일에 대한 회상과 그 회상으로 인한 몸과 마음의 반응 없이,
닥치지 않은 일에 대한 예상과 그 예상으로 인한
몸과 마음의 반응 없이,
괴로울 수 있을까요?

지나간 일은 말 그대로 지나가 버렸습니다.
실재하지 않습니다.
그러니 잊어버리십시오.

닥치지 않은 일은 말 그대로 오지 않았습니다.
실재하지 않습니다.
그러니 신경 쓰지 마십시오.

자, 과거도 잊어버리고 미래도 신경 쓰지 않을 때,
바로 '지금 – 여기'에 있을 때, 바로 '지금 – 여기'만 있을 때,
괴로울 수 있을까요?

과거라는 허상 – 관념도 없습니다.
미래라는 허상 – 관념도 없습니다.
따라서 현재라는 허상 – 관념도 있을 수 없습니다.

모든 허상 – 관념이 사라진 텅 빈 바로 '지금 – 여기',
그러나 생생하게 살아 있는 바로 '지금 – 여기'에는
괴로움이 없습니다.

바로 '지금 – 여기'가 유일한 피난처입니다.

바로, 지금, 여기!

지금 이 순간보다 더 행복한 순간은 없다

지금 이 순간보다 더 행복한 순간은 없습니다. 왜냐하면 우리가 경험하는 시간은 오직 지금 이 순간밖에 없기 때문입니다.

비교가 가능하려면 우리는 두 개의 순간이 필요합니다. 바로 지금 이 순간과 그것과 비교되는 과거 또는 미래의 순간들.

그러나 우리가 경험하는 유일한 시간은 오직 바로 지금 이 순간밖에 없습니다. 바로 지금 이 순간과 비교되는 순간들은 모두 허상에 불과합니다.

따라서 비교가 불가능한 바로 지금 이 순간보다 더 행복한 순간은 없습니다. 모든 순간이 바로 지금 이 순간이므로 우리는 언제나 행복할 수밖에 없습니다.

그런데 왜 우리는 불행을, 고통을, 괴로움을 느끼는 것일까요?

그것은 바로 지금 이 순간이 아닌 다른 순간을 회상하고 기대하고 바라고 추구하기 때문입니다. 현실을 외면하고 허상을 쫓기 때문입니다.

바로 지금 이 순간은 생각과 해석, 판단이 필요 없이 당면한 현실 그 자체입니다. 현실은 그저 있는 그대로의 사실, 끝없는 사건의 흐름과 변화일 뿐입니다.

그 현실 자체, 사건 자체는 불행도, 고통도, 괴로움도 아닙니다. 그 현실과 사건에 대한 '나'의 생각, 해석, 판단이 어떠냐에 따라 불행, 고통, 괴로움이 생겨납니다.

엄밀히 말하자면, 현실과 사건 그 자체에 대한 생각, 해석, 판단이 바로 '나'의 정체이고, 그것이 바로 불행, 고통, 괴로움 그 자체입니다.

당면한 현실, 눈앞의 사건에 대해 어떤 생각, 해석, 판단이 없는 상태가 바로 행복입니다. 아무것도 후회할 것이 없고, 아무것도 바랄 것이 없는 상태를 떠나 행복은 없기 때문입니다.

그런데 그 현실, 그 사건에 대해 어떤 생각, 해석, 판단이 일어나는 순간, 우리는 바로 지금 이 순간을 벗어나 과거나 미래로 향하게 됩니다. 그것이 불행, 고통, 괴로움입니다.

현실, 사건에 대한 생각, 해석, 판단은 얼마든지 다양할 수 있습니다. 그리고 현실, 사건과 그에 대한 생각, 해석, 판단 사이에는 아무 필연적인 관계가 없습니다.

얼마든지 다양한 생각, 해석, 판단이 가능한데도 자신도 모르게 일정한 방식으로만 현실과 사건을 생각하고 해석하고 판단합니다. 그것이 바로 '나'입니다.

자기도 모르게 현실과 사건에 대해 특정한 방식으로 생각하고 해석하고 판단하는 습관적 반응, 조건화가 바로 '나'입니다. 그 '나'가 바로 불행, 고통, 괴로움입니다.

당면한 현실과 사건 자체에 대해 어떤 생각, 해석, 판단이 없을 때, 그때가 바로 '나'가 없을 때입니다. '나' 없이 순간순간의 현실과 사건에 대한 즉각적인 반응이 가능할까요?

눈앞에 공이 날아오면 재빨리 피합니다. 피부가 가려우면 무심히 손을 들어 올려 긁습니다. 그렇게 살아갈 수 없을까요?

당면한 현실과 사건에 대해 꼬리표를 붙이거나 이야기를 지어내지 않고, 단순하게 주어진 상황에 반응하며 살아갈 수는 없을까요?

어떤 생각, 해석, 판단 없이 있는 그대로의 현실, 사건만을 볼 수는 없을까요? 자동화된 반응, 조건화에서 벗어날 수는 없을까요?

현실에 대한 생각, 해석, 판단이 일어나려는 순간, 이 주문을 외워 보십시오. '지금 이 순간보다 더 행복한 순간은 없다!'

그리고 지금 이 순간에 덧붙여진 허상들, 모든 생각, 해석, 판단을 털어보십시오. 그 생각, 해석, 판단과 상관없이 있는 이 현실, 이 존재, 이 의식으로 머물러 계십시오.

지금 이 순간보다 더 행복한 순간은 결코 없습니다.

환상 속의 그대

결코 시간이 멈추어질 순 없다 yo~!
무엇을 망설이나 되는 것은 단지 하나뿐인데
바로 지금이 그대에게 유일한 순간이며
바로 여기가 단지 그대에게 유일한 장소이다

환상 속에 그대가 있다
모든 것이 이제 다 무너지고 있어도
환상 속에 아직 그대가 있다
　　　_서태지와 아이들, '환상 속의 그대'

그대는 지금 어디에 있습니까? 바로 지금 여기 이 순간 있는 그대로의 진실로 머물러 있습니까? 아니면 과거의 선입견, 자기도 모르게 조건화된 낡은 반응 양식으로 이 늘 신선하고 살아 있는 지금 이 순간을 생기를 잃어버린 박제, 어제와 별다를 바 없는 그저 그런 하루로 만들고 있습니까?

그대는 아직 환상 속에 있습니까? 깨어나십시오. 죽어 버린 잿빛 과거의 시선으로 지금 여기 이 순간을 오염시키지 마십시오. 헛된 이미지에 불과한, 미래에 대한 기대와 걱정으로 지금 여기 이 순간을 놓치지 마십시오. 생각이라는 잿빛 장막을 치우십시오. 그대는 오직 지금 여기 있을 뿐입니다.

앞생각은 지나갔고 아직 뒷생각이 이어지기 전, 과거는 사라졌고 아직 미래가 도달하기 이전, 바로 지금 여기 이 순간 텅 비어 있는 이 자리에 온전히 머무십시오. 머물려고 하면 오히려 머물 수 없고, 머물지 않으면 언제나 그 자리입니다. 어떤 판단, 분별, 의도, 행위도 필요치 않습니다.

영원한 현재(present), 이것은 신의 선물(present), 거저 주어져 있는 그대의 본성, 본래의 모습입니다. 언제나 그대 주위에 충만하게 펼쳐져 있는 자각의 공간, 공간 같은 자각의 성품입니다. 다만 분리라는 환상, 허망한 생각의 소산물을 진실이라 믿고 있기 때문에 자기 안에서 자신을 잃어버렸습니다.

그대는 어떤 무엇이 될 필요가 없습니다. 그대가 이미 그것이기 때문입니다. 그대는 어디로 갈 필요가 없습니다. 그대는 이미 그 자리에 있기 때문입니다. 그대는 아무것도 얻을 필요가 없습니다. 그대는 이미 아무런 모자람 없이 갖추고 있기 때문입니다. 그대의 본성이 본래 자유와 평화, 사랑과 행복입니다.

지금 이 순간을 살아라

우리의 불행, 우리의 불만족, 우리의 고통은 바로 지금 여기 이 순간이 아닌, 지나간 과거에 대한 집착과 후회, 그리고 아직 오지 않은 미래에 대한 걱정과 불안 때문에 발생합니다. 그것은 자아라는 일정한 조건과 한계에 구속된 존재가 객관적이고 독립적으로 존재한다는 매우 오래된 무의식적인 생각과 연관이 있습니다.

바로 지금 여기 이 순간, 한 생각을 일으키기 이전 당장의 이것, 여기에는 좋고 나쁨, 옳고 그름 따위의 비교나 판단, 상대적 분별이 없으며, 따라서 그로 인한 집착과 거부, 선호와 혐오가 없습니다. 그러나 거의 모든 순간에, 미묘한 생각의 형태로 등장하는 우리의 자아의식은 이 순수한 순간을 자신의 기준에 따라 좋은 것과 나쁜 것, 옳은 것과 그른 것으로 나누어 놓습니다.

자아는 스스로 나누어 놓은 것들 가운데 어떤 하나는 집착하고 다른 하나는 거부하느라 불필요한 심리적 에너지를 소모하게 됩니다. 소모되는 그 에너지의 양의 크기에 따라 어떤 상황, 어떤 사건은 견디기 힘든 불행, 불만족, 고통이 됩니다. 심지어 그러한 불행, 불만족, 고통에서 벗어나려는 자아의 수고와 노력이 더해질수록 역설적이게도 그것들의 강도와 지속 시간은 길어질 뿐입니다.

자아는 언제나 바로 지금 여기 이 순간을 지나간 과거의 어느 순간이나 아직 도래하지 않은 미래의 한순간과 비교하느라 놓쳐 버립니다. 자아가 끊임없이 과거와의 비교와 미래와의 대조를 통해 찾으려고 하는 행복, 만족, 즐거움은 그러한 비교와 대조가 사라진, 곧 미세한 생각으로서의 자아가 사라진 바로 지금 여기 이 순간에 있습니다. 바로 지금 여기 이 순간 자체가 그것입니다.

마음이 기억 속 과거의 어느 한때로도 가지 않고, 상상 속 미래의 어느 순간으로도 가지 않으면 어떻게 될까요? '그때에 비하면 지금 이것은 아무것도 아니야! 그때가 좋았지.'라는 생각이 없다면, '지금 이것으로는 불충분해. 아직 뭔가가 더 필요해.'라는 생각이 없다면 어떨까요? 바로 그러한 생각들의 끝없는 흐름이 멈추는 순간, 바로 지금 여기 이 순간, 무엇이 남아 있을까요?

과거와 미래에 대한 비교와 대조, 그 생각 자체가 자아의식인데 그 자아의식이 멈추는 순간, 바로 지금 여기 이 순간은 더이상 과거의 종착점이나 미래로 건너가기 위한 교두보가 아닌, 시간을 초월한 영원, 개체적 자아의 구속에서 벗어난 무한한 실존으로서 스스로를 드러냅니다. 흔히 열반, 천국, 지복 등의 개념으로 가리키려는 것이 바로 지금 여기 이 순간, 이것입니다.

과거와 미래에 대한 생각에 더이상 에너지를 빼앗기지 않을 때, 바로 지금 여기 이 순간의 모든 에너지는 그저 존재합니다. 생생한 살아 있음의 감각, 타오르는 불꽃과 같은 생명력, 현존의 느낌, 그것이 바로 지금 여기 이 순간의 근본적인 충만감, 만족과 평화, 행복감의 원천입니다. 그것은 맑고 깨끗한 의식, 청정한 자각의 성품 그 자체입니다.

현존하고 있는 자각, 자각하고 있는 현존이 바로 지금 여기 이 순간, 이 것입니다. 이것이 강하게 드러날 때 자아의식은 이것 속에 녹아들어 하나 가 되지만, 자아의식이 강하게 나타나면 이것은 축소되어 자아의식의 배 후로 밀려나 감춰진 것 같습니다. 생각을 믿고 의지하는 순간, 우리는 바 로 지금 여기 이 순간을 떠나 과거나 미래의 어느 순간을 헤매는 자아의 식으로 존재하게 됩니다.

바로 지금 여기 이 순간, 자신의 신체를 자각해 보십시오. 신체를 '생각' 하는 게 아니라 '자각'하는 것이 중요합니다. 신체를 자각하십시오. 그리 고 잠시 후, 자각되는 신체는 잊고 신체를 자각하는 자각을 자각하십시 오. 자각으로 현존하십시오. 바로 지금 여기 이 순간에 현존하는 것이 바 로 자각입니다. 과거의 기억이나 미래의 상상이 없는 텅 빈 이 순간이 바 로 지금 여기 이것입니다.

바. 로. 지. 금. 여. 기. 이. 것. 입. 니. 다.

바로 지금, 바로 여기

바로 지금은 특정 시간이 아닙니다. 바로 지금은 시간이 없는 시간입니다. 바로 지금은 시간을 초월한 시간입니다. 신의 축복이자 선물(present)인 영원한 현재(present)입니다.

바로 여기는 특정 공간이 아닙니다. 바로 여기는 자리 없는 자리입니다. 바로 여기는 머물 수 없는 자리입니다. 언제나 여기에 이렇게 있음, 현존의 감각입니다.

바로 지금, 바로 여기는 만족과 불만족을 넘어선 충만입니다. 텅 비어 있기에 오히려 완전히 가득 차 있습니다. 바로 지금, 바로 여기는 앎과 모름을 넘어선 깨어 있음입니다. 내용이 없는 순수한 앎, 대상이 없는 청정한 알아차림의 성품입니다.

바로 지금, 바로 여기는 삶과 죽음을 벗어난 살아 있음입니다. 생로병사에 물들지 않는 생생한 활력이 움직이는 바 없이 작용하고 있습니다. 바로 지금, 바로 여기는 편안함과 불편함에 구속되지 않는 평화로움입니다. 어떤 상황에도 영향 받지 않은 본래의 고요함입니다.

바로 지금, 바로 여기는 생각의 소산이 아닙니다. 바로 지금, 바로 여기, 이것만이 실재입니다. 생각은 그 생각을 아는 자가 있습니다. 그러나 바로 지금, 바로 여기, 실재인 이것은 알 자가 없습니다. 이것이 바로 그이고, 그가 바로 이것입니다.

바로 지금, 바로 여기는 생각 없음입니다. 바로 지금, 바로 여기는 생각의 환승역이 아닙니다. 과거의 생각에서 미래의 생각으로, 미래의 생각에서 과거의 생각으로 이리저리 왔다 갔다 하는 곳이 아닙니다. 바로 지금, 바로 여기는 모든 여정의 시작이자 끝입니다.

자신도 모르게 생각에 동일시되어 그것을 믿는다면, 그대는 그저 한 생각에 불과한 과거의 후회와 회한 가운데 머물거나, 미래의 걱정과 불안 속에서 길을 잃고 헤맬 것입니다. 실재하지 않는 생각의 피조물로 인해 겪지 않아도 될 심리적 갈등과 고통을 겪게 될 것입니다.

바로 지금, 바로 여기는 어디에도 머물지 않을 때 머물 수 있습니다. 바로 지금, 바로 여기는 아무것도 알지 못할 때 알 수 있습니다. 바로 지금, 바로 여기는 아무것도 찾지 않을 때 찾을 수 있습니다. 어떤 것도 바라지 않고 거부하지 않아야 비로소 그것을 얻을 수 있습니다.

켜켜이 쌓아 둔 쓰레기 더미를 치우면 본래부터 있던 빈 공간이 드러나듯, 끊임없이 일어나는 생각들이 본래 아무런 실체 없는 것임을 꿰뚫어 볼 때, 그 생각들이 나타나고 사라지는 텅 빈 허공 같은 바탕, 바로 지금, 바로 여기 있는 자기 자신을 문득 실감하게 될 것입니다.

반야바라밀다, 바로 지금 여기에 머무름

　지혜로서 저 열반의 땅으로 건너감을 '반야바라밀다'라고 합니다. 말의 관습상 이 고통의 땅, 차안(此岸)을 벗어나 저 열반의 땅, 피안(彼岸)으로 건너간다고 하지만, 떠나야 할 차안이 따로 있고 건너가야 할 피안이 따로 있지 않습니다. 그것이 반야, 곧 모든 현상의 본질이 무상(無常), 고(苦), 공(空), 무아(無我), 연기(緣起)인 것을 깨달은 지혜입니다.

　반야바라밀다는 밖을 향해 가는 것도 아니고 안을 향해 가는 것도 아닙니다. 바로 지금 여기에 멈추는 것, 머무르는 것입니다. 과거는 지나갔으므로 지금 없습니다. 미래 또한 아직 오지 않았으므로 지금 없습니다. 그러나 늘 바로 지금 여기만이 홀로 있습니다. 생각할 것 없고(無念), 상상할 것 없는(無想) 바로 지금 여기 이 마음(正念)에 안주하십시오.

　마음의 산란한 움직임이 유심(有心)이라면 그 바탕은 무심(無心)입니다. 허공에서 아지랑이가 어지럽게 피어나듯, 무심한 바로 지금 여기 이 자리에서 온갖 마음의 움직임이 일어납니다. 그러나 그 마음을 좇아가지 않고 멈추고 자세히 살펴보면, 그 마음의 움직임에는 아무런 뿌리, 실체가 없습니다. 무상하고 고, 공이며 곧 무아이면서 연기의 작용일 뿐입니다.

　세간을 벗어나 따로 나아갈 출세간이 있는 것이 아니라, 세간이 꿈 같고 환상 같고 물거품 같고 그림자 같은 줄 깨닫는 것이 곧 세간을 벗어난 것입니다. 고통을 없애고 별도로 얻을 즐거움이 있는 것이 아니라, 고통이 아무 실체가 없는 것인 줄 꿰뚫어 보는 것이 곧 즐거움을 얻은 것입니다. 새롭게 얻을 깨달음의 경지가 있는 것이 아니라 허다한 망상이 사라지는 것뿐입니다.

진흙 속에서 피는 연꽃처럼, 욕망으로 물든 현상 가운데 살아가면서도 조금도 물들지 않는 청정의 길, 바로 지금 여기 눈앞의 이 하나의 길만을 올곧게 걸어가야 합니다. 길 없는 이 길을, 걷는 사람 없이 걸어가야 합니다. 망상과 집착을 깨달아 내려놓으면 한 걸음도 옮기지 않고 언제나 머물러 있던 그 자리, 바로 지금 여기에 다다릅니다.

마하 반야바라밀!

일즉다(一卽多), 다즉일(多卽一)

　　당신의 본질, 당신 존재의 골수는 당신의 '나임(I AMNESS)'입니다. 바로 지금 이 순간 결코 부정할 수 없는 '내가 있음(I am)'의 느낌입니다. 바로 지금 여기 내가 있음의 느낌은 어떤 특별한 감각이 아닙니다. 그저 순수한 있음(Being)입니다. 당신이 '나' 자신으로서 동일시하는 모든 속성이 사라지더라도 유일하게 남아 있는 것입니다. 그것은 순수한 자각(Awareness), 아무 내용이 없는 텅 빈 의식(Consciousness), 너무나 당연한 앎(Knowing)의 성품입니다.

　　바로 지금 보고 있습니다. 바로 지금 듣고 있습니다. 바로 지금 느끼고 있으며, 바로 지금 알아차리고 있습니다. 당신의 의도나 생각과 상관없이 저절로 이루어지고 있는 자연스러운 작용입니다. 이 자발적인 '나임', '나 있음', 순수한 자각-의식, 당연한 앎의 성품 위에 모든 상대적이고 차별적인 현상, 내용물들이 나타났다가 사라질 뿐입니다. 그러나 어떤 순간, 어떤 상황에서도 당신의 본질, 이 '나'는 현존하고 있습니다.

　　당신의 '나임(나는 그냥 나임)'은 나의 '나임'과 아무런 차별이 없습니다. 당신의 '나임', '나 있음'의 느낌과 나의 '나임', '나 있음'의 느낌은 다르지 않습니다. 당신의 자각, 나의 자각이 따로 있는 것이 아니라, 자각이 당신과 나로 스스로를 드러내고 있을 뿐입니다. 당신과 나는 나뉠 수 없는 한 바탕의 의식을 서로 공유하고 있습니다. 당신 안에서 작용하는 앎의 성품이 바로 내 안에서 작용하는 바로 그 앎의 성품입니다.

당신과 나라는 개별적 존재는 둘이면서 동시에 하나이고, 하나이면서 동시에 둘로 나타납니다. 거대한 바다 위에서 일어난 두 개의 물거품이 둘이면서 동시에 하나이고, 하나이면서 동시에 둘인 것과 같습니다. 당신은 나이면서 내가 아니고, 나는 당신이면서 당신이 아닙니다. 우리는 서로를 공유하지만 각자이고, 각자이면서 서로를 공유하고 있습니다. 우리 서로뿐만 아니라 세상 만물과도 또한 마찬가지입니다.

우리는 하나이면서 모두요, 모두이면서 하나입니다. 절대로 평등한 가운데 상대적으로 차별이 있고, 상대적으로 차별이 있으면서 절대적으로 평등합니다. 아무 일이 없는 가운데 모든 일이 다 벌어지고, 모든 일이 다 벌어지는데 아무 일도 일어나지 않습니다. 조금도 움직이지 않는 가운데 끊임없이 움직이고, 끊임없이 움직이지만 조금도 움직인 바가 없습니다. 하나도 얻은 게 없는데 모든 것을 다 얻었고, 모든 것을 다 얻었지만 하나도 얻은 게 없습니다.

언제나 늘 이럴 뿐입니다.

개별성, 단일성, 전체성

　우리의 일상적이고도 현실적인 감각은 나는 나대로 존재하고 나 아닌 것은 나 아닌 것대로 존재한다는 느낌입니다. 나는 나만의 고유한 개성, 개인사와 습관, 시간 속에 축적된 경험과 지식을 가진 개별적인 존재인 것 같습니다. 그리고 다른 사람과 사물, 세상의 다양한 현상과 사건들은 그러한 나와는 따로 떨어져서 별개로 존재하는 것 같습니다. 그래서 일정한 한계, 경계선을 가진 나를 나 아닌 다른 대상들로부터 보호하고 유지하기 위해 나는 매 순간 생각하고 행동해야만 할 것 같습니다.

　하지만 가만히 관찰해 보면, 나와 나 아닌 것, 내가 경험하는 내적 대상, 곧 느낌, 생각, 기억, 감정은 물론 외적 대상인 다른 사람의 말과 행위, 다른 사물과 사건들 모두가 나의 지각과 인식을 벗어나 있지 않습니다. 나와 나 아닌 것들은 모두 단일하고 동일한 의식, 자각의 지평선 위에서만 경험될 뿐입니다. 모든 개별적 대상은 단일하고 동일한 자각의 변형, 차별 없는 자각의 다양한 현현입니다. 모양 없는 의식이 온갖 꿈의 환상을 만들어 경험하듯, 단일하고 동일한 자각이 다양한 형태로 스스로를 경험하고 있습니다.

　분명 나와 나 아닌 것들은 분리되어 있지만, 그 분리의 근원에는 단일하고 동일한 의식, 순수한 자각의 성품이 있습니다. 이 의식, 이 자각은 다양한 개별적 현상으로 스스로를 경험하고 있습니다. 경험하는 나와 경험되는 나 아닌 것들이 모두 단일하고 동일한 이 의식, 이 자각입니다. 바로 지금 여기의 매 순간이 이 의식, 이 자각입니다. 오직 바로 지금 여기 이 순간에만 모든 현상은 현존하고 현실성을 얻습니다. 여기에서는 모든 현상이 초대됩니다. 어떤 경험도 배제되지 않습니다. 여럿이면서 하나이고, 하나이면서 무한한 전체입니다.

나는 나 아닌 것인 동시에 모든 것입니다.

동일시와 탈동일시

우리는 흔히 '나는 괴롭다', '나는 힘들다', '나는 슬프다', '나는 불행하다', '나는 피곤하다', '나는 아프다'와 같이 '나'를 부정적인 감각이나 감정과 동일시합니다. '나'는 '어떤 감각이나 감정'인 것입니다. 그리하여 그러한 부정적인, 곧 불쾌하고 고통스러운 감각이나 감정을 혐오하고 저항하며 회피합니다.

반면 '나는 즐겁다', '나는 편안하다', '나는 기쁘다', '나는 행복하다', '나는 활기차다', '나는 건강하다'와 같은 긍정적인 감각이나 감정에는 불을 좇는 나방처럼 집착하여 그것이 계속 유지되기를 바랍니다. 그리고 고통스럽지도 유쾌하지도 않은 감각이나 감정은 그것이 진실로 무엇인지 알아차리지도 못합니다.

'나'를 특정한 감각, 감정, 인식과 동일시함으로써 발생하는 삶의 문제가 불교에서 말하는 세 가지 독(三毒)인 탐욕(貪)과 성냄(瞋) 그리고 어리석음(癡)입니다. 모든 것이 고정된 실체가 없이 끝없이 변화하고 있는데, 그 사실을 바로 보지 못하고 특정 대상은 집착하고, 다른 대상은 혐오하며, 나머지 대상은 무시하고 간과함으로써 고통을 유발합니다.

깨달음, 인식의 혁명적 전환은 어떤 대상, 어떤 상태의 변화나 전환이 아니라, 동일한 사실에 대한 관점의 변화, 입장의 전환이라 할 수 있습니다.

예를 들어, '나는 괴롭다'는 '나는 괴롭다는 느낌을 자각하고 있다'로 새롭게 해석될 수 있습니다. '나'가 곧 '괴로움'이 아니라, '나'는 '괴로움'이라는 대상을 '자각하고 있음'입니다. 이것은 사소하지만 근본적인 변화, 전환입니다. '나는 즐겁다'는 '나' 곧 '즐거움'이 아니라, '나'는 '괴로움'을 자각하는 것처럼 '즐거움'을 '자각하고 있음'입니다.

'자각하고 있음'이라는 공간이 '나'와 '괴로움', '즐거움' 사이의 동일시를 막아 줍니다. '나'는 '괴로움'이 아니라, '자각하고 있음'의 공간입니다. '나'는 즐거움이 아니라, '자각하고 있음'의 공간입니다. 이 '나', '자각하고 있음'은 공간과 같이 있지도 않지만 없지도 않습니다. 고정된 실체가 없이 끝없는 변화가 가능한 이유가 이 '자각하고 있음'의 공간 때문입니다.

따라서 깨달음, 인식의 혁명적 전환이란 '나'를 특정 감각, 감정, 인식과 동일시하는 것에서 탈동일시 하는 것이며, '나'를 특정 감각, 감정, 인식과 탈동일시 하는 것에서 '자각하고 있음'과 동일시하는 것입니다. 바라거나 바라지 않는 특정 감각과 감정, 인식을 얻거나 잃는 것이 아니라 그 모든 것에 대해 초연해지는 것일 뿐입니다.

"괴로움은 있지만 괴로워하는 자는 발견되지 않고, 행위는 있지만 행위하는 자는 발견되지 않는다. 열반은 있어도 열반하는 자는 없고, 길은 있어도 길을 가는 자는 없다."

의심하지 말라

선문(禪門)에 회자되는 말 가운데 다음과 같은 것이 있습니다.

본래 청정한 마음에서 악이 생겨 저 자신을 부수는 것이
마치 쇠에서 녹이 생겨나 저 자신을 파먹는 것과 같고
사자 몸속에서 자란 기생충이 사자를 잡아먹는 것과 같다.

간혹 맹귀우목(盲龜遇木)의 인연으로 본래 있는 자기 마음, 있는 그대로의 자기 자신을 문득 확인하고도 이것을 믿지 못하고 공연한 의심으로 다시 엉뚱한 길로 들어서려는 사람들이 있습니다. 자기 자신이 일으킨 한 생각에 속아서 다시 미혹 속으로 빠져드는 것을 제 스스로만 깨닫지 못하니 안타까울 뿐입니다.

아무리 그럴듯한 생각, 지견일지라도 여기서는 모두 쇠에서 생겨난 녹이요, 사자 몸에서 자란 기생충일 뿐입니다. 여전히 생각과 알음알이에 의지해 공부하니 결국 다시 생각 놀음에 빠지고 알음알이의 장애를 받게 되는 것입니다. 참으로 둘 아님에 계합했다면 그 마지막 한 생각마저 남겨 두지 말아야 합니다.

애당초 공부하기 이전의 본래 마음으로 돌아와야 합니다. 이제까지의 공부가 바로 지금 여기 이 순간 이 자리, 본래 있는 그대로의 자기 자신으

로 돌아오기 위한 꿈의 여정이었음을 깨달았으면 꿈의 자취를 몽땅 털어 버려야 합니다. 진실로 깨어났다면 깨어난 것에도 집착할 것이 없어야 합니다.

자기 생각에 자기가 속으니 이럴 수도 없고 저럴 수도 없습니다. 그 한 생각이 일어난 당처를 곧장 깨달아야 합니다. 그러므로 옛사람이 말하기를, "생각이 일어나면 곧장 알아차릴지니, 알아차리면 곧 사라진다." 하였고, "생각이 일어남을 두려워 말고 오직 알아차림이 늦을까 두려워하라." 하였습니다.

한번 본래 마음을 등지고 난 이후로
몇 번이나 삼도(三途)[19]에 들어가고 사생(四生)[20]을 지났던가.
오늘에야 모든 번뇌의 때를 씻어 버리니
인연을 따라도 변함없어 저절로 고향에 돌아왔네.

---

19 지옥(地獄) 아귀(餓鬼) 축생(畜生)의 삼악도(三惡道).
20 불교에서 모든 생명체를 출생방식에 따라 태생(胎生), 난생(卵生), 습생(濕生), 화생(化生), 네 가지로 분류한 것. 모두 미혹(迷惑)의 세계에 존재한다.

운명

당신의 운명에 관해 가장 정확한 예언을 해드리겠습니다.

당신은 앞으로 분명 지금보다 훨씬 더 늙어 갈 것입니다.
당신은 앞으로 분명 지금보다 훨씬 더 병들어 갈 것입니다.

그리고 당신은 반드시 죽을 것입니다.

당신은 이번 생에 만났던 모든 이와 헤어지게 될 것입니다.
당신은 이번 생에 움켜쥐었던 모든 것을 놓게 될 것입니다.

그리고 당신은 자랑스러웠던 당신 자신마저 잃어버리게 될 것입니다.

당신의 눈과 귀는 점점 어두워질 것입니다.
당신의 코와 입은 점점 둔감해질 것입니다.
당신의 감각과 지성은 점점 둔해질 것입니다.

그리고 당신이라는 존재 자체는 완전히 소멸하여 사라질 것입니다.

이것이 가장 정확한 당신의 운명에 관한 예언이며, 당신은 결코 이 운명을 피할 수 없습니다.

오, 불쌍한 사람, 가련한 인생이여!

언젠가 포기해야 할 것이라면 미련 없이 지금 당장 포기하십시오.
언젠가 반드시 사라질 것이라면 애초에 조금도 집착하지 마십시오.

지나간 일을 후회하지 말고, 아직 닥치지 않은 일을 걱정하지 마십시오. 모든 것을 꿈이나 환상, 물거품이나 그림자와 같이 여기십시오.

오는 것은 오게 하고, 가는 것은 가게 내버려 두십시오.
마음을 비우고 자연스러운 삶의 흐름에 몸을 맡기십시오.

자기를 잊으면 잊을수록 진정한 자기 자신을 기억하게 될 것입니다.
자기를 내려놓으면 놓을수록 진정한 자기 자신을 얻게 될 것입니다.
자기를 모르면 모를수록 진정한 자기 자신을 깨달아 알게 될 것입니다.

그러할 때, 당신은 인생이라는 커다란 꿈, 우주라는 거대한 환상에서 깨어나게 될 것입니다.

끊임없이 나고 죽었지만, 단 한 번도 난 적도 없고 죽은 적도 없으며, 무수히 많은 일이 일어났다 사라졌지만, 어떤 일도 일어난 적 없고 또한 사라진 적 없음에 사무치게 될 것입니다.

그것이 당신의 운명을 바꿀 것입니다.

무상함에 대하여

당신은 반드시, 기필코, 당연히, 필연적으로 죽을 것입니다. 당신이 사랑했던 모든 사람 역시 그럴 것입니다. 당신의 부모, 형제자매, 자녀, 친척, 지인들뿐만 아니라 당신의 원수와 적들마저도 한 줌의 먼지로 사라질 것입니다.

당신이 얻었던 것은 모두 잃어버릴 것입니다. 당신이 성취했던 모든 것은 연기처럼 사라질 것입니다. 당신이 이룬 모든 성공은 결국 실패로 끝날 것입니다. 당신의 이름마저 사람들의 기억 속에서 자연스럽게 망각될 것입니다.

한때 당신의 자랑이자 만족과 기쁨의 바탕이었던 육신은 볼품없고 초라하게 늙어 갈 것입니다. 점점 움직이는 것이 불편해지고, 이곳과 저곳에 탈이 나기 시작할 것입니다. 당신은 고통스러운 육신 속에 꼼짝없이 갇히게 될 것입니다.

당신은 더이상 세상의 흐름을 따라갈 수 없을 것입니다. 세월이 갈수록 주변은 낯설고 알지 못할 것들로 채워질 것입니다. 당신의 소중한 추억마저 손아귀에 쥔 물처럼 서서히 사라져 갈 것입니다. 당신은 당신마저 잊게 될 것입니다.

쓸쓸한가요? 허무한가요? 한없이 우울해지고 무력감을 느끼나요? 만약 그렇다면 당신은 아직도 이 무상함, 이 헛됨의 소중한 가르침을 깨닫지 못한 것입니다. 여전히 허망한 것에 대한 집착에서 벗어나지 못하고 있는 것입니다.

인생의 무상함, 모든 것의 헛됨에 대한 자각은 바로 지금 여기 매 순간이 기적임을 깨닫게 해 줍니다. 행복은 언제나 바로 지금 여기 있음을 가르쳐 주고 있습니다. 해야 할 일이라곤 이 기적에 대한 감사와 사랑을 나누는 일뿐입니다.

쓸쓸한가요? 다행이군요. 허무한가요? 괜찮습니다. 우울해지고 무력함을 느끼나요? 감사하십시오. 아직 당신은 살아 있습니다. 당신은 인생이라는 달콤쌉싸름한 초콜릿을 제대로 맛보고 있습니다. 때로는 행복하고, 때로는 불행합니다……

하지만 그 어떤 것도 남아 있지 않을 테니 안심하십시오. 과거에 사로잡혀 있지도 말고, 미래에 의지해 있지도 마십시오. 언제나 지금 여기, 영원한 삶의 순간을 그냥 살아가십시오. 그저 감사하고 그저 사랑하십시오.

받아들임

"주여, 제가 바꿀 수 없는 일들을 받아들일 마음의 평온함을, 제가 바꿀 수 있는 일들을 바꾸는 용기를, 그리고 이 두 가지를 구별할 수 있는 지혜를 주소서."

_라인홀드 니버, 「평온을 위한 기도」 중에서

문득 불쾌한 기분이 드나요? 익숙한 불안감이 엄습해 오나요? 이유를 알 수 없는 불만족에 가슴이 헛헛한가요?

그러한 '부정적'인 느낌에 몸과 마음은 어느새 잔뜩 경직되어 방어 자세를 취하고 있지는 않은가요? 자책과 원망의 낡은 패턴 속에 빠져들고 있나요?

괜찮습니다. 괜찮습니다. 깊게 호흡하고 몸과 마음을 이완하십시오. 방어와 저항은 자기 자신을 보호하려는 자동적인 반응일 뿐입니다. 괜찮습니다.

구체적인 현실이 아님에도 '부정적'인 느낌, 기분, 감정, 생각에 강박적으로 사로잡혔을 뿐입니다. 하지만 갑작스럽게 지옥에라도 떨어진 기분일 겁니다.

이 비상상태를 해결하기 위해 머릿속은 바삐 돌아가겠지만, 문제를 해결하려는 그 노력이 도리어 더 많은 혼란을 가져옵니다. 패닉에 이를 지경입니다.

자연스러운 에너지의 흐름이 '부정적'인 느낌, 기분, 감정, 생각에 가로막혀 긴장되어 있습니다. 정체된 에너지가 불안과 공포를 증폭시킵니다.

멈추십시오. 모든 반응을 멈추십시오. 그저 몸과 마음을 이완하고 '부정적'인 느낌, 기분, 감정, 생각에 스스로를 열어 두십시오. 그냥 내버려 두십시오.

자연스러운 알아차림, 진정한 호기심으로 '부정적'인 느낌, 기분, 감정, 생각을 탐구하십시오. 방어나 저항이 아니라 자비심으로 귀를 기울여 보십시오.

오는 것을 막지 말고 가는 것을 잡지 마십시오. 대신에 오지도 않고 가지도 않는 것에 마음을 주십시오. 그러면서 오고 가는 것을 손님처럼 대하십시오.

모두가 어떤 소식을 전하기 위해서 우리를 찾아온 손님들입니다. 두 팔 벌려 환영하기는 어렵더라도 적어도 외면은 하지 말아야 합니다.

저절로 찾아온 손님은 때가 되면 저절로 떠나갈 것입니다. 그리고 애초에 오지도 않고 가지도 않는 실재, 진정한 자기 자신만 남아 있을 것입니다.

내 사랑 안에 머물러

아버지께서 나를 사랑하신 것 같이 나도 너희를 사랑하였으니 나의 사랑 안에 거하라. 내가 아버지의 계명을 지켜 그의 사랑 안에 거하는 것 같이 너희도 내 계명을 지키면 내 사랑 안에 거하리라. 내가 이것을 너희에게 이름은 내 기쁨이 너희 안에 있어 너희 기쁨을 충만하게 하려 함이라. 내 계명은 곧 내가 너희를 사랑한 것 같이 너희도 서로 사랑하라 하는 이것이니라.

_요한복음, 15장 9~12절

그대 외로운가요? 허전한가요? 뭐라도 하지 않고서는 이 지리멸렬함을 견디지 못할까 불안한가요? 몹시 두려운가요?

그대 잠시 멈추세요. 그리고 숨을 고르세요. 천천히 숨을 들이마시고 다시 천천히 숨을 내쉬세요. 그 호흡을 느껴 보세요. 그리고 그대 자신의 존재를 느껴 보세요.

그대는 결코 혼자가 아니에요. 그대를 느끼는 '나'와 지금 함께하고 있어요. 다만 잠시 그 존재를 망각했을 뿐이에요.

여기 '나'가 있어요. 그대와 결코 떨어진 적 없는 '나', 심지어 그대가 사라졌을 때도 '나'는 그 자리에 남아 그대를 하염없이 기다리고 있었어요.

'나'는 늘 그대와 함께 있었어요. '나'는 늘 그대를 지켜보고 있었어요.

그대의 기쁨, 그대의 슬픔. 그대의 행복, 그대의 불행. 그대가 욕망했던 것과 그대를 좌절시켰던 모든 것을, '나'는 언제나 변함없이 이 자리에서 지켜보고 있었어요.

그대 참 많이 애썼어요. 그대 참 많이 외로웠어요. 그대 참 많이 가슴 아팠어요. '나'는 그 모든 것을 다 지켜보았어요. 다른 사람은 몰라도 '나'는 다 알아요.

그대 '나'에게로 오세요. '나'와 함께 있어요. 이 변함없는 '나'의 사랑 안에 머물러 있어요. '나'는 그대를 사랑해요. '나'는 그대를 사랑할 줄밖에 몰라요. '나'는 영원한 그대의 존재, 영원한 사랑이에요.

'나'는 그대를 사랑해요. 그리고 언제나 사랑할 거예요. 영원히.

⊙ 방편: 여섯 마디 조언

다음의 여섯 마디 조언은 11세기 티베트 금강승(金剛乘)의 위대한 조사(祖師) 틸로빠에서 그의 제자 나로빠에게로 전해진, 매우 단순하지만 그래서 강력한, 마하무드라[21] 가르침의 핵심입니다.

(1) 지나간 일을 다시 떠올리지 마라.

(2) 다가올 일을 상상하지 마라.

(3) 지금 일어나는 일을 생각하지 마라.

(4) 어떤 것도 탐구하거나 헤아리지 마라.

(5) 어떤 것도 통제하거나 조작하지 마라.

(6) 쉬고 이완하라.

---

21 '마하(maha)'는 '큰, 위대한, 지고의'란 뜻이고, '무드라(mudra)'는 '결인(結印), 도장'이라는 뜻으로, 진여실상(眞如實相), 마음의 본성을 가리킴.

후기

이 세상의 모든 고통과 슬픔에 연민의 마음을 보냅니다.

태어나자마자 버려진 아이들, 그 아이들의 부모, 제대로 보호받지 못하고 학대당한 아이들, 그 아이들을 학대한 이들, 따돌림과 차별, 폭력에 시달린 아이들, 그리고 그 가해자들, 지리멸렬한 삶에 지친 이들, 그리고 그 가족 친지들, 가난과 증오, 멸시를 받는 이들, 그리고 그들을 증오하고 멸시하는 이들, 병으로 고통받는 환자들, 그리고 그들의 보호자들, 범죄로 해를 입은 이들, 그리고 그 범죄를 지은 이들, 지금 이 순간 생을 마감하는 자들, 그리고 남겨진 이들……

모든 고통 받는 이들, 슬픔에 빠져 있는 이들에게 깊은 연민의 마음을 전합니다.

내가 탐욕과 분노, 어리석음의 집착에서 벗어나기를 바랍니다. 그들이 탐욕과 분노, 어리석음의 집착에서 벗어나기를 바랍니다. 모두가 탐욕과 분노, 어리석음의 집착에서 벗어나기를 바랍니다. 모두가 고귀하게 태어난 자들, 모두가 찬란한 불성, 한량없는 지혜와 조건 없는 자비를 갖춘 부처임을 믿습니다. 우리 자신의 참된 본성에 귀의합니다.

우리 자신의 본래 깨달음에 귀의합니다.

우리 자신의 본래 깨달음에 관한 가르침에 귀의합니다.

우리 자신의 본래 깨달음의 길을 가는 이들의 모임에 귀의합니다.

바로 지금
바로 여기
바로 이것

초판 1쇄 발행일 2022년 6월 15일
      2쇄 발행일 2023년 3월 20일

지은이 심성일

펴낸이 김윤
펴낸곳 침묵의 향기
출판등록 2000년 8월 30일, 제1-2836호
주소 10401 경기도 고양시 일산동구 무궁화로 8-28,
      삼성메르헨하우스 913호
전화 031) 905-9425
팩스 031) 629-5429
전자우편 chimmukbooks@naver.com
블로그 http://blog.naver.com/chimmukbooks

ISBN 978-89-89590-96-5 03220

*책값은 뒤표지에 있습니다.